CONFLUENCES Méditerranée

REVUE TRIMESTRIELLE

111

Hiver

2019-2020

EDITIONS L'HARMATTAN

CONFLUENCES Méditerranée est une revue trimestrielle dont l'ambition est d'aborder les grandes questions politiques et culturelles qui concernent les peuples et les sociétés du bassin méditerranéen. Sans aucun parti pris idéologique, elle privilégie avant tout le débat entre les acteurs, les témoins et les décideurs, aussi différents soient-ils.

Les membres du comité de rédaction ont choisi cette orientation parce qu'ils sont convaincus que le dialogue est une philosophie de l'action politique. Ni l'ampleur des divergences, ni la gravité des oppositions ne doivent empêcher que soient patiemment recherchées les possibilités de confluences.

Cet attachement au dialogue et à la confrontation des idées vient de la conviction que seul le dialogue peut permettre de construire durablement de nouvelles formes de configurations politiques, à la fois équilibrées et fécondes.

La création de cette revue à vocation internationale apparaît comme une contribution à l'ouverture d'un indispensable espace de confrontations des analyses et des opinions sur les problèmes qui façonneront l'avenir de cette région.

www.confluences-mediterranee.com

Dans ce site, consultez tous les numéros de la revue depuis sa création en 1991.

Normes pour les envois de manuscrits

Les textes soumis à la rédaction doivent lui être adressés par mail à l'adresse suivante contact@confluences-mediterranee.com. Ils doivent comporter un titre, un chapeau de présentation de l'article et des sous-titres. Les notes doivent figurer en fin d'article et doivent suivre une numérotation continue pour la totalité de l'article. Les références bibliographiques doivent respecter les conventions de la norme ISO 690-2 (février 1998). Les articles ne doivent pas dépasser 25 000 signes et ils doivent être fournis avec un résumé en français de 10 lignes maximum, ainsi que 4-5 mots clés.

Nous demandons que les nom et prénom des auteurs des articles proposés soient accompagnés de leur titre, de leur adresse institutionnelle et de leurs coordonnées (destinées à la seule rédaction).

Les articles et toute correspondance éditoriale sont à adresser à la rédaction de la revue.

Confluences Méditerranée – 50, rue Descartes – 75005 Paris

CONFLUENCES Méditerranée

50 rue Descartes – 75005 Paris
Site internet : www.confluences-mediterranee.com

ISSN : 1148-2664 / ISBN : 978-2-343-19235-2

111
HIVER
2019-2020

Mondes du travail : mutations et résistances

Sommaire

Dossier

Dirigé par Amin Allal, Michele Scala,
Elisabeth Longuenesse

En couverture :

Atelier de confection en grève à Ksar Hellal (Sahel tunisien), Cliché ©Thierry Brésillon

Dossier

Mondes du travail : mutations et résistances

Amin Allal, Michele Scala et Élisabeth Longuenesse

Amin Allal, chercheur CNRS, Institut de Recherche sur le Maghreb Contemporaine, Tunis.
Michele Scala, Doctorant Aix-Marseille Université, IREMAM. Chercheur associé à l'Ifpo de Beyrouth.
Élisabeth Longuenesse, sociologue, chercheuse associée au Laboratoire Printemps, Université de Saint-Quentin en Yvelines.

Situations de travail et mobilisations ouvrières en Méditerranée

Du Maroc à la Turquie, en passant par l'Algérie, la Tunisie, l'Égypte, la Grèce, l'Italie, le Liban ou la Jordanie[1], le renouvellement des formes de protestation, plus ou moins directement liées au travail, est désormais un constat transméditerranéen. Dans ces situations contrastées on retrouve le même processus d'affaiblissement des syndicats et de fragilisation du rapport salarial et des protections sociales qui l'accompagnaient. D'un côté, la part de la grande industrie s'est réduite au profit du secteur des services, y compris des services à la personne, de l'autre, l'individualisation des tâches, le développement de la sous-traitance et les délocalisations, ont permis de contourner les contraintes associées à la norme salariale. La financiarisation de l'économie mondiale a ainsi entrainé un double mouvement de marchandisation accélérée des rapports humains et de pression accrue sur une force de travail cantonnée de façon croissante à des fonctions de service (transport et distribution de biens de consommation, activités intellectuelles et culturelles, volontariat social et caritatif, services de toute sorte).

Ces évolutions prennent des formes différentes selon les contextes. Le poids du travail migrant et des circulations pendulaires des travailleurs (dans l'agriculture, dans la construction, dans les services), l'exploitation des femmes et des enfants, sont plus ou moins marqués d'un pays à l'autre. L'absence de régulation par le droit, le poids des relations de clientèle semblent plus fréquents au Sud. Mais d'un bout à l'autre de la Méditerranée, on s'aperçoit vite que ces dynamiques traversent les pays et les secteurs d'activité : une fragmentation et une précarisation du travail qui prennent de nouvelles formes et touchent de nouvelles catégories sociales, incluant de plus en plus largement les nouvelles générations de jeunes diplômés, y compris dans les secteurs réputés les plus modernes de production de biens et de services.

Souvent présentés comme une tendance plus générale à la déstabilisation du salariat, les processus dits d'informalisation (au Sud) et de précarisation (au Nord) méritent d'être davantage interrogés. D'une part, l'informel n'est pas cette catégorie résiduelle, minoritaire ou même exceptionnelle par rapport à la norme du travail « formel » (*i.e.* le travail salarié encadré et protégé par la Loi)[2]. D'autre part, si le débat autour de la précarité s'impose en Europe à partir des années 1970, ce n'est pas parce qu'elle est en soi nouvelle, mais plutôt parce qu'elle s'institutionnalise dans le cadre de la loi, en devenant « visible » et donc « dicible »[3]. En outre, comme le montrent bien les enquêtes de terrain réunies dans ce dossier, une attention exclusivement portée aux statuts de l'emploi et aux protections afférentes ne rend que partiellement compte des mutations contemporaines du travail. Les clivages de classe, de race, de nationalité et de genre participent aussi à la fragmentation des statuts et des canaux d'accès aux protections *via* le travail.

À ces mutations du travail correspond une transformation des formes de résistance et de contestation[4]. Inféodées aux pouvoirs en place, violemment réprimées par les régimes autoritaires, ou prisonnières de logiques bureaucratiques ou clientélistes, les grandes organisations syndicales se voient de plus en plus souvent contournées par des mobilisations issues de la base. On voit ainsi apparaître des mouvements plus ponctuels ou sectoriels, parfois violents ou désespérés, mais aussi de nouvelles formes de coopération ou d'entraide pour s'organiser ou faire face à des situations de crise[5].

La dizaine d'articles ici rassemblés abordent ces différentes questions à partir d'études de cas, au niveau local (l'entreprise Technoverre à Tunis, les ouvriers des chantiers navals au Pirée, les ouvriers agricoles dans l'Agro Pontino en Italie), sectoriel (les enseignants marocains, les ouvriers de l'industrie textile en Jordanie, les ouvriers agricoles migrants en Italie, les travailleurs des ONG caritatives syriennes au Liban), ou national (en Turquie et en Égypte, où l'état d'urgence et le durcissement des régimes se font durement sentir sur les mobilisations ouvrières, en Algérie et au Liban, où l'on observe au contraire une floraison de mobilisations en dehors des structures officielles).

Le croisement de ces cas d'études nous montre comment les effets de la mondialisation des marchés et des politiques néolibérales se traduisent par la fermeture et la délocalisation d'entreprises, dans une logique de profit de court terme. Ainsi, à Tunis, une entreprise dont les ouvriers avaient pourtant développé une expertise remarquable, est rachetée par un petit investisseur qui remplace les ateliers de production par des entrepôts de marchandises dans un projet d'import-export plus « rentable » (Mohamed Slim Ben Youssef) ; tandis que des investisseurs asiatiques délocalisent une partie de leur production textile vers la Jordanie, pour accéder au marché américain (Taher Labadi). La mondialisation des marchés, c'est aussi le recours à une main-d'œuvre étrangère, dont la mobilité est à la fois entravée et planifiée, et de ce fait mobilisable dans des conditions d'asservissement et de précarité accrue : ouvriers agricoles indiens en Italie (Marco Omizzolo et al.), ouvriers du textile asiatiques en Jordanie, demandeurs d'asile africains employés « bénévolement » dans l'entretien des espaces publics en Italie (Simone Di Cecco). La croissance du secteur de l'humanitaire dans les régions en crise est une autre forme de cette mondialisation, qui voit se côtoyer ONG locales et internationales, employant expatriés, salariés et bénévoles de diverses nationalités, entraînant hiérarchisation des statuts et précarisation des locaux : le cas des employés syriens d'ONG au Liban apparaît emblématique, dans un contexte où Syriens et Palestiniens sont exclus de droit de tout emploi qualifié (Leo Fourn).

Le recul du salariat protégé et son corollaire, la précarisation du travail, sont une dimension massive de l'évolution des marchés du travail qui ne concerne pas que les travailleurs migrants. Si le travail non déclaré, l'emploi à la tâche, dépendant de la demande ou des commandes des donneurs d'ordre, est une caractéristique ancienne de certains marchés où les toutes petites entreprises dominent, comme le montre le cas des chantiers navals du Pirée (Manos Spyridakis), il (re) devient une stratégie systématique, non seulement des grands acteurs économiques privés, mais aussi des employeurs étatiques, sous la pression des bailleurs et institutions internationales. Au Maroc (Abdellatif Zeroual et Abdellah Lefnatsa), comme en Algérie (Siham Beddoubia), les fonctionnaires titulaires dans l'éducation et la santé sont de plus en plus souvent remplacés par des contractuels précaires, qui se mobilisent aux côtés des diplômés chômeurs. En Italie, les communes compensent la réduction de leurs budgets par l'emploi de chômeurs en fin de droit et de « bénévoles » demandeurs d'asile. La popularité croissante de la notion de « volontariat » dans le champ de l'humanitaire et de l'aide au développement masque mal le recours à une main d'œuvre qualifiée, sous payée et non protégée.

Dans les cas de figures interrogés dans ce dossier, la dégradation des conditions de travail et d'emploi s'accompagne souvent de conditions de vie de plus en plus dures. En Grèce, les anciens ouvriers qualifiés des chantiers navals se voient non seulement contraints d'accepter des emplois ne correspondant plus à leur niveau de compétence, mais aussi, pour survivre, de recourir à l'aide des réseaux familiaux et villageois. Les ouvriers étrangers des QIZ en Jordanie sont quant à eux entassés dans des camps, à l'écart des agglomérations et de la société locale, et se voient déduire de leur rémunération le « coût » de leur hébergement de façon discrétionnaire. Le cas des ouvriers sikhs de l'Agro Pontino révèle aussi que les arrangements habituellement accolés à l'informel comme ceux issus de l'intermédiation illicite de main-d'œuvre (*caporalato*), s'appuient sur des dispositifs tout à fait formalisés de recrutement, ce qui montre, s'il en était besoin, qu'il n'est pas aisé de lire ces pratiques sans considérer leur étroite connexion.

En lien avec ces mutations du travail, les contributions à ce dossier évoquent toutes, au cœur de leur propos ou de façon corollaire, la diversité des formes de résistance et de luttes, les reconfigurations syndicales, la relation entre luttes sociales et luttes démocratiques.

Un peu partout, à des degrés divers, apparaît une défiance croissante à l'égard d'« organisations syndicales "traditionnelles" en crise et affaiblies à la fois par leur évolution interne (la bureaucratisation), les tactiques du pouvoir (répression, cooptation) et les transformations du monde du travail » (Lefnatsa et Zeroual), comme au Maroc ou au Liban (Hariri et Scala) ; mais aussi gangrenées par la corruption (Spyridakis). Cette défiance suscite l'émergence d'organisations issues de la base, à la suite de mobilisations concrètes. C'est ainsi le cas des enseignants contractuels au Maroc mais aussi, dès les années 1990, et, surtout après 2000, de nombreuses catégories d'employés de l'État en Algérie (Beddoubia). À la même époque, naissent les premiers syndicats indépendants en Égypte, tandis que de grandes grèves ouvrières en dehors de toute organisation, soutenues par un mouvement de jeunes, annoncent les prodromes de la révolution de 2011 (Françoise Clément). En Égypte, mais aussi en Turquie (Isil Erdinç), la répression syndicale, corollaire de l'état d'urgence, freine, mais n'empêche pas, la poursuite de mobilisations, qui s'organisent désormais souvent au niveau des entreprises.

Au-delà des luttes pour l'emploi, les salaires, les conditions de vie et de travail, une autre bataille se livre, à laquelle on n'a jusqu'à présent que peu prêté attention, autour du sens du travail, de la dignité du travailleur, de la figure du « bon travailleur ». Tandis que les ouvriers de Technoverre à Tunis se battent non seulement pour l'emploi, mais aussi pour la reconnaissance de leur savoir, et pour la défense de leur outil de travail, pour les Grecs des chantiers de Perama, si le travail s'arrête, le cœur de Perama cesse de battre et le quartier meurt (« *The area is to the workers what the heart is to man. If it stops ticking, he dies* »). Dans un registre différent, mais qui leur fait écho, les travailleurs bénévoles syriens des ONG humanitaires au Liban sont prêts à travailler sans protection et sous rémunérés, parce que ce travail est pour eux indissociable d'un engagement auprès de leurs concitoyens. À l'inverse, la figure du « bon travailleur », promu par les employeurs des QIZ en Jordanie ou ceux des entreprises agricoles du Latium, ou du « bon migrant » accueilli dans les centres d'hébergement qui accepte de travailler gratuitement, légitime des formes de surexploitation de leur travail : travail gratuit pour les uns, réduction du salaire sous prétexte de déduction du coût du logement pour d'autres, allongement de la journée de travail pour la plupart. Mais en Italie comme en Jordanie et ailleurs, loin d'être toujours dupes, ces travailleurs réussissent parfois à surmonter les facteurs de division qu'entraine la multiplicité des origines et des langues et à organiser la résistance ou la protestation.

Finalement, il apparaît que les formes supposées « atypiques » du travail ne peuvent plus être appréhendées comme des effets pervers et dérogatoires du développement capitaliste, car au « Sud » comme au « Nord » de la Méditerranée, et bien au-delà, l'hétérogénéité du travail, de ses modes d'organisation, de soumission et de protection s'impose. Les mutations mises en lumière dans ce dossier suggèrent ainsi de réinterroger nos catégories d'analyse : que signifie le travail aujourd'hui ? Quelle relation entre travail, emploi, volontariat, bénévolat ? Peut-on se contenter de la dichotomie travail formel-informel ? Précarité-stabilité ? Quel statut pour le travail et le travailleur dans la société ? En quels termes parler d'exploitation du travail ? Comment s'articulent exploitation, domination, oppression ? Enfin, comment penser la relation entre actions syndicales et mobilisations sociales plus larges liées au travail, dans un contexte où luttes locales et luttes globales paraissent de plus en plus en résonance.

Notes

1. Allal A. (2010), « Réformes néolibérales, clientélisme et protestation en situation autoritaire. Les mouvements contestataires dans la région de Gafsa en Tunisie (2008) », *Politique africaine*, n° 117, pp. 107-126. Catusse M., Vairel F. (2010), « Question sociale et développement : les territoires de l'action publique et de la contestation au Maroc », Vol. 4, n. 120, p. 5-23. Beinin J., Duboc M. (2014), « The Egyptian workers movement before and after the 2011 popular uprising, Socialist register », Merlin Press, London.Kretsos L., Vogiatzoglou M. (2015). Lost in the Ocean of Deregulation? : The Greek Labour Movement in a Time of Crisis. *Relations Industrielles/Industrial Relations*, 70(2). Perrotta D.,Sacchetto D. (2014), "Migrant Farmworkers in Southern Italy: Ghettoes, Caporalato and Collective Action", in *Workers of the World. International Journal on Strikes and Social Conflicts*, Vol. I, n. 5. Scala M. (2015), « Clientélisme et contestation. L'exemple de la mobilisation des travailleurs de Spinneys (Liban) », *Confluences méditerranée*, n° 92, 113-123. Fioroni C. (2015), « From the Everyday to Contentious Collective Actions: The Protests of the Employees of the Jordan Phosphate Mines Company in 2011 »,*Workers of the World. International Journal on Strikes and Social Conflict*, Vol. 7, n. 1.
2. Le dernier rapport de la Banque Mondiale montre que l'« informel » concerne 75 % des emplois dans les pays dits « en développement : BM, « Le travail en mutation », Washington DC, 2019, p. 7.
3. Anne-Sophie Beau, *Un siècle d'emplois précaires. Patron-ne-s et salarié-e-s dans le grand commerce (XIXe-XXe)*, Paris, Payot, 2004.
4. Allal A., Catusse M., Emperador Badimon M. (2018), *Quand l'industrie proteste. Fondements moraux des (in)soumissions ouvrières*, Presses Universitaires de Rennes, Rennes.
5. Peyman E. (2015), Against all odds, labor activism in the Middle East and North Africa, *Workers of the World. International Journal on Strikes and Social Conflicts*, vol. 7/1. Quijoux M. (2017), « Les conflits du travail dans le monde aujourd'hui », *Critique internationale*, Vol. 1, n° 74.

Mohamed Slim Ben Youssef

Doctorant à l'IEP d'Aix-en-Provence, IRMC Tunis.

Protester pour l'entreprise, contester la reprise : la mobilisation des verriers de l'usine Technoverre en Tunisie

Huit ans après la première situation révolutionnaire de l'hiver 2010-2011, la question sociale est toujours centrale dans les scènes protestataires tunisiennes. Or, si les mobilisations pour l'emploi public ont beaucoup gagné en visibilité après 2011, le secteur industriel privé a connu une éclosion de mouvements ouvriers moins documentés. Par-delà les revendications matérielles, ces mobilisations sous-tendent aussi des dimensions morales, liées à la rupture de pactes sociaux protecteurs. À partir de l'étude de la mobilisation des travailleurs de la verrerie « Technoverre », cet article se propose de montrer la manière dont le repreneur de l'usine, en rompant les promesses de redressement et en mettant en péril l'identité professionnelle des verriers, contribue à alimenter une contestation qui défend indissociablement l'entreprise, l'emploi et le « métier ».

Eight years after the outbreak of revolution in the winter of 2010-2011, the social question remains central to Tunisian protest scenes. Whereas mobilizations for public employment have greatly gained in visibility after 2011, the private industrial sector has witnessed a less documented wealth of workers' movements. Over and above material demands, these mobilizations raise moral questions, linked to the rupture of protective social pacts. Based on the study of the mobilization of workers in the "Technoverre" glass factory, this article shows the ways in which the new owner of the factory, by breaking promises of a new start and endangering the professional identity of glass workers, has contributed to nourishing a struggle which defends all at once the company, jobs and the "profession."

Après la séquence révolutionnaire de décembre 2010 - janvier 2011, la Tunisie a connu une effervescence de mouvements protestataires porteurs de revendications liées tendanciellement à l'emploi et/ou au développement régional. Alors que, dans un premier temps, l'attention des observateurs a été plutôt portée vers les processus de procéduralisation de la démocratie représentative ou les questions liées à l'éclosion de l'extrémisme religieux, les mobilisations sociales ont par la suite été saisies dans de nombreux travaux (para) académiques. Néanmoins, les luttes qui traversent les mondes du travail tunisiens sont rarement étudiées[1]. Ayant trait à la fois aux combats salariaux du secteur public, fortement investis par les syndicats de l'Union Générale Tunisienne du Travail, et aux mobilisations ouvrières dans le secteur privé avec lesquelles la centrale syndicale entretient un rapport plus ambivalent, ces luttes s'inscrivent dans des contextes sociaux et s'appuient sur des modes d'action divers. En février 2018, dans un contexte où les luttes salariales et anti austéritaires liées au secteur public s'intensifient, 31 travailleurs de la verrerie «Technoverre» contestent leur licenciement. Leur renvoi fait suite à un débrayage d'une heure en protestation contre l'agression physique d'un délégué syndical par le patron. Leur mobilisation, soutenue dans un premier temps par la centrale syndicale, prend fin en octobre, mais sans pour autant mettre un terme au conflit qui se judiciarise. Si le contexte d'émergence de cette séquence conflictuelle prête à croire qu'il s'agit d'une mobilisation classique pour la réintégration d'emplois perdus, sa restitution dans une trajectoire plus longue permet de comprendre qu'il est plutôt question d'une lutte contre une déstabilisation ciblant à la fois la sécurité de l'emploi et l'identité professionnelle.

Fondé en 1977 par un homme d'affaires et ex-joueur de football de l'Espérance Sportive de Tunis[2], le groupe industriel « Technoverre » est spécialisé dans la transformation du verre pour divers usages. En l'absence de producteurs de verre sur le marché tunisien, la matière première est importée de l'étranger, puis transformée en plusieurs variantes de verre de sécurité. La production, agencée en fonction des commandes des clients, fournit des produits semi-finis aux domaines du bâtiment et de l'automobile. Implanté dans la ville de Mornaguia au Grand Tunis, le groupe comprend 4 entreprises spécialisées[3] dont les ateliers sont regroupés sur un seul site de production. Les travailleurs, intégralement masculins et majoritairement peu qualifiés et sans forte expérience professionnelle antérieure, sont tendanciellement recrutés dans la population locale de la ville de Mornaguia et de sa périphérie à dominante agricole. Durant la période de plus forte production au début des années 1990, les 4 entreprises du groupe comptent environ 300 salariés, et jusqu'à 350 travailleurs pendant les saisons estivales grâce au recrutement d'élèves du lycée[4]. Le groupe Technoverre se forge très vite une grande réputation de savoir-faire et connaît un âge d'or économique jusqu'au milieu des années 2000. Dans les années 1980 et 1990, plusieurs documents internes et témoignages attestent de sa position de leader national en situation monopolistique dans le verre de sécurité. Le groupe est également réputé leader continental grâce notamment à une forte activité exportatrice vers les pays du Golfe et certains pays européens. Cependant, des difficultés économiques s'accumulent quand le fils du premier patron en assure la direction. L'endettement croissant du groupe auprès des banques et des fournisseurs étrangers de matière première finit par freiner la production et déclencher une crise touchant sa capacité à verser les salaires des travailleurs. Entre 2009 et 2011, plusieurs séquences protestataires et alternances entre mise au chômage technique et reprise précaire de l'activité ponctuent le vécu des syndicalistes et travailleurs de la verrerie. Après d'âpres luttes ouvrières et conflits judiciaires, le groupe est déclaré en cessation de paiement et est mis en vente judiciaire en 2011. En novembre 2014, il est cédé à un prix relativement faible[5] à un riche commerçant de vitres de la ville de Mornaguia. Le cahier des charges conditionnant la reprise impose d'investir pour le redressement de l'entreprise et sauvegarder les acquis sociaux des travailleurs. Toujours sous surveillance judiciaire, la société « Technoverre » est née en janvier 2015 de la fusion par le repreneur des entreprises du groupe éponyme. Cependant, les capacités de production étaient, dans un premier temps, amoindries par la vétusté des machines et l'absence de commandes. Dès 2016, l'entreprise connaît des mouvements protestataires suite à la mise à la retraite anticipée de nombreux travailleurs et à des licenciements abusifs de syndicalistes. Les salariés s'aperçoivent très vite que le nouveau patron ambitionne de transformer une grande partie du site de production en entrepôt, mais réussissent néanmoins à l'en empêcher en informant l'administrateur judiciaire de l'entreprise.

Dans un contexte de mise en place de politiques néolibérales qui déstabilisent le travail et ses assises collectives, les transformations que subit Technoverre relèvent, entre autres, de l'introduction d'une logique de rentabilité court-termiste par le repreneur. Notre propos est de montrer les effets concrets de telles transformations sur le rapport des travailleurs au métier et à l'entreprise. Cet article met en lumière, dans un premier temps, la manière dont l'action collective des verriers s'est d'abord construite en protestant contre l'absence effective de redressement de l'entreprise par le repreneur. À cette occasion, leur identité professionnelle apparaît comme une source de légitimation de leur mobilisation. Dans un deuxième temps, nous montrerons que cette mobilisation s'oppose à la déstabilisation du management paternaliste que l'entreprise a connu pendant près de trente ans : la remise en cause de l'ordre usinier et les nouvelles pratiques de répression antisyndicale introduites par le repreneur sont fortement contestées par les travailleurs.

Les mobilisations des verriers de Technoverre : brandir l'identité professionnelle pour protester contre la rupture de la promesse de redressement

« Pendant les jours de la révolution, cette entreprise, nous l'avons gardée. Nous ! Pour que personne n'y touche. »[6]. Ce témoignage, renvoyant à la protection par les travailleurs des locaux de l'entreprise contre les pillages devenus nombreux quelques jours après la fuite de Ben Ali, révèle l'attachement des verriers à leur entreprise. Néanmoins, ce sentiment se situe au cœur d'un rapport impliquant des temporalités multiples et mêlant dimensions matérielles et affectives.

En effet, le conflit qui oppose les travailleurs de Technoverre au repreneur de l'usine est exprimé par des revendications salariales «classiques» telles que la tenue de travail, les primes non versées, et la requalification professionnelle. Cependant, il concerne néanmoins des enjeux plus complexes, mêlant inextricablement dimensions matérielles et symboliques. Or, cet enchevêtrement résulte d'un processus à temporalités multiples qui met en œuvre une forte dépendance à l'entreprise, matérielle et professionnelle, ainsi que des promesses négociées avec le nouveau patron pour le maintien de cette dépendance. En effet, pour comprendre sociologiquement ce qui est en jeu dans la mobilisation des verriers, il faut revenir sur le moment où s'est constitué le pacte moral entre les salariés de Technoverre et le repreneur.

L'identité professionnelle des verriers et l'illégitimité d'un patron outsider

Le projet du nouveau patron de transformer une partie de l'usine en entrepôts au profit d'une entreprise d'eau minérale s'inscrit contre une vocation professionnelle historiquement et socialement ancrée de l'entreprise et des verriers[7]. Or, l'identité professionnelle des travailleurs est un marqueur social, à la fois objet d'une lutte pour la préservation et une ressource de légitimation, non seulement de la protestation, mais aussi du rapport à l'entreprise. En effet, l'emblème du savoir-faire professionnel permet non seulement de justifier l'action collective face à un repreneur étranger au métier, mais aussi d'affirmer une position symbolique de « propriétaires authentiques » de l'entreprise. Il permet également de se dresser face à la « crise d'une identité catégorielle de métier »[8] provoquée par le nouveau patron.

Pour autant, les conditions de formation de cette identité professionnelle sont à chercher dans une expérience sociale qui s'est développée sur le temps long. En effet, non seulement la plupart des ouvriers de Technoverre y travaillent depuis plus de 20 ans, mais ils y ont acquis également toutes leurs compétences professionnelles. D'un autre côté, si certains ont pu avoir une brève expérience de travail antérieure, notamment dans l'agriculture, le bâtiment ou l'industrie, la grande majorité des enquêtés parmi les travailleurs évoquent une socialisation durable au métier de verrier qui appuie l'hypothèse de la centralité de cette expérience de travail dans leur trajectoire socioprofessionnelle. Au cœur d'une tradition de transmission et d'apprentissage, l'ensemble de compétences qui forment le métier est évoqué fièrement par les interviewés : *« Moi par exemple quand j'ai commencé à travailler, l'usine avait déjà été créée depuis 10 ans. Parce que ça a été créé en 1977 cette usine, depuis l'époque de Nouira [premier ministre de l'époque] et de Wassila [femme de Habib Bourguiba, président de la Tunisie à l'époque]. Et Zine était ministre de l'inté-*

rieur, il est venu d'Amérique et tout pour voir. Mais ce monsieur donc a travaillé plus de 35 ans dans l'entreprise, il m'a donc appris le travail, c'est le meilleur dans le métier. Au début tu ne comprends pas le travail, sur machine ou autre. Il faut toujours que tu voies comment les anciens font, comment ils coupent, comment ils montent. Il te dit ce que tu fais, comment il faut être vigilant et tout pour ne pas que ça se casse. Il te dit qu'il faut faire des erreurs pour apprendre, et j'ai appris »[9]

Pour autant, si les processus d'apprentissage forment objectivement un ensemble de compétences qui constituent un « métier », ils nourrissent également un sentiment partagé d'appartenance à un groupe socioprofessionnel. Or, si le « métier » produit des effets de cohésion socio-professionnelle[10] sur le long terme, il constitue, dans la temporalité propre au conflit, une ressource contestataire face au projet du repreneur. En effet, l'identité professionnelle des verriers de Technoverre et leur ethos productiviste[11] sont instrumentés pour nourrir la distinction sociale à l'égard du nouveau patron. Ainsi le projet de convertir l'usine en entrepôt constitue une rupture de la promesse originelle de redressement justifiant en soi la contestation des travailleurs. Néanmoins, leurs discours révèlent tendanciellement un registre (auto)légitimateur qui dénonce le repreneur comme « étranger », à la fois à l'entreprise, au « domaine » et à l'activité industrielle. Sa gestion de l'entreprise depuis son arrivée est ainsi perçue comme contraire à la conception des verriers de ce qu'est la rationalité économique. *« Pour lui, il veut juste des entrepôts. C'est lui qui l'a dit de sa propre bouche "quand je la loue [l'usine] c'est mieux pour moi que de vous faire travailler". Parce que lui… s'il la loue, il gagne à tous les coups. Tu vois ? Par contre là il est obligé de verser la CNSS, l'impôt, la prime de l'Aïd, prime de rendement… c'est une grosse charge pour lui. Parce qu'il n'est pas du domaine, il ne sait pas ce que c'est que l'activité industrielle et l'argent que ça rapporte. Bien que notre produit, c'est du gain pur. Il y en a au moins pour 30 % de marge bénéficiaire. »*[12]

Comme le montre cet extrait, la contestation du repreneur repose sur sa disqualification du fait de sa qualité d'outsider au domaine. Ainsi, si la sauvegarde des emplois est au cœur de la contestation des verriers, celle-ci demeure fortement liée, dans les stratégies de légitimation de l'action collective, à la déstabilisation d'un métier par un patron qui n'est pas accepté. En effet, si sa posture d'outsider était connue dès le départ par les syndicalistes et cadres qui ont facilité sa reprise de l'usine, c'est plutôt l'imposture du repreneur qui est dénoncée en renvoyant à sa propriété socioprofessionnelle stigmatisante chez les verriers : sa qualité de « commerçant ». Bien qu'il n'ait pas été jugé à l'aune de cette propriété au départ, c'est sa pratique en tant que patron qui active son stigmate de commerçant chez les travailleurs de Technoverre.

Le moment (re)constitutif de la verrerie : fondements économiques et moraux d'une promesse de redressement

Majoritairement, les travailleurs actuels de Technoverre ont été recrutés vers la fin des années 1980 et le début des années 1990. L'essentiel de la masse laborieuse de l'entreprise n'a pas été renouvelé au fil des années, non seulement à cause d'une politique de recrutement fondée sur la « fidélisation » de la main d'œuvre, mais aussi sous l'effet de la crise qui l'a touchée à partir du milieu des années 2000. La plupart des verriers, désormais âgés de plus de 45 ans, ont tendanciellement acquis toutes leurs compétences professionnelles dans le domaine du verre et au sein de l'entreprise. Mariés et pères de famille, l'expérience salariale leur a permis d'accéder à un niveau de vie stable et de subvenir aux besoins de leur famille, mais sans aisance matérielle pour autant[13].

« Notre problème principal, c'est le redémarrage de l'entreprise. Moi, j'ai passé 4 ans au chômage. Si c'est pour revenir, je veux revenir sur une base solide et voir qu'il y a des perspectives devant, et je veux voir que tu veux investir dans l'entreprise pour la développer. Je veux voir aussi que dans les 10 ou 15 ans qui me restent à finir, j'ai des perspectives... mais quand je vois que tu ne fais aucun investissement, que tu licencies à tout bout de champ, que tu bafoues les droits des travailleurs, je sens que j'ai repris le travail pour 2 ou 3 ans avant que l'entreprise ne referme. C'est ça, la principale préoccupation ».[14]

Dans cet extrait, il est intéressant de remarquer la manière dont le « redémarrage de l'entreprise » et l'investissement capitalistique sont mêlés au respect des droits sociaux des travailleurs. En effet, les enjeux matériels liés à la sauvegarde des emplois et des acquis sociaux sont liés à la volonté de (re)voir l'entreprise prospérer : *« C'est devenu une partie de nous l'usine, on sent que ça nous appartient et que ça n'appartient à personne d'autre. Si nous travaillons et qu'elle produit, ça va et nous vivons. Si nous ne travaillons pas, elle ne produit pas et nous ne vivons pas. Elle meurt et nous mourons avec elle. »*[15]

Or ces attentes, produit d'une longue expérience de travail et d'une relation de dépendance historiquement constituée à l'entreprise, se sont renforcées par le concours actif de l'élite laborieuse de l'usine à son redémarrage. Durant la période de 4 ans où Technoverre était fermée et mise en vente judiciaire, les délégués syndicaux, cadres et ingénieurs de l'entreprise se sont mis eux-même à chercher un repreneur. Il était question de trouver quelqu'un capable de remplir les engagements requis par le cahier des charges de l'entreprise, élaboré par le mandataire *ad hoc* : la préservation des acquis antérieurs des travailleurs en termes de salaires et de classification professionnelle, une enveloppe de dépenses pour achat d'équipements sur des tranches annuelles et le recrutement de nouveaux travailleurs. Et ce sont en effet ces mêmes cadres et délégués syndicaux qui ont trouvé le repreneur, commerçant de verre et ancien client de l'entreprise, et qui l'ont soutenu dans l'acquisition de l'usine. Les travailleurs évoquent même leurs sacrifices, non seulement en termes d'effort mais aussi sur le plan salarial, lors de la réouverture de l'usine : *« On a repris en 2015… c'est nous qui avons redémarré l'usine, il n'a pas apporté des gens de dehors. C'est nous qui l'avons fait tourner. Des machines qui n'ont pas fonctionné depuis 4 ans, c'est nous qui les avons redémarrées. Certains d'entre nous font un peu de mécanique… et nous avons réparé les machines […] Il nous a dit que l'entreprise est nôtre et qu'il était prêt à ce qu'on travaille pour la rehausser ensemble. Un beau discours qui encourage. Et nous nous sommes encouragés et on a tendu la main. Il nous a même promis une prime, pour nous, les gens qui ont fait redémarrer l'entreprise. »*[16]

« On a travaillé avec lui… au début on prenait… comme si on était en chômage technique! [200 dinars, soit environ 60 euros] C'était notre deal avec lui. Les gens travaillaient sans fiche de paie ni rien du tout. Au début il fallait juste repeindre l'usine, démonter puis remonter les machines […] Au début une équipe a commencé à nettoyer, puis une équipe d'entretien, ensuite une équipe pour repeindre. »[17]

Comme le montrent ces deux extraits, le moment de «remise à pied» de l'entreprise prend, dans le récit des travailleurs, une dimension doublement matérielle et symbolique. Sans pour autant s'y réduire, le conflit opposant les travailleurs de Technoverre au repreneur met en jeu un socle moral sur lequel reposent des attentes d'autant plus légitimes qu'elles sont fondées sur la croyance, objectivement fondée, d'avoir contribué à la remise en marche de l'usine. Or, les promesses sur lesquelles repose ce pacte moral ont été intégralement trahies : d'une part, le repreneur n'a pas respecté les engagements prévus dans le cahier des charges tout en bénéficiant d'une force de travail qui l'a aidé à redémarrer l'entreprise. D'autre part, le travail important fourni par les verriers lors du nettoyage des locaux et de la réparation des machines n'a pas été rétribué, ni apprécié à la valeur que les travailleurs lui prêtent.

Répression antisyndicale, transformation managériale et remise en cause de l'ordre usinier antérieur

Un an après le redémarrage de Technoverre en janvier 2015, le nouveau patron procède à des licenciements négociés et à des mises en préretraite en prétextant la situation difficile de l'entreprise. Pour autant, bien que le repreneur ait réussi à licencier près de 70 sur les 120 salariés réintégrés après la reprise grâce à cette politique, il n'en a pas moins fait face à une résistance de la part des syndicalistes. Pour contrer cette résistance, le repreneur a eu recours à des pratiques de répression antisyndicale qui reposent sur une judiciarisation et une criminalisation systématique des syndicalistes qui « tiennent tête ». Ces pratiques ont permis à la fois de neutraliser les syndicalistes et travailleurs « dissidents » et de dissuader une action collective éventuelle. Néanmoins, elles ont par ailleurs alimenté la contestation en déstabilisant les modes institués de gestion des relations de travail, (re)connus par les travailleurs lors de leur expérience antérieure de travail.

Pendant près de 30 ans, l'ordre usinier[18] et social à Technoverre reposait en effet sur une gestion managériale paternaliste. Outre le métier, largement partagé au sein du collectif de production, l'entreprise fonctionnait sur la base d'arrangements qui garantissaient la sécurité de l'emploi grâce à des CDI et un recours très restreint aux licenciements et à la justice dans les relations de travail. Avant 2009 et l'intensification de la crise financière du groupe Technoverre, la gestion des conflits de travail était paternaliste et soumise au pouvoir discrétionnaire du patron, sans implication systématique du syndicat : négociation individuelle des modalités de départ en cas de vol avéré de la marchandise, « pardon » accordé au cas par cas, promesses d'augmentations salariales, etc. Par ailleurs, les rapports sociaux de travail au sein de l'entreprise reposaient, pendant de longues périodes de démobilisation ouvrière, sur une inféodation du syndicat au pouvoir du patron par l'entretien de relations personnelles durables avec plusieurs délégués syndicaux[19]. Pour autant, si la contestation a toujours pu exister épisodiquement au sein de l'entreprise notamment pour des revendications salariales, ce mode de gestion paternaliste est rarement remis en question sous l'ère du patron historique de Technoverre, mais contribue à produire un consentement tendanciel de la part des salariés et, *a posteriori*, un sentiment de nostalgie[20].

« (Ridha)[…] Ben Ezzeddine était très intelligent et savait discerner qui était bosseur de qui ne l'était pas. Rien ne lui échappait ! Des ministres venaient à l'usine

grâce à lui, il était ami avec eux. C'était un grand homme d'affaires, à l'ancienne. […] Ben Ezzeddine, quand il te fait une mise à pied de 3 jours, c'est 3 jours de mise à pieds sans discussion. Si tu discutes avec lui, ça devient 6 jours. Parce qu'il sait très bien pourquoi il a décidé de cette sanction.

(Nabil) Par contre, s'il voit qu'un cadre a commis une injustice à l'égard d'un travailleur, il ne le laisse pas faire et lui demande des comptes. »[21]

Ainsi, bien que la gestion des conflits salariaux dépendait en grande partie du bon vouloir du patron pendant près de 30 ans à Technoverre, les discours des travailleurs laissent penser que c'est plutôt la dimension paternaliste et protectrice de cette gestion, conjuguée à une connaissance du processus de production et de la « bonne» division du travail à mettre en place, qui la rendait acceptable.

En revanche, l'arrivée du repreneur bouleverse l'ordre usinier en mettant en cause à la fois les modes d'affectation des tâches au sein de l'entreprise et le régime de résolution des conflits de travail. En effet, le recours par le repreneur à plusieurs licenciements de syndicalistes en intentant des poursuites judiciaires pour des délits factices constitue une inflexion dans la gestion des conflits de travail et les méthodes de neutralisation du syndicalisme d'entreprise. En 2016, deux délégués syndicaux sont accusés par la direction : l'un pour vol d'un chèque signé par le patron, l'autre pour détournement de matière première. Par ailleurs, le licenciement et la poursuite en justice de 31 travailleurs protestataires suite à une heure de débrayage en février 2018 sont motivés par une « entrave à la liberté du travail »[22] qui aurait, selon la direction, causé préjudice au processus de production. Ainsi, si des méthodes de subordination du syndicat ont longtemps existé sous le règne du patron historique de l'entreprise, la criminalisation des syndicalistes par le repreneur a pu susciter la défiance du salariat qualifié (cadres et ingénieurs) et d'une bonne partie du salariat moins qualifié (manœuvres et ouvriers spécialisés) de Technoverre à son égard. Cette défiance s'est notamment mue en contestation suite à l'agression physique – une gifle – par le nouveau patron d'un délégué syndical, en présence de 31 travailleurs témoins de cet acte, qui l'ont considérée comme une atteinte impardonnable à leur dignité.

D'un autre côté, la déstabilisation de l'ordre usinier référentiel passe également par l'irruption d'une logique managériale et d'une division de travail qui rompt ce qui est considéré comme réquisits du métier. En effet, la qualité d'outsider du nouveau patron, fondement en soi d'une illégitimité chez les verriers, produit des effets pratiques sur les modes d'affectation des tâches et d'organisation du travail, largement considérés comme inadaptés.

« [...] (Ridha) Maintenant, je ne sais pas où je vais travailler quand j'entre le matin.

Q. Donc vous n'avez plus de poste clair ?

(Nabil). Tous ! Personne d'entre nous n'a plus un poste clair.

(Ridha) Et dans la fiche de paie, il y a "ouvrier spécialisé". Et après il te demande toutes sortes de choses... Ceux qui sont restés actuellement à l'usine ne savent pas ce qu'ils vont faire le matin quand ils commencent leur travail.

Q. Et avant avec l'ancien patron, vous saviez ce que chacun allait faire le matin ?

(Nabil). Mais tu avais ton propre poste avec lui ! Il ne te déplace pas d'un poste à un autre. Celui-là, le matin il demande aux travailleurs de déplacer le verre vers son entrepôt. Où est-ce que ça se passe ça ? Et si tu refuses, il y a des conséquences ! Il a beaucoup d'entrepôts à Mornaguia... comme ça, le fisc ne le surprend pas. Il a beaucoup d'argent. [...] Tu attends le chef qu'il vienne te dire ce que tu vas faire. Quand tu lui parles, il te dit "moi je n'ai rien à voir, parle à ton patron". Du coup les gens se sont résignés et travaillaient juste pour avoir de quoi manger. Ils se disent qu'il faut éviter les problèmes... »[23]

Comme le montre ce témoignage, les changements opérés par le nouveau patron dans l'affectation des postes et des tâches produisent un mécontentement, pas forcément mû en action collective ou mouvement de contestation, chez les salariés. En effet, si ces transformations introduisent une part d'incertitude dans le déroulement jadis prévisible du processus de production et de la journée de travail, elles contribuent aussi à nourrir le sentiment d'être dépossédé d'un type d'activité maîtrisé et routinisé sur le temps long. Ainsi, ces ruptures des routines managériales installées de longue date, à la fois épiphénomène de la qualité d'outsider au métier du repreneur et motif de mécontentement, affectent profondément l'acceptation des travailleurs de l'ordre usinier et altèrent, sur le plan affectif, leur attachement à l'entreprise.

La mobilisation des verriers de Technoverre face à la déstabilisation du travail ?

Si un premier regard sur les mobilisations des verriers permet de voir la centralité de la sauvegarde des emplois de 120 travailleurs précarisés à quelques années seulement de la retraite, une analyse plus approfondie permet de nuancer ce propos. Outre la menace que fait peser la gestion du repreneur de l'entreprise et des relations de travail sur les conditions matérielles, certes tendanciellement modestes, mais stabilisées sur des dizaines d'années avant la crise, des travailleurs, les conflits que cette situation produit permettent de voir également un rapport plus complexe à l'entreprise, mêlant dépendance matérielle et attachement affectif.

En effet, la relation des verriers de Technoverre à leur entreprise permet d'interroger la manière dont les dimensions matérielles sont inséparables des dimensions affectives dans les mobilisations de travail. En l'espèce, l'économie morale et affective des salariés révèle un rapport ambivalent à l'emploi, mêlant éthique de la subsistance[24] et enracinement au métier dont l'une des facettes est la «passion» pour l'entreprise. Pour autant, de telles émotions ne sont pas envisageables en dehors de la centralité, dans leurs trajectoires professionnelles, d'une expérience de travail de longue durée. D'un autre côté, la socialisation professionnelle de la verrerie, partagée dans la plupart des expériences laborieuses à Technoverre, contribue à produire à la fois un processus d'appropriation symbolique et un fort sentiment de dépendance et de gratitude à l'égard de l'entreprise : *« J'y ai passé la moitié de ma vie. J'ai appris le travail, j'ai appris la vie tu peux dire là-bas. Parce que j'ai directement commencé à travailler après les études dans cette usine…»*[25]

Le cas Technoverre permet de questionner les processus concrets de déstabilisation des collectifs de travail, résultant d'une conception court-termiste du profit au détriment des réquisits professionnels de l'activité industrielle. En effet, dans un contexte où les logiques néolibérales deviennent de plus en plus ancrées dans le tissu industriel tunisien[26], le cas étudié dans cet article permet de resserrer la focale sur les ressorts concrets, matériels et symboliques de ces pratiques. Si plusieurs observateurs s'accordent pour qualifier de « néolibérales » les politiques austéritaires imposées par les bailleurs de fonds internationaux dans le secteur public, l'usage de ce qualificatif pour le secteur industriel privé est souvent peu fondé empiriquement. L'expérience des travailleurs de Technoverre permet ainsi de rendre compte de l'irruption de logiques néolibérales discrètes dans la gestion de l'activité productive et des relations de travail. C'est en effet le désengagement de l'État à l'égard du secteur industriel privé qui rend possible l'émergence d'un ordre néo-libéral instauré « par le bas », affectant en profondeur les identités professionnelles et régimes managériaux antérieurs de ces entreprises, au point d'en déstabiliser la vocation productive initiale.

Notes

1. À l'exception des publications de Sarah Barrières. Voir : S. Barrières (2018), Les conditions de travail : les autres raisons de la colère du peuple tunisien? Ethnographie d'une mobilisation syndicale d'ouvrières en contexte révolutionnaire. In A. Allal, M. Catusse et M.E Badimon (dirs.), *Quand l'industrie proteste : fondements moraux des insoumissions ouvrières.* Rennes : Presse universitaire de Rennes, pp. 93-119 ; S. Barrières (2019), Ouvrières en lutte dans la révolution tunisienne : de la résistance au désenchantement. *Ethnologie française*, Vol. 2, n° 174, pp. 339 à 355.
2. L'un des deux grands clubs omnisport de la capitale Tunis.
3. Le groupe « Technoverre » est en effet composé de 4 entreprises, dont chacune est dotée de personnalité morale et spécialisée dans un métier. La première porte le même nom du groupe - TECHNOVERRE - et produit du verre pour le bâtiment. La deuxième, SIVEF, est spécialisée dans la production des pare-brises pour les voitures. Quant à SAFETY GLASS, elle produit des vitres et lunettes arrière automobile, tandis que l'entreprise CRISTAL DESIGN produit du verre soufflé.
4. En l'absence de chiffres exacts pour cette période, le croisement de plusieurs entretiens réalisés avec les travailleurs et syndicalistes de Technoverre permet d'aboutir à une telle estimation.
5. Les entreprises du groupe lui ont été cédées à 1,1 million de dinar alors que leur valeur réelle est estimée à environ 7 millions.
6. Ridha, le 16 décembre 2018.
7. Notons que cette mise en location de l'un des ateliers de l'entreprise au profit d'une société nationale d'eau minérale a été facilitée par la vétusté des machines de cet atelier et la réduction de plus en plus importante des effectifs sous l'effet des licenciements et des mises en préretraite. Elle a cependant été mise en échec par les travailleurs qui en ont informé l'administrateur judiciaire de l'entreprise.
8. Voir C. Dubar (2010), *La crise des identités : l'interprétation d'une mutation*. Paris : Presses Universitaires de France, Coll. Le lien social, pp. 95-128.
9. Entretien en arabe dialectal le 06/01/2019 à Mornaguia avec Hedi, travailleur à Technoverre entre 1986 et 2018, traduit par l'auteur. Il fait partie des 31 travailleurs licenciés par le repreneur.
10. Cela dit, il ne s'agit pas de nier les inégalités statutaires, ni les différences en termes de compétences et de capitaux sociaux, ni les degrés différentiels de dépendance à l'égard de l'entreprise. Il est plutôt question de défendre la centralité de cette construction sociale qu'est le « métier » dans la lutte des verriers contre le repreneur.
11. L'on renvoie ici à une conception productiviste du travail très prégnante chez les verriers, plaçant la production et sa croissance comme objectif central de l'entreprise.
12. Entretien en arabe dialectal avec Chams, 12 novembre 2018 à Mornaguia. Traduit par l'auteur.
13. Comme indicateur de cette situation stable mais pas aisée, relevons que la majorité des travailleurs de cette entreprise sont soit locataires, soit propriétaires d'une maison construite par les parents à Mornaguia ou dans sa périphérie rurale.
14. Entretien en arabe dialectal le 12 novembre 2018 à Mornaguia avec Chams, responsable technico-commercial et délégué syndical jusqu'à son licenciement en 2016. Traduit en français par l'auteur.
15. *Idem*.
16. Entretien en arabe dialectal le 6 novembre 2018 à Mornaguia avec Nabil, travailleur et délégué syndical jusqu'à février 2018, traduit par l'auteur.
17. Entretien en arabe dialectal le 10 février 2019 à Mnihla (Grand Tunis) avec Noureddine, travailleur spécialiste de la maintenance industrielle et délégué syndical. Il fait partie des 31 travailleurs licenciés en février 2018. Traduit par l'auteur.
18. Entendu ici comme l'organisation traditionnelle du travail industriel, caractérisée par la présence d'une hiérarchie censée faire respecter les méthodes de travail, les cadences et la discipline. Il « se traduit également par un cloisonnement des espaces, une limitation de la circulation dans les ateliers, l'imposition de certains gestes et la prohibition d'autres, etc. au service d'une maximisation de l'engagement des ouvriers dans leur travail afin que la production soit la plus élevée et de la meilleure qualité possible.» Voir : X. Vigna (2013), Préserver l'ordre usinier en France à la fin des années

1968. *Agone,* Vol. 1, n° 50, pp. 115 à 133. Cependant, cette définition ne correspond pas totalement au cas Technoverre, dans la mesure où ce sont les travailleurs eux-même qui défendent l'ordre usinier face au repreneur.
19. Entretien en arabe dialectal le 15 novembre 2018 à Ben Arous avec Salem, technicien de maintenance et secrétaire général du syndicat de base de Technoverre entre 1997 et 2016. Traduit par l'auteur.
20. Toutefois, il est difficile d'estimer les effets propres à la temporalité de l'enquête sur cette hypothèse. En effet, il n'est pas à exclure que l'expérience de travail plus récente des travailleurs que j'ai interviewé ait altéré leur perception de ce qu'a pu être leur degré de consentement à l'égard de l'ancien patron. Il est ainsi plus prudent d'affirmer que le consentement à l'ordre usinier antérieur est plutôt relatif, estimé en comparaison avec l'expérience de travail sous le repreneur de l'entreprise.
21. Entretien en arabe dialectal le 16 décembre 2018 à Mornaguia avec Ridha et Nabil, travailleurs à Technoverre jusqu'en février 2018. Traduit par l'auteur.
22. Un délit selon les articles 136 et 137 du code pénal tunisien.
23. Entretien avec Ridha et Nabil, le 16 décembre 2018 à Mornaguia.
24. Cette notion est de James Scott, renvoient à des pratiques économiques marquées par la prudence à l'aune des aléas économiques. Voir : D. Fassin et S. Lézé (dirs.), *La question morale*, Paris : Presses Universitaires de France, pp. 317-329.
25. Entretien avec Chams, le 12 novembre 2018 à Mornaguia.
26. Ces processus s'expriment notamment par le recours de plus en plus important aux contractuel.les par les entreprises, la multiplication des grèves patronales et des licenciements collectifs, ainsi que le désengagement des autorités publiques de la médiation dans les conflits de travail. Il n'existe pas de statistiques permettant d'affirmer le caractère général de ces phénomènes. Cependant, plusieurs éléments de terrain et le suivi des conflits de travail dans le secteur industriel privé permettent de formuler cette hypothèse.

Taher Labadi

Aix Marseille Université, CNRS, IREMAM-LEST.

« Les travailleurs migrants en Jordanie : l'exemple de l'industrie textile »[1]

Cet article traite de la situation de travail dans une branche d'activité économique en particulier, celle du textile-habillement dédiée à l'exportation vers les États-Unis qui s'est développée dans les Zones Industrielles Qualifiées en Jordanie. À partir d'une enquête de terrain réalisée en 2018, il a plus précisément pour objet la présentation des conditions de travail de la main-d'œuvre migrante, largement majoritaire dans cette branche, ainsi que des formes de contestation de ces conditions. Une réflexion est engagée ce faisant concernant le développement d'une forme de travail « hors-sol » et l'émergence qui en résulte d'une figure idéalisée du travailleur.

This article deals with working conditions in the particular economic sector of textile/clothing produced for export to the United States, which has developed in Jordan's Qualified Industrial Zones. Based on fieldwork carried out in 2018, it focuses more specifically on working conditions of migrant labor, which is preponderant in this sector, as well as forms of contestation of those conditions. Reflection is thus engaged regarding a form of "extraterritorial" work and the resulting emergence of an idealized figure of the worker.

Janvier 2017 dans une usine de vêtements de la *Zone industrielle qualifiée* (QIZ) d'*al-Hassan*, les travailleurs migrants sont en grève pour protester contre leurs conditions de vie et de travail. Au départ de cette grève, le refus des ouvriers de se plier aux nouveaux objectifs de production, lesquels viennent de doubler du jour au lendemain. La direction de l'entreprise annonce sa décision de renvoyer quatre de ses employés, qui seront expulsés du pays, pour avoir organisé les troubles. La production est aussitôt stoppée et la grève lancée. D'autres requêtes liées aux abus et mauvais traitements viennent s'ajouter aux revendications des grévistes. L'entreprise répond en accentuant la répression, bloquant le versement des salaires et procédant à des coupures d'eau et d'électricité dans les bâtiments réservés à l'hébergement. La grève attire finalement l'attention des médias quelques semaines plus tard, entrainant la décision du gouvernement de fermer l'usine[2].

Les QIZ occupent encore aujourd'hui une place centrale dans le paysage industriel jordanien. Les exportations en provenance de ces zones surpassent celles des autres secteurs, y compris des industries extractives, et ce sont elles qui permettent à la Jordanie d'avoir une balance commerciale équilibrée avec les États-Unis[3]. À l'origine, ces zones franches d'un type un peu particulier sont le fruit d'une décision étasunienne d'étendre la franchise douanière appliquée aux produits d'origine israélienne aux exportations issues de zones géographiques désignées en Jordanie[4]. Une décision qui suit de près la signature du traité de paix israélo-jordanien en 1994 et explicitement destinée à renforcer la coopération et l'intégration économique entre les deux pays[5]. Le dispositif vise également à générer des emplois et des revenus dont le pays a grandement besoin.

Une dizaine de QIZ sont déployées à travers le pays. Elles permettent le développement d'une industrie textile presque entièrement dédiée à l'exportation vers les États-Unis mais très peu connectée à l'économie locale. Les travailleurs jordaniens, principalement des femmes, ont progressivement été remplacés par des travailleurs migrants qui comptent pour 3/4 de la main-d'œuvre employée dans cette branche en 2017[6]. Les investisseurs sont eux aussi pour beaucoup étrangers, en particulier asiatiques, et cherchent avant tout à profiter du libre accès vers le marché étasunien. Ces zones industrielles font pourtant l'objet d'une attention particulière de la part des autorités jordaniennes qui y voient un instrument privilégié d'insertion dans l'espace des échanges internationaux[7].

Dans ce pays confronté à une pauvreté en constante hausse[8] et à un fort taux de chômage (18,5 % en 2017)[9], renforcés par la présence massive de réfugiés syriens depuis 2011, l'emploi de travailleurs migrants, surtout originaires du sous-continent indien, peut sembler paradoxal. Cette situation n'est pourtant pas spécifique à la Jordanie. Partout le recours à une main-d'œuvre étrangère temporaire apparaît comme un levier et une forme avancée des politiques de « flexibilisation » et d'« abaissement du coût » du travail. Avoir le travail sans s'encombrer du travailleur (et de l'immigré) : cet exemple jordanien illustre bien l'utilitarisme migratoire décrit et conceptualisé par Alain Morice[10]. Les QIZ jordaniennes ont à cet égard ceci de remarquable que les travailleurs migrants y sont à la fois majoritaires et confinés à vivre sur leurs lieux de travail.

Le présent article présente quelques premiers résultats d'une enquête de terrain réalisée en 2018[11] durant laquelle j'ai collecté de nombreux matériaux, conduit des visites et des observations et mené des entretiens avec des interlocuteurs aux profils variés (dirigeants d'entreprise, travailleurs, représentants syndicaux, acteurs publics...). Cette enquête m'amène à conduire ici une première réflexion relative à la mise au travail d'une main-d'œuvre en majorité étrangère dans ces zones. M'entretenir avec des travailleurs migrants en dehors de l'usine et sans parler leurs langues n'a toutefois pas été facile. L'échange (en arabe ou en anglais) a le plus souvent été concis et prenait une forme davantage directive. Les récits de ces travailleurs sur leurs expériences ne seront donc que rarement évoqués.

L'hypothèse qui guide cette présentation est que l'activité de production qui se trouve engagée dans ces zones, orientée vers un marché mondialisé, tend à produire une forme particulière de travail, dans laquelle le travailleur migrant est maintenu « hors-sol ». Delphine Mercier évoque à cet égard un mode de gestion déterritorialisé des ressources humaines caractéristique des zones franches où les entreprises vont pouvoir s'affranchir du régime commun en matière fiscale et douanière, mais aussi de travail[12]. Pour cela, je présente dans un premier temps le contexte de production et de travail dans les QIZ, caractérisé par la présence majoritaire d'une main-d'œuvre étrangère et la désaffection des travailleurs jordaniens. Je décris ensuite les conditions de « captivité » discriminatoires caractéristiques de la main-d'œuvre migrante dans les QIZ. Je termine en traitant des mobilisations pour l'amélioration de ces conditions de travail et de séjour, et mets en évidence la façon dont est construite en retour une figure idéalisée du travailleur.

Les QIZ : une branche d'activité extraterritorialisée

Une activité mondialisée et « hors-sol »

Sur les 13 zones déployées entre 1997 à 2010, seules 7 connaîtront véritablement une activité en tant que QIZ. L'industrie du textile-habillement s'y impose rapidement. Ses produits sont en temps normal lourdement taxés à l'entrée aux États-Unis et surtout, ils sont soumis jusqu'en 2005 à un contingentement, dans le cadre des accords multifibres[13], qui en limite l'afflux. La possibilité pour les entreprises bénéficiant du régime des QIZ d'accéder librement au marché étasunien « *duty free / quota free* » constitue en soi un avantage comparatif conséquent, suffisant en tout cas pour inciter des investisseurs étrangers, à implanter leurs usines en Jordanie, pays jusqu'alors inconnu sur la carte des exportateurs internationaux de textile. Le plus souvent, il s'agit d'entreprises succursales dont la compagnie mère se trouve ailleurs – en Inde, en Chine, à Taïwan, au Pakistan… – et dont la présence en Jordanie se réduit à de simples unités de production avec un appareil administratif des plus sommaires.

Depuis la suppression des accords multifibres en 2005, la Jordanie connaît pourtant une concurrence accrue de la part de pays où les coûts de production sont moins élevés. Le nombre d'entreprises engagées dans les QIZ chute fortement, passant de 65 en 2011 à 31 en 2017, ce qui n'empêche pas que quelques-unes puissent voir leur activité se développer et leurs exportations s'accroître. D'un autre côté, un accord de libre-échange entre la Jordanie et les États-Unis (JUSFTA) vient supplanter à partir de 2010 le dispositif des QIZ[14], sans pour autant remettre en cause le caractère « hors sol » de cette branche d'activité et son défaut d'intégration dans le tissu économique local[15]. Les établissements spécialisés dans l'exportation de textile-habillement vers les États-Unis font en effet le choix de ne pas quitter ces zones, où ils continuent de bénéficier de prix avantageux sur l'immobilier, d'une infrastructure adaptée et de la franchise de droits sur l'importation de leurs intrants.

Le recours important à une main-d'œuvre étrangère

En 2017, la branche des QIZ emploie un peu plus de 70 000 personnes, parmi lesquels 23,5 % de Jordaniens et 76,5 % de travailleurs étrangers. En outre, 70,7 % sont des femmes[16]. La proportion de travailleurs migrants est même plus importante dans certains établissements où elle dépasse encore 90 % en 2018, tandis que quelques entreprises ont fait le choix de recourir à une main-d'œuvre exclusivement jordanienne[17]. Ce ratio est du reste exceptionnel au regard de ce qui prévaut dans les autres secteurs d'activité en Jordanie, y compris dans le textile-habillement hors QIZ. Le gouvernement impose en principe une limite maximum de 30 % de travailleurs étrangers en limitant l'octroi de permis de travail aux entreprises[18]. Seuls dérogent à la règle l'agriculture et l'emploi domestique, où cette proportion est également beaucoup plus élevée.

La composition par nationalité et par sexe de cette main-d'œuvre dans la zone d'*al-Hassan* au nord du pays reflète bien la situation dans l'ensemble du secteur. En 2018, les femmes bangladaises représentent 57 % de l'ensemble des travailleurs migrants, suivies par les hommes indiens et sri-lankais qui comptent respectivement pour 18,5 % et 4,5 %[19]. Ces proportions ont néanmoins évolué, en partie avec l'évolution du pouvoir d'achat dans les pays d'origine[20]. Il fut ainsi un temps où les Chinois étaient beaucoup plus nombreux. Aujourd'hui ils occupent surtout des postes à responsabilités dans les entreprises chinoises et bénéficient d'avantages liés à leur expérience et à leur ancienneté. D'un autre côté, les autorités jordaniennes ont pris la décision de mettre fin à l'importation d'ouvriers hommes bangladais, jugés trop prompts à se mettre en grève et à causer du trouble à l'ordre public. D'autres nationalités ont pris le relais, principalement issues du sous-continent indien mais aussi de l'Asie du Sud-Est ou de Madagascar[21].

Contrer la désaffection de la main-d'œuvre jordanienne

Plusieurs raisons sont avancées par les dirigeants d'entreprises, mais aussi par les acteurs publics, pour expliquer ce recours à une main-d'œuvre étrangère. Sont notamment invoqués le « défaut de formation » et la « faible productivité » de la main-d'œuvre jordanienne, ainsi qu'une culture « de la honte », « bédouine » et « rentière » qui expliquerait que les Jordaniens soient « peu enclins » à occuper des emplois industriels[22]. Les industriels des QIZ ont ainsi obtenu des autorités le droit de faire venir une main-d'œuvre asiatique, réputée « mieux formée », « plus productive » et « plus disciplinée ». Cet argumentaire, qui vient justifier le choix opéré par les employeurs, ne dit pourtant rien des conditions de travail déplorables dans ces zones et parait peu crédible si l'on tient compte de la présence majoritaire de travailleurs jordaniens dans d'autres secteurs comme celui de l'industrie pharmaceutique ou de la métallurgie.

Le recours massif à une main-d'œuvre étrangère et la désaffection de la main-d'œuvre jordanienne semblent néanmoins placer les autorités jordaniennes dans l'embarras[23]. Ces dernières années, divers programmes et politiques ont été mis en œuvre par le gouvernement jordanien et ses partenaires (Organisation Internationale du Travail, gouvernements étrangers) afin d'inciter les établissements implantées dans les QIZ à recruter d'avantage de travailleurs jordaniens ou même syriens, sans grand succès. Ainsi, le gouvernement a fixé en 2010 un seuil maximum de 85 % de non-jordaniens par entreprises dans cette branche. Ce seuil est descendu à 80 % en 2011, puis à 75 % l'année suivante, et devait ainsi atteindre 50 %. Or sous la pression des entreprises, ce seuil est finalement resté fixé à 75 %, remontant même à 80 % en cas de simple renouvellement de permis de travail. Quelques entreprises auraient même pris l'habitude de n'embaucher des travailleurs jordaniens en nombre suffisant qu'au moment de devoir adresser la liste de leurs employés à la Direction du travail – travailleurs qu'elles ne feront rien pour garder une fois l'échéance passée[24].

Des conditions de travail et de séjour précaires pour les migrants

Une activité pénible et mal rémunérée

Les entreprises des QIZ évoluent dans un environnement mondial hautement compétitif et dépendent de commandes ponctuelles avec des délais très serrés à respecter sous la pression des grandes marques commanditaires. C'est cette situation qui justifie à leurs yeux le maintien de conditions de travail particulièrement difficiles[25]. La journée de travail d'un ouvrier dure selon la règlementation 8 heures, 6 jours par semaine. Il arrive fréquemment qu'il accomplisse aussi 4 ou 5 heures supplémentaires par jour si l'entreprise doit honorer une commande en urgence. Son activité s'insère dans une chaîne de production où chacun et chacune occupe une place bien précise : opérateur ou opératrice sur machine, assistant(e) à la couture, technicien(ne) de coupe, de finissage et de repassage, emballage, ouvrier ou ouvrière d'entretien et de nettoyage... Le travail est répétitif et la formation peu valorisante, ce qui ouvre peu de perspectives de carrière.

Ces travailleurs sont recrutés au salaire minimum, lequel est fixé depuis 2017 à 220 JOD (environ 270 EUR) par mois dans un pays où le seuil de pauvreté est officiellement estimé à 395 JOD par famille et par mois en 2015[26]. La situation est là encore plutôt exceptionnelle. La filière du textile-habillement fait en effet l'objet d'une dérogation qui permet aux parties prenantes – l'Association jordanienne des exportateurs de vêtements, d'accessoires et de textile (JGATE), l'Union générale des propriétaires d'usines de confection, le Syndicat général des travailleurs du textile, de l'habillement et du vêtement (JTGCU) – de s'accorder entre eux sur le timing et l'attitude à adopter pour décider du montant des salaires. S'agissant des travailleurs jordaniens, ceci a eu comme conséquence de décaler d'un an (à 2018 donc) l'augmentation de salaire de 30 JOD accordée à l'ensemble des autres secteurs.

L'emploi dans les QIZ paraît par conséquent peu séduisant pour les travailleurs jordaniens – en majorité des jeunes femmes venues des agglomérations rurales voisines – qui d'après les témoignages ne voient aucune raison de s'y investir outre mesure et n'hésitent pas à démissionner au moindre problème, s'ils font face à des obligations sociales, ou s'ils trouvent mieux à faire[27]. La présence de travailleurs étrangers, de langue, de culture et de religion peu familières, provoque également la méfiance des familles jordaniennes. Enfin et peut-être surtout, les QIZ ont acquis une très mauvaise réputation en raison des abus et sévices perpétrés par le personnel encadrant dans les usines[28]. Les travailleurs et travailleuses jordaniens sont certes moins vulnérables que les migrants. Ces mauvais traitements n'en ont pas moins accru l'hostilité à l'égard de ces entreprises et la difficulté à attirer une main-d'œuvre jordanienne, malgré les injonctions officielles.

Un travailleur migrant placé sous la tutelle de son employeur

Les travailleurs non-jordaniens des QIZ sont recrutés dans leurs pays d'origine et soumis au système de la *kafala*, forme de mise sous tutelle qui conditionne le renouvellement annuel des permis de séjour et de travail de chaque migrant au bon vouloir de son employeur[29]. Ces travailleurs n'ont pas la possibilité de changer d'emploi ou d'employeur, sauf à retourner dans leur pays ou à entrer dans la clandestinité. En conséquence de quoi ils sont plus vulnérables à l'injonction de productivité ainsi qu'aux mauvais traitements au sein de l'usine. Le contrat, signé pour trois ans et renouvelé ensuite chaque année, prévoit aussi que le logement du travailleur ainsi que son alimentation sont à la charge de l'employeur, mais sont décomptés comme portion du salaire en nature. Cela permet aux entreprises de leur attribuer une rémunération moins élevée, sans pour autant pratiquer de discrimination au regard des autorités jordaniennes ou même de l'OIT[30].

Les parties prenantes de la branche (désignées plus haut) se sont en effet accordées pour porter progressivement le salaire des travailleurs migrants dans les QIZ à 125 JOD, tandis que la charge de son hébergement et de son alimentation a été estimée à 95 JOD, ce qui porterait le salaire mensuel net total (en espèce + en nature) à 220 JOD[31]. Même en tenant compte du différentiel de revenus avec son pays d'origine, un tel salaire demeure cependant « insatisfaisant » pour le travailleur qui aspire à multiplier les heures supplémentaires, remporter des bonus en remplissant des objectifs de production, obtenir des primes d'ancienneté[32] – certains travailleurs sont là depuis plus de 10 ans. Il arrive ainsi que ces migrants se mettent en grève pour protester contre le manque de travail supplémentaire, ou encore que l'ouvrier envisage de rentrer chez lui à ses propres frais estimant que sa présence en Jordanie « ne vaut plus le coup »[33].

Une vie confinée au lieu de travail

Tandis que les ouvrières jordaniennes arrivent chaque jour des villes et villages avoisinants (45 minutes de trajet en moyenne) pour repartir en fin de journée (vers 18h) dans des autocars qui attendent par dizaines à la sortie des usines, les travailleurs migrants sont quant à eux logés, pour ne pas dire entassés, sur place dans des bâtiments prévus à cet effet. Leur répartition dans les chambres-dortoirs se fait selon le sexe et la nationalité. Le célibat est imposé et la présence d'enfants interdite. Le mobilier est minimal et les affaires s'empilent les unes sur les autres. Les salles d'eau et les cuisines sont communes. L'entassement et le manque de rénovation rendent tous ces habitats dégradés, voire insalubres. Les migrants ne sont ici que force de travail et leur hébergement est conçu comme purement fonctionnel, répondant aux préoccupations de mise à disposition de la main-d'œuvre mais aussi de confinement d'une population dont la présence est considérée comme « provisoire »[34].

Un confinement qui a aussi pour effet de limiter les interactions de ces migrants avec la population locale. Ainsi, à *al-Hassan* dans la région d'Irbid en 2018, 22 100 travailleurs sont logés sur place, dans des bâtiments situés au sein de la zone ou sur ses abords, à l'écart des agglomérations (ar-Ramtha et Irbid). En l'absence de transports publics, les résidents ne se rendent donc que très peu en ville et n'ont par conséquent quasiment aucun contact avec la société jordanienne. Il y a à *al-Hassan* des commerces et des services, de même qu'un marché *sauvage* pour produits alimentaires tenu par des migrants, qui s'anime en début de soirée ainsi que les vendredis à l'entrée de la zone. La situation est similaire dans les autres QIZ. L'isolement des travailleurs migrants est cependant un peu moins poussé à *al-Tajamouat* dans la banlieue sud d'Amman ou à *ad-Dulayl* dans la région de Zarqa, où la proximité avec les agglomérations voisines facilite les allers et venues, ainsi que les relations avec la société locale.

Des mobilisations pour l'amélioration des conditions de travail

Une branche désormais sous surveillance spécifique

En 2006, la Commission nationale du travail des États-Unis publie un rapport qui dénonce la « traite des êtres humains » et la « servitude forcée » que subissent les travailleurs non-Jordaniens dans les QIZ[35]. Le rapport attire l'attention des médias et des opinions publiques, ce qui aura pour effet de faire chuter les commandes adressées aux entreprises établies en Jordanie et par là de réduire les exportations de la branche entre 2007 et 2009[36]. Le gouvernement jordanien va alors faire appel à l'OIT pour l'assister dans l'amélioration des conditions de travail et le redressement de la branche en déroute. En 2009 est introduit sous la tutelle de l'OIT le programme *Better Work*, visant « à l'amélioration des conditions de travail et au respect des droits des travailleurs » mais aussi « à renforcer la compétitivité des entreprises du vêtement »[37]. Ce programme a déjà cours dans plusieurs pays exportateurs de textile (Cambodge, Vietnam, Bangladesh…).

Il s'agit par son biais d'engager les différentes parties prenantes du secteur à se réunir et à coordonner leurs efforts. Le programme BW participe avec le gouvernement au contrôle des usines et des habitats pour surveiller le bon respect des droits et détecter la présence d'abus et de mauvais traitements. Les entreprises qui répondent aux attentes du programme sont inscrites sur la *Golden list*, ce qui leur permettra de rassurer les marques commanditaires pour obtenir plus de commandes, tandis que les autres seront dénoncées, voire pénalisées par le gouvernement[38]. Les grosses entreprises, directement en relation avec les commanditaires, sont généralement plus sensibles à ce genre de mesures que les petites, auxquelles elles font parfois appel pour sous-traiter une partie de leurs commandes et chez qui les abus et les conflits avec les travailleurs demeurent, à ce jour, beaucoup plus fréquents[39].

Des grèves « spontanées » pour se faire entendre

Cette main-d'œuvre est temporaire, captive sur son lieu de travail et politiquement invisible. Elle parvient néanmoins à se mobiliser ici et là pour protester contre ses conditions de vie et de travail : logements insalubres, activités trop pénibles, ponctions de salaires, séquestrations, harcèlements et violences physiques... Ces résistances prennent la forme de grèves au sein de l'usine, voire même simultanément dans plusieurs usines et plusieurs zones, ou encore de manifestations au sein de la zone. Elles sont parfois relayées par le Syndicat jordanien des travailleurs du textile et du vêtement (JTGCU). Un bureau syndical est en effet établi dans les principales QIZ ou à proximité à partir de 2006-2007. Ses représentants font le plus souvent un travail de médiation pour apaiser les tensions et dénouer les conflits. Ils participent aussi, en partenariat avec l'OIT, à la mise en place d'ateliers pour former les travailleurs quant à leurs droits et devoirs dans l'entreprise, sur les discriminations et le harcèlement, sur les règles d'hygiène[40].

Les travailleurs étrangers ont obtenu en 2010 le droit d'intégrer la JTGCU, seul syndicat autorisé dans ce secteur d'activité et dont le conseil d'administration reste à ce jour exclusivement composé de Jordaniens. Dans les faits, c'est souvent l'employeur lui-même qui prend la décision d'y inscrire ses ouvriers, et ce afin que le syndicat puisse intervenir en cas de conflit[41]. Pour être légale, une grève doit en effet en Jordanie faire l'objet d'un préavis 14 jours, ce qui laisse généralement le temps au gouvernement et aux syndicats d'intervenir pour la désamorcer. Raison pour laquelle les ouvriers jordaniens choisissent souvent d'agir en dehors de la légalité en engageant des mouvements de grèves « spontanés », s'exposant ainsi à la répression du gouvernement[42]. Dans les QIZ, les travailleurs migrants ont également recours à ce type de grèves non-déclarées pour se faire entendre. En 2017 la JTGCU en a recensé 16, contre 34 en 2010[43].

La construction d'une figure idéale du travailleur

Toutes ces actions– ouvrières, syndicales, gouvernementales et internationales – ont permis certaines améliorations des conditions de travail dans les QIZ. Elles n'ont en revanche en aucune façon remis en cause le mode de gestion déterritorialisé de la main-d'œuvre et l'approche utilitariste qui continue de dicter l'importation de travailleurs migrants. Le migrant demeure de fait cette force de travail que l'on peut faire venir à la demande, sans jamais lui donner les moyens de s'installer. Son contrat de travail est temporaire, de même que son contrat de séjour. Il lui faut être à la fois disponible et disposé à travailler. Tout est même fait de la part de l'employeur et des autorités jordaniennes pour qu'il ne soit là que pour ça, son confinement aux abords de l'usine restreignant fortement l'existence de toute vie sociale en dehors du travail. D'un autre côté, il semble que le migrant accepte volontiers de se passer de temps « libre », cherchant au contraire à allonger son temps de travail pour « rentabiliser » sa présence dans ce pays[44].

Cette situation contraste avec celle du travailleur jordanien pour qui le séjour et le travail en Jordanie n'ont par définition rien de temporaires. Elle se distingue aussi de celle du réfugié syrien dont la présence sur le sol jordanien n'est pas liée à un contrat de travail. Ceux-ci se montrent par conséquent beaucoup moins enclins à travailler dans cette branche, non pas tant pour des raisons d'ordre culturel, mais du fait d'activités perçues comme peu valorisantes, de distances jugées prohibitives entre le domicile et l'usine, de conditions de travail qui demeurent relativement pénibles et de maigres salaires[45]. L'idée selon laquelle le migrant n'est là que de façon temporaire, pour gagner un maximum d'argent (quitte à travailler plus) en un minimum de temps, parait en revanche acceptée de tous : acteurs publics et syndicaux, représentants de l'OIT, travailleurs jordaniens ou migrants.

Cette figure du travailleur migrant est pourtant régulièrement mise en avant par des employeurs pour déplorer la « fainéantise » et le « manque de discipline » de son homologue jordanien. Un discours utilitariste et racialisant qui fait abstraction des discriminations dont le migrant fait l'objet et permet de justifier le recours massif à une main-d'œuvre importée, tout en faisant porter à la main-d'œuvre jordanienne la responsabilité de sa désaffection. Cette situation se traduit en outre par une hiérarchisation ethno-raciale et genrée des travailleurs, ce qui a des répercussions sur la répartition des tâches au sein de l'entreprise. Cela permet enfin de faire émerger en contre-jour la figure du travailleur (mais aussi du migrant) « idéal » : disponible, motivé, discipliné, propre, invisible. Une figure à laquelle tous sont invités à se conformer.

Conclusion

Les QIZ ont permis le développement en Jordanie d'une industrie extraterritorialisée, bénéficiant jusqu'à ce jour d'un régime dérogatoire en matière de douane et de fiscalité, mais aussi de travail. Or l'importation massive de main-d'œuvre étrangère à destination de ces zones a vu l'émergence d'une forme particulière de travail, pouvant être qualifiée d'« hors-sol ». Le migrant n'existe là qu'en tant que force de travail, confiné et entassé pour les besoins de son employeur. Une situation qui n'est pas complètement spécifique aux QIZ – des travailleurs migrants sont présents dans d'autres secteurs, bien que dans d'autres conditions – ni à la Jordanie, mais qui prend là une forme et des proportions assez exceptionnelles et significatives. Pour autant, cette mise en captivité du travailleur ne semble pas devoir complètement éliminer l'existence de conflits au sein des entreprises. Des conflits dont les implications ne se limitent pas au seul sort des migrants dans ces zones et dont on peut penser qu'ils ont pour enjeu la structuration même du « marché de l'emploi » ainsi que la mutation des formes du travail en Jordanie[46].

Le chômage élevé et les tensions fortes touchant à l'emploi et aux salaires dans ce pays expriment en ce sens moins la « paresse » et le « manque de maturité » des travailleurs jordaniens qu'un refus de leur part de se soumettre à des conditions de travail particulièrement dures et de plus en plus précaires[47]. Au même moment, l'expatriation toujours importante de travailleurs jordaniens qualifiés révélerait une autre facette[48] d'une politique étatique poussée depuis la fin des années 1980 par des objectifs de « flexibilisation » et d'« abaissement du coût » du travail[49]. Un mouvement que le présent article éclaire éventuellement sous un nouveau jour, bien que de manière non exhaustive. Or ce mouvement connaît à l'évidence quelques difficultés, comme l'attestent les efforts – demeurés à ce jour sans grand succès – du gouvernement pour encourager l'embauche de travailleurs jordaniens dans cette branche. Les QIZ n'en restent pas moins un « cas d'école » de la mondialisation et le fer de lance d'une orientation économique fondée sur l'extrême mobilité de la main-d'œuvre et du capital.

Notes

1. Ce travail a été réalisé dans le cadre du laboratoire d'excellence LabexMed – Les sciences humaines et sociales au cœur de l'interdisciplinarité pour la Méditerranée portant la référence 10-LABX-0090. Il a bénéficié d'une aide du gouvernement français au titre du Programme Investissements d'Avenir, Initiative d'Excellence d'Aix-Marseille Université - A*MIDEX. Mes remerciements vont au relecteur anonyme et aux coordonnateurs de ce numéro pour leurs commentaires et précieuses suggestions, ainsi qu'à Frédéric Decosse (LEST) pour ses conseils et pistes de travail, qui ont nourri l'écriture de cet article.

2. Entretien avec une ancienne représentante syndicale à *al-Hassan* en décembre 2018. Voir aussi Jordan Labor Watch, *Extreme Conditions for workers at the Top Text Garment Co. factory 2017*, Phenix Center for Economic and Informatics Studies, Février 2017.

3. *The Future of Jordan's Qualified Industrial Zones (QIZs)*, Royal Scientific Society of Jordan and Friedrich-Ebert-Stiftung Amman Office, 2013.

4. Un accord de libre-échange est signé en 1985 entre les États-Unis et Israël en vertu duquel un produit en provenance d'Israël peut accéder librement au marché étasunien s'il compte au moins 35 % de valeur ajoutée israélienne. Le même traitement sera accordé à partir de 1996 aux produits issus des QIZ à condition que les parts des valeurs ajoutées jordanienne et israélienne comptent respectivement pour au moins un tiers de ces mêmes 35 %.

5. Pete W. Moore, « QIZs, FTAs, USAID and the MEFTA: A Political Economy of Acronyms », *Middle East Report*, No. 234, 2005.

6. Chiffres du General Trade Union of Workers in Textile Garment & Clothing Industries in Jordan (JTGCU) remis à l'auteur.

7. Entretien avec le responsable de l'*Unité QIZ* au sein du Ministère jordanien de l'industrie et du commerce en aout 2018.

8. La part de la population vivant sous le seuil de pauvreté absolue était officiellement estimée à 14,4 % en 2010, un chiffre suspecté d'avoir augmenté depuis (source : https://www.almamlakatv.com/news/157-17264-نسبة-الفقر-المطلقة-في-الأردن consulté le 28/09/2019).

9. World Bank, *Jordan Economic Outlook - Spring 2018 (English)*.MENA Economic Outlook Brief. Washington, D.C., World Bank Group, 2018.

10. Alain Morice, « Le travail sans le travailleur », *Plein droit*, 2004/2 (n° 61), p. 2-7. Voir aussi Alain Morice, « L'utilitarisme migratoire : retour sur un concept, détour par les terrains qui l'ont vu naître », intervention dans le cadre du séminaire Migration et Travail du LEST (UMR 7317) le 12/04/2016.

11. Cette enquête de terrain, qui s'inscrit dans le cadre d'une recherche portant sur le développement de zones franches d'exportation industrielle en Jordanie, a bénéficié d'une aide de l'Institut français du Proche-Orient (Ifpo) au titre de bourse postdoctorale dans le domaine des études contemporaines.

12. Delphine Mercier, « Sociologie des modes de gestion de main-d'œuvre "hors sol" », *Savoir/Agir*, 2017/1 (N° 39), p. 32-40.

13. L'*Arrangement multifibre* est un accord international signé en 1974 sous l'égide du GATT afin d'autoriser les pays à limiter leurs importations dans la filière du textile-habillement par un système de quotas. Il est remplacé en 1995 par l'*Accord de l'OMC sur les textiles et* vêtements, qui prend fin à son tour en 2005.

14. À partir de cette date, les exportateurs souhaitant accéder librement au marché étasunien ne sont plus contraints de s'établir dans les QIZ, de même qu'ils sont dispensés de l'obligation d'incorporer de la valeur ajoutée israélienne.

15. Concernant la faible interaction des entreprises de cette branche avec le reste de

l'économie et l'absence de synergie avec des entreprises locales, voir notamment Taleb Awad & Ahmed F. Ghoneim, *Impact of Qualifying Industrial Zones on Egypt and Jordan: A Critical Analysis*, Genève: Unctad, 2009.
16. Chiffres du JTGCU remis à l'auteur.
17. Il s'agit là principalement d'entreprises jordaniennes dont la plus importante, la compagnie *al-Areen*, compte 600 employés en 2017.
18. En croisant les témoignages de mes interlocuteurs, il semble que le travail non déclaré soit peu significatif dans les QIZ. On peut donc considérer que le taux de 76,5 % est assez proche de la réalité, ce qui n'est pas le cas pour le reste de l'économie où le travail non déclaré est fréquent.
19. Chiffres du *Jordan Industrial Estates Company* (JIEC), l'entreprise quasi-publique en charge de la zone d'al-Hassan.
20. Entretien avec un directeur d'usine à *ad-Dulayl* en novembre 2018.
21. Entretien avec une représentante syndicale à *al-Hassan* en décembre 2018.
22. Entretiens avec plusieurs PDG d'entreprises du textile-habillement dans les zones d'*al-Hassan*, *ad-Dulayl* et *al-Tajamouat* réalisés entre octobre et décembre 2018.
23. Entretien avec un cadre dirigeant de la Direction du travail à *al-Hassan* réalisé en novembre 2018.
24. *Ibid*.
25. Entretiens avec plusieurs PDG d'entreprises du textile-habillement dans les zones d'*al-Hassan*, *ad-Dulayl* et *al-Tajamouat* réalisés entre octobre et décembre 2018.
26. Fair Labor Association, *Toward fair compensation in global supply chains: Factory pay assessments in 21 countries*, 2016, p.123, consulté en ligne le 28/09/2019.
27. Témoignages rapportés par d'anciennes ouvrières devenues représentantes syndicales lors d'entretiens réalisés à *al-Hassan* et *ad-Dulayl* en décembre 2018.
28. The National Labor Committee, *U.S. Jordan Free Trade Agreement, Descends Into Human Trafficking & Involuntary Servitude*, New York, 2006.
29. Pierre-Nicolas Baussand, « Jordanie : l'utilisation de l'immigration pour stabiliser une économie postrentière en crise », *Tiers-Monde*, tome 41, n° 163, 2000, pp. 659-660.
30. Entretien avec des membres du personnel de l'OIT engagés dans le programme *Better Work* en novembre 2018 à Amman.
31. Journal officiel n° 2808 paru le 22/03/2017.
32. Entretiens avec des travailleurs migrants réalisés en décembre 2018 dans la zone d'*al-Hassan*.
33. *Ibid*.
34. Voir à ce sujet le travail de Tristan Bruslé sur le camp de travailleurs au Qatar : « Loger pour exclure. Le camp de travailleurs, dispositif central d'un système de domination des migrants à bas revenus dans le Golfe arabique (exemples au Qatar) », in *Espace et rapports de domination*, Rennes, Presses universitaires de Rennes, 2015.
35. The National Labor Committee, op. cit.
36. *The Future of Jordan's Qualified Industrial Zones (QIZs)*, op. cit.
37. Site internet du programme (https://betterwork.org/about-us/the-programme/) consulté le 25/06/2019.
38. Entretien avec un membre de l'équipe d'inspection *Golden List* pour le compte du Ministère du travail et du programme *Better Work* à *al-Hassan* en décembre 2018. Voir aussi *Labour, Administration and Compliance : a Multi-stakeholder Collaboration*, Ministry of Labour, Hashemite Kingdom of Jordan, 2008.
39. Entretien avec une représentante syndicale à *al-Hassan* en décembre 2018.
40. Entretien avec un représentant syndical réalisé en août 2018 à Amman.

41. Entretien avec une ancienne représentante syndicale à *al-Hassan* en décembre 2018.
42. Entretien avec plusieurs représentants de syndicats indépendants à Amman et Irbid en novembre et décembre 2018. Voir aussi le site du programme Jordan *Labor Watch* (www.labor-watch.net).
43. Chiffres du JTGCU remis à l'auteur.
44. Tristan Bruslé, *op. cit.* Sur la question de l'extension du temps de travail au détriment d'autres temps sociaux, voir aussi Marie-Noëlle Abi Yaghi et Élisabeth Longuenesse, « Temps de travail et temps sociaux à Beyrouth », *Temporalités*, 15 | 2012, [En ligne] http://temporalites.revues.org/1982.
45. Better Work, *Employment of Jordanians in the Garment Industry: Challenges and Prospects*, 2012 ; Better Work, *Examining Barriers to Workforce Inclusion of Syrian Refugees in Jordan*, Discussion Paper No. 25, 2017.
46. Adam Hanieh « Temporary Migrant Labour and the Spatial Structuring of Class in the Gulf Cooperation Council. »,*Journal of Global Studies*, 2 (3).2010, pp. 67-89.
47. Françoise de Bel-Air et Arda Dergarabedian, « Migrations de travail, globalisation et politique : les Zones industrielles qualifiantes (QIZ) de Jordanie » in *Migration et politique au Moyen-Orient*, Beyrouth, Presses de l'Ifpo, 2006, p. 48. Voir également à ce propos Pierre-Nicolas Baussand, op. cit.
48. Françoise de Bel-Air, « Migrations internationales et politique en Jordanie », *Revue européenne des migrations internationales*, vol. 19 - n° 3 | 2003, 9-41.
49. Taher Labadi, « La rente, la dette et la réforme : décryptage de la contestation sociale en Jordanie », *Confluences Méditerranée*, n° 110, 2019.

Marco Omizzolo, Pina Sodano et Federico Oliveri

Marco Omizzolo, Institut d'Études Politiques, Économiques et Sociales Eurispes, Rome.
Pina Sodano, Université de Roma 3.
Federico Oliveri, Centre Interdisciplinaire « Sciences pour la Paix », Université de Pise.

Exploitation, vulnérabilité et résistance : le cas des ouvriers agricoles indiens dans l'Agro Pontino

De nombreuses représentations trompeuses continuent à peser sur l'exploitation des ouvriers agricoles étrangers en Italie, rendant difficile la compréhension du phénomène et l'intervention sur ses causes réelles. Cet article tente de questionner les principaux lieux communs sur le sujet, en analysant un cas particulièrement éclairant : celui de la communauté Pendjabi de religion sikh employée sur l'Agro Pontino, dans le Latium. Cette étude de cas permet, d'une part, de faire ressortir les conditions d'exploitation systémiques, masquées derrière des mécanismes apparemment légaux; de l'autre, il révèle que même les individus les plus vulnérables peuvent résister à l'exploitation et revendiquer activement leurs droits.

Numerous commonplace notions regarding labor exploitation in Italy, some of them misleading, continue to prevail in the literature, undermining the capacity to understand properly the problem and act on its true causes. This study presents a particularly instructive case: that of the Sikh community of Punjabi Indians working in the Agro Pontino in the Italian region of Latium. While it finds exploitative conditions prevailing at a systemic level although concealed behind legalistic appearances, it shows clearly that even vulnerable people have the power to resist exploitation and move actively to claim their rights.

L'exploitation dans les camps de travailleurs d'origine étrangère accompagne depuis le début les migrations dans l'Italie contemporaine. Pourtant, le phénomène a longtemps été marqué par un silence général. Ce silence a été surmonté uniquement grâce au travail d'investigation mené par des organisations non gouvernementales, des journalistes et des chercheurs, et surtout grâce aux luttes des travailleurs eux-mêmes, lors du soulèvement de Rosarno en janvier 2010, de la grève de Nardò à l'été 2011[1] et des grèves des ouvriers indiens du Pontino en avril 2016 et octobre 2019. Ces dernières années, toutefois, la question a de nouveau été neutralisée de façon plus insidieuse : la présentation de l'exploitation du travail agricole est de plus en plus réduite à un discours politico-médiatique caractérisé par des récits d'urgence et des représentations fallacieuses.

Nous avons choisi de reconstituer les expériences d'exploitation, de vulnérabilité et de résistance vécues par les membres de la communauté sikh originaire du Pendjab dans l'Agro Pontino, à cent kilomètres de Rome, car cette histoire nous permet de dépasser au moins quatre clichés à ce sujet : qu'une telle exploitation a un caractère exceptionnel et se limite aux régions arriérées du sud de l'Italie ; que la cause du phénomène réside dans la présence de travailleurs étrangers saisonniers disposés à tout faire pour travailler et de « *caporali* »[2] sans scrupules de la même nationalité que les travailleurs ; que l'exploitation est toujours accompagnée de formes d'évidente illégalité, comme l'absence de contrat et de titre de séjour ; enfin, que les « victimes » de l'exploitation sont tellement soumises qu'elles ne peuvent ni se rebeller ni se battre pour leurs droits.

Notre étude est fondée sur une observation participante et une série d'entretiens approfondis menés au cours des neuf dernières années au sein de la communauté Pendjabi de l'Agro Pontino. L'analyse ethnographique a été intégrée aux enquêtes publiées par la presse nationale, à diverses recherches sur le terrain de la coopérative *In Migrazione*[3] et au suivi socio sanitaire mené par l'association *Medici per i Diritti*

Umani (MEDU) qui, en septembre 2014, a interrogé 82 personnes (65 hommes et 17 femmes), dont 57 ouvriers agricoles. Les résultats ont été confrontés aux enquêtes judiciaires engagées au cours des cinq dernières années sur des affaires de traite, d'exploitation, d'intermédiation illicite, de fraude, d'extorsion de fonds et de violences à l'encontre de travailleurs indiens dans la région du Pontino[4].

Quelques précisions conceptuelles

Avant de présenter notre étude de cas, il nous semble utile de préciser l'utilisation que nous faisons du concept d'« exploitation » en relation avec les notions de « travail forcé », « esclavage », « traite », « *caporalato* » et « vulnérabilité ».

Par *exploitation*, nous entendons, de façon générale, une relation de domination qui associe deux ou plusieurs individus, caractérisées par un rapport de pouvoir inégal initial et durable. Cette inégalité agit dans les deux sens : les individus les plus puissants sont en mesure d'exploiter, à leurs propres fins, la condition de ceux qui ont moins de pouvoir ; les individus moins puissants n'ont d'autre alternative que de se soumettre à l'instrumentalisation des plus puissants.

Une telle définition formelle, appliquée à la relation de travail, présente un certain nombre d'avantages. Elle ne confond pas l'*exploitation* du travail avec le *travail forcé*, à savoir le « travail ou service imposé sous la menace de sanctions et pour lequel la personne ne s'est pas portée volontaire », selon la définition de la Convention de l'Organisation Internationale du Travail (OIT) de 1930. Elle ne confond pas non plus l'exploitation avec l'*esclavage*, qu'il soit classique ou moderne, fondé sur la propriété juridique des personnes concernées ou sur leur soumission continue de fait. Elle ne confond pas l'exploitation avec *la traite des personnes*, à savoir avec le transfert international ou national de personnes induites ou forcées à fournir des prestations de travail ou sexuelles par la duperie, la violence, la menace ou une situation de nécessité extrême. Enfin, elle ne confond pas non plus l'exploitation avec ce qu'on désigne sous le nom de *caporalato*, entendu comme une pratique informelle et non autorisée d'*intermédiation*, à savoir le recrutement et le contrôle d'une main-d'œuvre, en vue d'extorquer un profit illégal pour l'intermédiaire lui-même et pour le bénéficiaire final de l'intermédiation.

La notion d'exploitation telle que nous la proposons, s'efforce de dépasser la dichotomie entre les activités réalisées volontairement et par consensus d'une part et les activités imposées de manière coercitive de l'autre. Elle reconnaît qu'il peut arriver, en particulier dans le capitalisme mondialisé d'aujourd'hui, que des travailleurs et des travailleuses soient formellement libres d'entrer ou de sortir dans une relation de travail contractuelle, alors même que « l'état de besoin » dans lequel ils se trouvent agit comme une contrainte systémique les incitant à accepter, en pleine conscience et sans violence explicite, des conditions de travail qu'ils n'auraient pas acceptées dans des conditions idéales.

À partir de ce cadre conceptuel, nous ferons une distinction analytique entre les conditions d'exploitation par le travail et les facteurs de vulnérabilité. Les *conditions d'exploitation* englobent tous les dispositifs par lesquels s'exerce le commandement sur la force de travail : à la fois les dispositifs économiques par lesquels se produit un échange inéquitable, du point de vue du temps de travail et de la rémunération ; et les dispositifs contextuels fonctionnels permettant de maintenir ou accroître le rapport de pouvoir entre les parties et l'iniquité de l'échange temps de travail-salaire[5]. Les *facteurs de vulnérabilité* incluent, en revanche, toutes les circonstances sociales, économiques, politiques et toutes les caractéristiques individuelles et collectives qui contribuent à produire cet « état de besoin » qui, étant susceptible d'être exploité à des fins de profit illicite, expose au risque d'exploitation[6].

Exploitation du travail migrant et intermédiation informelle dans l'agriculture italienne

Depuis trente ans, les zones rurales de l'Europe méditerranéenne connaissent de profondes transformations du point de vue du modèle de production et de l'organisation de la main-d'œuvre[7]. Le « modèle californien »[8] s'est imposé dans de nombreuses régions où est exploitée une main-d'œuvre vulnérable pour répondre à l'intensification et à la fluctuation de la demande de fruits et légumes de la part de la grande distribution et de l'industrie agroalimentaire, dans un cadre de croissance et de dérégulation du commerce international.

C'est dans ce contexte que l'exploitation et le système du *caporalato* sont (re)devenus systémiques dans de nombreuses régions italiennes. Ce n'est pas seulement un problème national : les tomates, les oranges, les fraises, les raisins, le vin, les melons et de nombreux autres produits alimentaires *made in Italy* sont destinés aux supermarchés de toute l'Europe. Devant en même temps maximiser les profits de l'agrobusiness et contenir les prix des denrées alimentaires pour compenser la stagnation des salaires[9], ce type d'agriculture requiert une main-d'œuvre hyper flexible et à faible coût, à la fois pour les récoltes saisonnières[10] et pour les produits plus stables des cultures sous serres[11] et de l'élevage.

Cette main-d'œuvre hyper flexible et à faible coût est systématiquement recrutée parmi les étrangers. De fait, le modèle actuel de production agricole n'aurait pu s'imposer sans la transformation de l'Italie de pays d'émigration en pays d'immigration. Ou, plus précisément, sans des politiques d'immigration à la fois restrictives et sélectives, caractérisées par un grand nombre de situations irrégulières, des régularisations ciblées et la possibilité d'expulser les étrangers à tout moment[12]. Ce régime migratoire est partie intégrante des politiques de précarisation du marché du travail et de gestion de la crise économique. L'obligation d'avoir une offre d'emploi pour obtenir un visa, le lien entre contrat de travail et titre de séjour, notamment, ne visent pas à réguler les flux, mais à soumettre la main-d'œuvre étrangère à la logique du marché : cette main d'œuvre ne peut rester dans le pays qu'à condition – et en vue – d'être une « ressource » utile et docile pour le système[13].

Dans ce contexte, les « *caporali* » offrent illégalement[14] leurs « services » aux entrepreneurs et aux travailleurs étrangers les plus vulnérables, en assumant des rôles différents d'un contexte à l'autre[15]. D'un côté, certains entrepreneurs ont recours aux *caporali* pour se procurer rapidement des équipes de travailleurs et déléguer l'organisation et le contrôle du travail. Il en résulte une réduction significative des coûts, non seulement grâce aux bas salaires, mais également au fait que les *caporali* imposent aux ouvriers un rythme de travail intense et de longues heures de travail[16]. D'un autre côté, les ouvriers n'ont souvent d'autre choix que de payer aux *caporali* des commissions pour trouver du travail et un logement, se rendre dans les camps ou se rendre dans la ville voisine : leurs salaires, en moyenne de 3 à 4 euros de l'heure, sont donc encore tronqués de 10-15 euros par jour[17].

L'établissement des Sikhs pendjabis dans l'Agro Pontino

La région du Latium est devenue au cours des trente dernières années une des zones de production agroalimentaire les plus importantes d'Italie, du point de vue du nombre de travailleurs étrangers, en provenance principalement du Pendjab indien et d'Europe de l'Est. Concentrés essentiellement dans la résidence Bella Farnia Mare (Sabaudia), à San Vito (district de San Felice Circeo), à Borgo Hermada (Terracina) et dans la zone périurbaine de Fondi, les Pendjabis de religion sikh constituent désormais une réalité structurée. La communauté compte officiellement 13 000 personnes, mais selon certaines estimations leur nombre réel pourrait atteindre plus du double. Il s'agit d'individus ayant obtenu un permis de séjour et un contrat de travail en moyenne trois ans après leur arrivée en Italie. Ce sont en majorité des hommes, dont 60 % travaillent dans l'agriculture, bien que, suite au regroupement familial, le nombre de femmes tende à augmenter[18].

Née suite à l'assainissement des terres et à la colonisation interne promues par le régime fasciste[19], l'agriculture pontine s'est développée après la Seconde Guerre mondiale grâce à l'aide de la *Cassa del Mezzogiorno* (Caisse du Midi), en mettant davantage l'accent sur la quantité que sur la qualité. Avec la fin des incitations gouvernementales, de nombreux producteurs se sont retrouvés sur le marché sans véritables compétences entrepreneuriales. Dans cette période de transition, depuis la fin des années 1980, le recours à la main-d'œuvre indienne a commencé, en remplacement des Nord-Africains précédemment présents dans la région. L'abandon des travaux agricoles par les jeunes, la production intensive aussi bien en serre qu'en plein champ, la petite taille d'entreprises essentiellement familiales et l'insuffisance des équipements sont les facteurs structurels qui ont suscité une importante demande de main-d'œuvre à faible coût. La présence à Fondi de l'un des plus importants marchés de fruits et légumes d'Europe, à forte infiltration mafieuse[20], a contribué à accroître la demande, mais non à produire une évolution du secteur dans un sens entrepreneurial.

Conditions d'exploitation

L'exploitation des travailleurs pendjabis dans l'Agro Pontino se caractérise par le fait de se cacher derrière des formes pseudo-légales. Dans la plupart des cas, il s'agit de travailleurs ayant un permis de séjour régulier, des contrats apparemment en règle, des fiches de paie formellement correctes : un système qui, pour fonctionner, a besoin de la collaboration de comptables, de fonctionnaires et d'autres professionnels en col blanc[21].

Si, au début, le travail était effectué au noir, au cours des dernières années, une forme « grise » de contrat s'est mise en place : les entreprises inscrivent les ouvriers sur des registres d'engagement mais, à la fin de la période d'emploi, elles ne déclarent qu'une partie minime des jours réellement travaillés, payant ainsi seulement une faible proportion des rémunérations dues. Cette stratégie invisible est en outre favorisée par la réglementation elle-même, qui permet aux entreprises de déclarer les journées de travail *a posteriori*, de façon trimestrielle.

Selon les données de MEDU, 65 % des travailleurs ayant un contrat se voient reconnaître un nombre de jours de travail inférieur à ceux qu'ils ont effectués, 4 % ne se voient rien reconnu, 10 % ne savent pas s'ils seront payés et 6 % n'ont pas répondu. Seuls 15 % des travailleurs interrogés ont déclaré avoir touché la totalité des rémunérations qui leur étaient dues. Parmi les ouvriers agricoles, seuls 14 % ont déclaré travailler complètement au noir.

Rémunérations et horaires de travail

Selon le contrat de travail provincial réglementaire, le salaire de base d'un ouvrier agricole dans le Pontino est d'environ 9 euros bruts de l'heure. La journée de travail est fixée à 6h30 par jour pendant six jours (sauf le dimanche) ou à 7 heures pendant cinq jours et à 4 heures le samedi. Les contrats et les fiches de paie respectent formellement ces règles, mais les conditions de travail réelles sont bien différentes : les ouvriers sont employés douze à quatorze heures par jour, tous les jours du mois, mais ne sont payés que pour trois ou quatre jours de travail déclarés par mois, tandis que le reste des heures demeure non déclaré ou marqué au crayon sur des feuilles de papier. La plupart des ouvriers agricoles sont payés à l'heure, mais certains sont payés à la pièce. Cette forme de paiement, encore plus désavantageuse pour les travailleurs, est en principe, pour cette raison, interdite par le contrat. Le versement des salaires subit souvent de graves retards.

De cette façon, les entreprises accroissent leurs bénéfices, se protègent des contrôles et rendent l'expression des litiges plus difficiles. En plus du préjudice économique, les ouvriers sont confrontés à la difficulté de renouveler les permis de séjour faute de revenus suffisants : s'ils ne sont pas en mesure de faire la preuve d'au moins 102 jours travaillés durant les deux dernières années, ils ne peuvent prétendre au chômage agricole.

Santé, sécurité et hygiène

Les conditions de travail sont si difficiles que certains travailleurs utilisent des analgésiques et d'autres substances pour résister à la fatigue. Dans les serres, ils doivent supporter une chaleur étouffante en été et des températures très basses en hiver, mais aussi respirer en permanence des substances nocives pour la santé, telles que pesticides et herbicides. Selon une enquête journalistique récente, parmi les composés utilisés, il pourrait également y avoir des agents cancérigènes importés de Chine, entrés illégalement en Italie via certains ports, comme Gioia Tauro et Naples, et préparés en Italie dans des laboratoires clandestins dirigés par des groupes mafieux[22].

Bien que 92 % des travailleurs interrogés par MEDU aient déclaré utiliser des gants et des chaussures de travail, il ne semble pas que les entreprises informent, ni forment les travailleurs sur les risques en matière de sécurité, ni qu'elles appliquent des mesures de prévention (masques et vêtements de protection) ou les réductions du temps de travail prévues par le Contrat de Travail Provincial en cas d'utilisation de produits chimiques dangereux.

Des accidents parfois très graves ont été signalés, mais ils n'ont quasiment jamais fait l'objet d'une plainte. Au contraire, selon les témoignages recueillis auprès de certains ouvriers, les accidents du travail sont cachés pour éviter contrôles et dénonciations : dans certains cas, les ouvriers ont été accompagnés dans un service d'urgence, avec la recommandation de ne pas mentionner le lieu et la raison de l'accident.

Surveillance, humiliations, extorsions

Sans aller jusqu'au cas extrême, récemment dénoncé à Terracina, d'un propriétaire qui a tiré sur des ouvriers pour les inciter à travailler plus vite, de nombreux rapports font état de méthodes de surveillance préjudiciables et dégradantes de la part des *caporali*, surtout s'ils sont italiens. Pour maintenir un rythme de travail élevé et décourager les pauses, le recours aux cris, aux insultes et aux menaces de licenciement est fréquent.

D'autres rapports concernent les humiliations subies : la prétention du propriétaire de l'exploitation d'être appelé « *padrone* (patron/maître) »; l'exigence que les ouvriers marchent toujours derrière lui et jamais à ses côtés ; ou l'injonction à se raser la barbe et à enlever leur turban, pour être moins reconnaissables de l'extérieur de l'entreprise.

Fréquents également sont les vols le jour de paie. Lorsque les ouvriers reviennent à leur lieu de résidence, à bicyclette ou en mobylette, ils sont attendus le long de la route par des groupes de jeunes Italiens qui les agressent impunément, pour voler leur salaire en espèces.

Facteurs de vulnérabilité

Le taux élevé de titres de séjours réguliers au sein de la communauté Pendjabi est confirmé par les relevés de MEDU : 99 % des migrants indiens interviewés en possédaient un (68 % pour raison de travail, 16 % pour séjour de longue durée, 12 % au titre du regroupement familial). Seul un individu était en situation irrégulière. Or, être en possession d'un permis de séjour régulier et d'un contrat de travail ne protège pas de l'exploitation. Afin de comprendre les raisons de cet état de fait, il faut analyser les principaux facteurs de vulnérabilité.

Jusqu'au début des années 1990, pour les ressortissants indiens, l'entrée en Italie était régulée par l'ambassade d'Italie en Inde qui octroyait des visas touristiques sans restriction particulière. Par la suite, aussi en raison de l'application des règlementations européennes, les procédures se sont durcies au nom d'un présumé « risque migratoire », c'est-à-dire de la probabilité que les personnes restent dans le pays au-delà de la durée de séjour autorisée. Ce durcissement a fait émerger des modalités alternatives d'entrée, gérées par des « intermédiaires » non autorisés présents tant dans le pays d'origine qu'en Italie. Ces figures intermédiaires gèrent l'ensemble des phases du voyage : de la procédure d'obtention d'un visa à l'organisation du transfert, et jusqu'au placement du travailleur au sein d'une exploitation agricole.

De nombreuses enquêtes confirment l'existence d'une traite internationale d'êtres humains ayant pour but l'exploitation du travail dissimulée derrière une apparence de légalité[23]. Dans un premier temps, l'entreprise qui a besoin de travailleurs s'adresse à un intermédiaire indien résidant en Italie et ayant des contacts au Pendjab. Ensuite, ce premier intermédiaire en contacte un deuxième en Inde, qui s'occupe de sélectionner des candidats potentiels au voyage et de leur procurer un visa, le plus souvent au titre d'un travail saisonnier ou pour une durée déterminée. L'entreprise verse aux intermédiaires entre 1 000 et 3 000 euros pour chaque travailleur recruté. Á leur tour, les travailleurs versent individuellement, parfois grâce au soutien de leurs familles, entre 5 000 et 10 000 euros. Le coût varie selon la complexité du cas, les moyens dont dispose la personne recrutée et son degré d'amitié ou de parenté avec les intermédiaires. Dans un certain nombre de cas, le coût de cette opération prend la forme d'une dette qui sera acquittée par le travailleur, une fois arrivé en Italie, par du travail gratuit ou semi-gratuit[24].

Entrés régulièrement en Italie, les travailleurs sont employés gratuitement au cours des premiers mois, ou payés 3 euros de l'heure, afin que l'entreprise puisse récupérer rapidement la somme investie pour leur recrutement. Le plus souvent, la promesse d'une augmentation de la rémunération n'est pas tenue : après les premiers mois de travail, la personne n'est pas réembauchée et est forcée à s'en remettre à des *caporali* locaux, indiens ou italiens, pour trouver un emploi. La recherche d'un nouveau travail est d'autant plus pressante que la dette éventuellement contractée pour le voyage est importante.

Le statut migratoire influe aussi d'une autre manière sur la vulnérabilité des travailleurs pendjabis : à la traite et au *caporalato* peuvent s'ajouter des extorsions liées à la délivrance ou au renouvellement du permis de séjour. Dans certains cas, les entreprises ont pu exiger du travailleur des sommes considérables, de 4 000 à 6 000 euros, pour délivrer un contrat de travail indispensable à la délivrance ou au renouvellement d'un permis de séjour. Si le travailleur ne dispose pas d'une telle somme, il sera forcé de continuer à travailler sans percevoir aucune rémunération jusqu'à ce que la dette soit définitivement soldée.

Les *caporali* disposent du monopole de l'offre de travail sur le territoire. Dans l'Agro Pontino le recrutement n'advient pas de manière directe sur les places publiques ou dans les rues. Les ouvriers agricoles sont souvent préalablement sélectionnés et puis recrutés par textos ou messages sur WhatsApp. Ceci permet de camoufler le *caporalato* et d'éviter les contrôles. Le travailleur est aussi sélectionné sur la base de sa docilité. Le *caporale* est habituellement italien lorsqu'il s'agit du chef d'équipe ou du surveillant, tandis qu'il est indien lorsqu'il s'agit d'un autre ouvrier. Dans certain cas, il réclame directement aux travailleurs une somme d'argent en échange du service rendu, dans d'autres cas, il distribue à l'équipe de travail la paie versée par l'entreprise (dont il est un employé) et en garde une partie pour lui.

Pour le travailleur il est d'autant plus difficile de réagir face aux abus lorsque le lien de parenté qui le lit au *caporale* est étroit, et que l'urgence d'acquitter sa dette ou de faire vivre sa famille au pays est plus pressante.

En outre, les interactions de la communauté pendjabi avec le reste de la population demeurent limitées, ceci malgré la stabilisation de sa présence sur le territoire, l'ouverture de plusieurs temples sikhs, notamment à Sabaudia, San Felice Circeo et Fondi, et les activités de plusieurs associations de jeunesse. C'est un facteur de vulnérabilité supplémentaire, notamment lorsque cela s'ajoute à une faible connaissance de la langue italienne, qui empêche une compréhension adéquate des procédures bureaucratiques, des contrats de travail et des fiches de paie. D'après les données MEDU, 56 % des interviewés avaient une connaissance de l'italien bonne ou suffisante, 32 % une connaissance faible, et 12 % ne le parlaient pas du tout.

Résistances à l'exploitation et réactions patronales

La détermination à améliorer leur situation a incité les ouvriers pendjabis à organiser des grèves à Latina à deux reprises, le 18 avril 2016 et le 21 octobre 2019, avec la participation de quelques milliers de personnes. Parallèlement, les luttes et dénonciations dans diverses entreprises ont augmenté. C'est là le résultat d'un travail de sensibilisation et d'organisation syndicale de dix ans. Une erreur fréquente lorsqu'on est confronté à des situations d'exploitation plus ou moins graves est de ne pas reconnaître aux « victimes » la capacité de résister ou de s'émanciper. L'histoire de la communauté pendjabi de l'Agro Pontino montre, au contraire, qu'une résistance peut aussi surgir de situations de vulnérabilité, que la peur peut être vaincue et que les droits bafoués peuvent être revendiqués individuellement et collectivement.

Ce parcours d'émancipation a été rendu possible par la convergence de plusieurs éléments : l'information et la prise de conscience de leurs droits par les travailleurs, facilitée aussi par l'ouverture d'un service juridique à Bella Farnia[25] ; l'existence de temples sikhs, qui représentent des lieux physiques et symboliques où ils peuvent réunir des assemblées périodiques et s'organiser ; la présence d'un leadership reconnu, comme celui de Gurmukh Sigh, et d'une communauté soudée ; la construction d'une collaboration avec des chercheurs-militants et d'un rapport de confiance avec les forces de l'ordre et la magistrature ; et *in fine* un évènement dramatique, comme le suicide d'un ouvrier agricole dans une serre dans la ville de Fondi, qui a servi de déclencheur.

Les entrepreneurs réagissent aux luttes d'émancipation de ces ouvriers en essayant de les remplacer par des travailleurs plus vulnérables, prêts à accepter les conditions de travail qui leur sont imposées. Il s'agit d'un processus de substitution complexe mais répandu dans l'Agro Pontino, fondé sur une stratégie visant à éliminer les ouvriers en train de s'émanciper et à les remplacer par d'autres moins disposés à se battre et à revendiquer. Outre les nouveaux arrivants indiens, les deux populations privilégiées pour ce remplacement sont d'une part les demandeurs d'asile hébergés dans les structures d'accueil locales et, d'autre part, les demandeurs d'asile qui ont essuyé un refus de la part des commissions territoriales ou des tribunaux et ne disposent plus d'un permis de séjour[26].

Les demandeurs d'asile sont exposés au risque d'être surexploités pour plusieurs raisons : parce qu'ils ont un besoin urgent d'argent pour l'envoyer à des parents à charge dans les pays d'origine ; inversement, lorsque, hébergés dans des structures d'accueil, ils n'ont pas à payer pour le logement et la nourriture ; lorsqu'ils ne peuvent pas quitter l'Italie à cause du Règlement de Dublin ; lorsque la longueur des procédures bureaucratiques pour la reconnaissance de la protection internationale, combinée au faible niveau des services offerts par le dispositif d'accueil pour l'enseignement de l'italien, l'insertion professionnelle ou l'accompagnement social, les expose à une situation d'inactivité et d'incertitude, à laquelle n'importe quel travail leur permet d'échapper.

La situation de vulnérabilité des demandeurs d'asile a été encore aggravée par la Loi « *Sicurezza* (sécurité) » n° 132/2018. En supprimant le permis de séjour pour raisons humanitaires instauré pour protéger les personnes exposées au risque de violation des droits humains garantis constitutionnellement, la nouvelle loi expose à placer en situation irrégulière les personnes qui, au long d'un parcours d'accueil de plus en plus réduit à ne leur assurer que le strict minimum vital, n'ont pas pu construire une relation positive avec la société environnante.

On estime qu'avant la fin de 2019, 90 000 personnes se trouveront sans permis de séjour par le simple fait de l'application de la loi et iront s'ajouter à ceux qui résident déjà de manière irrégulière sur le territoire. Au vu du faible taux d'expulsion, il est prévisible que la plupart d'entre eux resteront en Italie et accepteront pour survivre des conditions d'exploitation d'autant plus sévères, notamment dans les campagnes, qu'il y a moins de contrôles et que la proportion du travail au noir est plus élevée que dans d'autres secteurs.

Conclusion

L'analyse du cas des ouvriers agricoles de l'Agro Pontino permet de remettre en question un certain nombre d'idées reçues qui pèsent sur la compréhension de l'exploitation du travail dans le secteur agricole en Italie.

Comme dans d'autres régions du pays, les violations des droits dans les exploitations agricoles de la province de Latina sont systémiques et sont à lire comme l'expression directe du modèle d'agriculture intensive qui y est pratiquée. Á la différence d'autres territoires, l'exploitation ici n'est pas circonscrite à la saisonnalité des récoltes et se manifeste peut-être dans des formes moins extrêmes, mais assurément profondes.

L'exploitation et le *caporalato* prospèrent en présence d'une main-d'œuvre vulnérable. Le cas des ouvriers pendjabis montre, toutefois, que la vulnérabilité des étrangers ne se réduit pas à la simple absence de permis de séjour. La contraction d'une dette pour venir en Italie par le biais d'« intermédiaires », tout comme l'obligation d'obtenir un contrat de travail et un niveau suffisant de revenus pour renouveler le permis, fonctionnent comme des contraintes systémiques, et exposent à l'exploitation, au chantage et aux extorsions. De surcroît, l'absence de circuits légaux et publics pour l'accès à l'emploi ne laisse comme alternative que de s'en remettre à des *caporali*.

Le cas des ouvriers pendjabis est un cas paradigmatique de « juridification du travail exploité », c'est-à-dire de « transposition de l'exploitation à l'intérieur de dispositifs juridiques qui en assurent la régularité formelle, tout en en maintenant entière la substance, en termes de profit indu et violation des droits »[27]. L'abus prend en effet des formes pseudo-légales, avec la complicité d'un réseau de « cols blancs » qui préparent des contrats réguliers (qui ne sont ensuite pas respectés) et des fiches de paie régulières (qui ne correspondent pas au travail effectué), et qui extorquent de l'argent aux travailleurs en échange de la délivrance des contrats et des documents nécessaires au renouvellement du permis de séjour. Le délit de traite lui-même, évident dans le mécanisme coercitif de la dette par lequel les individus sont contraints de travailler gratuitement, est dissimulé derrière la régularité des visas et des permis de séjour saisonniers ou pour une durée déterminé.

En conclusion, à la lumière de ces éléments, il est possible de déconstruire l'image souvent associée aux Sikhs d'être de « bons travailleurs », c'est-à-dire dociles et disponibles à accepter les pires conditions d'exploitation au nom d'une prétendue vocation pour l'agriculture[28]. Il ne s'agit, en réalité, ni d'une vocation pour l'agriculture, ni – *a fortiori* – d'une vocation pour l'exploitation : les travailleurs de l'Agro Pontino ont démontré leur volonté et leur capacité à résister. Cette résistance est d'autant plus remarquable si nous considérons les limites de la législation existante, y compris la nouvelle loi contre l'exploitation du travail et l'intermédiation illicite, entièrement centrée sur la répression et encore très insuffisante en matière de prévention de la vulnérabilité et de protection des victimes[29].

Traduit de l'italien par Elisabeth Longuenesse et Michele Scala, revu par les auteurs.

Notes

1. AA.VV., *Sulla pelle viva. Nardò: la lotta autorganizzata dei braccianti immigrati*, Roma, Derive Approdi, 2012.
2. On entend par «caporali» les intermédiaires informels de main-d'œuvre, qui recrutent et organisent les ouvriers agricoles ou, plus en général tout type de travailleur, au nom et pour compte d'autrui.
3. In Migrazione, *Punjab. Fotografia delle quotidiane difficoltà di una comunità migrante invisibile*, dossier online, 2013. In Migrazione, *Doparsi per lavorare come schiavi*, dossier online, 2014. In Migrazione, *Sfruttati a tempo indeterminato*, dossier online, 2014.
4. MEDU, *Terra Ingiusta. Rapporto sulle condizioni di vita e di lavoro dei braccianti stranieri in agricoltura*, Roma, MEDU, 2015.
5. Federico Oliveri, «Giuridificare ed esternalizzare lo sfruttamento. Il caso dei lavoratori immigrati nella vitivinicoltura senese», in Enrica Rigo (ed.), *Leggi, migranti e caporali. Prospettive critiche e di ricerca sullo sfruttamento del lavoro in agricoltura*, Pisa, Pacini, 2015.
6. European Union Agency for Fundamental Rights, *Severe labour exploitation: workers moving within or into the European Union*, Vienna, FRA, 2015.
7. Alessandra Corrado, Carlos de Castro, Domenico Perrotta (dir.), *Migration and agriculture: Mobility and change in the Mediterranean area*, New York, Routledge, 2017.
8. Jean-Pierre Berlan, «La longue histoire du modèle californien», in Forum Civique Européen, *Le gout amer des nos fruit et legumes. L'exploitation des migrants dans l'agricolture intensive en Europe*, 2002.
9. Rosa Canelli, Riccardo Realfonso, «Quota salari e regime di accumulazione in Italia», *Economia e Politica*, 9 febbraio 2018.
10. Anna Mary Garrapa, Braccianti just in time: raccoglitori stagionali a Rosarno e Valencia, Lucca, La casa Usher, 2016.
11. Valeria Piro, Giuliana Sanò, « Abitare (ne)i luoghi di lavoro : il caso dei braccianti rumeni nelle serre della provincia di Ragusa », *Sociologia del lavoro*, 146, 2, 2017.
12. Les normes italiennes en matière d'immigration sont rassemblées dans le décret législatif n° 286 du 25 juillet 1998, constamment modifié et durci au fil des ans. La dernière étape de ce durcissement est constituée par les deux décrets « *Sicurezza* (de la sécurité) » du 4 octobre 2018 et 14 juin 2019, n. 53, convertis respectivement en Loi 1° décembre 2018, n. 132 et dans Loi 8 août 2019, n. 77.

13. Federico Oliveri, « Migrant struggles in Italy within and against the economic crisis », in Andrea Borghini, Enrico Campo (dir.), *Exploring the crisis*, Pisa, Pisa University Press, 2016.
14. Après avoir été décriminalisé en 2003, l'interdiction du courtage de travail à des fins d'exploitation était réintégrée à l'article 603-bis du Code pénal en août 2011.
15. Domenico Perrotta, « Il caporalato come sistema: un contributo sociologico », in Enrica Rigo (ed.), *Leggi, migranti e caporali,* Pisa, Pacini, 2015.
16. Marco Omizzolo, *Sotto Padrone. Donne, uomini e caporali nell'agromafia italiana*, Milano, Fondazione Feltrinelli, La Feltrinelli, 2019.
17. Osservatorio Placido Rizzotto, *Agromafie e Caporalato. Quarto Rapporto*, Roma, Bibliotheka Edizioni, 2018.
18. Marco Omizzolo, «Il movimento bracciantile in Italia e il caso dei braccianti indiani in provincia di Latina dopati per lavorare come schiavi», in Marco Omizzolo e Pina Sodano (dir.), *Migranti e territori*, Roma, Ediesse, 2015.
19. Maria Rosa Protasi, Eugenio Sonnino, «Politiche di popolamento: colonizzazione interna e colonizzazione demografica nell'Italia liberale e fascista», *Popolazione e Storia*, 4 (1), 2005, pp. 91-138.
20. Marco Omizzolo, « Mafia nei mercati ortofrutticoli. Sud Pontino epicentro della filiera criminale », *L'Eurispes.it*, 20 agosto 2019.
21. Marco Omizzolo, « A Latina il mondo di sopra del caporalato », *Il Manifesto*, 18 gennaio 2019.
22. A. Mastrandrea, M. Omizzolo, « Com'è bella quella mela avvelenata », *il venerdì di Repubblica*, 13 settembre 2019.
23. Marco Omizzolo, Francesco Carchedi, « Il sistema criminale degli indiani Punjabi in provincia di Latina », *in* Francesco Carchedi, Stefano Becucci (dir.), *Le mafie straniere in Italia*, Milano, Franco Angeli, 2016.
24. Marco Omizzolo, « Tratta internazionale nell'area del Mediterraneo e sfruttamento lavorativo: il caso della comunità indiana in provincia di Latina », *in* Serena Baldin, Moreno Zago (eds), *Europe of Migrations: Policies, Legal Issues and Experiences*, Trieste, EUT Edizioni Università di Trieste, 2017.
25. Marco Omizzolo, « La comunità indiana in provincia di Latina tra sfruttamento lavorativo, nuova legge contro il caporalato e il ruolo essenziale dei servizi sociali: il caso del progetto Bella Farnia », *in* Marco Omizzolo (dir.), *Migranti e diritti*, Edizioni Simple, Macerata, 2017.
26. Floriana Bulfon, « Il caporalato non si ferma: basta sikh, i nuovi schiavi nei campi sono i migranti », *L'Espresso*, 2 agosto 2017. Marco Omizzolo, « A Latina il mondo di sopra del caporalato », *il manifesto*, 18 gennaio 2019.
27. Federico Oliveri, « Giuridificare ed esternalizzare lo sfruttamento. Il caso dei lavoratori immigrati nella vitivinicoltura senese », *op. cit.*
28. Marco Omizzolo, Francesco Carchedi, «Il sistema criminale degli indiani Punjabi in provincia di Latina», *in* Francesco Carchedi, Stefano Becucci (dir.), *Le mafie straniere in Italia*, Milano, Franco Angeli, 2016.
29. Federico Oliveri, «Quale diritto contro lo sfruttamento? Riflessioni teorico-critiche a partire dalla posizione dei lavoratori stranieri nell'ordinamento italiano", in Rinaldo Evangelista, Agostina Latino (eds), *Con-vivere nel (dis)ordine. Conflitto e sicurezza nella società della globalizzazione*, Editoriale Scientifica, Naples, p. 199-220.

Léo Fourn

Doctorant en sociologie, Aix-Marseille Université, LAMES.

Les ambiguïtés du travail humanitaire. L'exemple des réfugiés syriens au Liban

Depuis le début du conflit en Syrie en 2011, le Liban a accueilli plus d'un million de réfugiés syriens fuyant la violence de la répression et de la guerre. On a alors assisté au développement d'un vaste champ humanitaire d'aide aux réfugiés, impliquant des acteurs internationaux et locaux. Des réfugiés syriens ont participé à ce processus en fondant leurs propres organisations humanitaires, mettant en œuvre une forme d'auto-organisation de l'aide, par des réfugiés pour des réfugiés. A ainsi émergé une nouvelle demande d'engagement et de travail permettant à des réfugiés de s'engager dans une carrière humanitaire. Toutefois, malgré les rétributions financières et symboliques que le travail humanitaire procure aux réfugiés, il ne leur permet pas de sortir de leur condition précaire.

Since the beginning of the conflict in Syria in 2011, Lebanon has welcomed more than one million Syrian refugees fleeing the violence of repression and war. This has led to the development of a vast humanitarian field dedicated to refugees, involving international and local actors. Syrian refugees have contributed to this process, by founding their own humanitarian organizations, thereby implementing a form of self-organization of aid, by refugees for refugees. A novel demand for commitment and work has emerged therefrom, enabling refugees to engage in a humanitarian career. Nonetheless, despite the financial and symbolic rewards that humanitarian work provides for refugees, it does not enable them to lift themselves out of the precariousness of their condition.

Depuis le début du conflit syrien en 2011, le Liban a accueilli plus d'un million de réfugiés syriens. Pensée au départ comme provisoire, leur situation s'est prolongée dans un environnement libanais se révélant de plus en plus hostile à leur présence. Ils y affrontent dans leur grande majorité des formes de pauvreté et de précarité multiples s'accompagnant d'horizons incertains.

Le Liban est depuis plusieurs décennies un espace de migrations circulaires pour des travailleurs syriens employés principalement dans les secteurs de l'agriculture et du bâtiment[1]. L'arrivée des réfugiés syriens à partir de 2011 a eu des conséquences considérables sur l'ensemble de l'économie du pays[2]. Sur ce marché du travail libanais, les réfugiés syriens, à l'instar des Palestiniens et d'autres populations réfugiées, affrontent de nombreuses barrières légales à l'emploi, renforcées en 2015 lorsque les autorités libanaises ont introduit l'obligation de visa pour l'entrée et le séjour des ressortissants syriens sur le territoire et élargi à ces derniers l'obligation faite aux travailleurs étrangers de se placer sous la responsabilité légale d'un *kafîl*[3] (littéralement : garant, tuteur) libanais afin de pouvoir résider et travailler au Liban[4]. Les seuls secteurs qui leur sont officiellement ouverts sont ceux du bâtiment, de l'agriculture et de la propreté. Ces différentes restrictions rendent l'accès à l'emploi pour les ressortissants syriens difficile et limité.

Dans ce contexte d'exil prolongé, de nombreuses organisations internationales et organisations non gouvernementales (ONG) internationales ont afflué au Liban afin d'organiser la distribution de l'aide, s'ajoutant aux organisations humanitaires déjà présentes dans le pays. S'est alors développé un vaste champ humanitaire d'aide aux réfugiés syriens. Certains réfugiés ont contribué à son expansion en fondant des ONG spécialisées dans l'aide aux réfugiés les plus démunis. C'est ainsi qu'a émergé un sous-champ humanitaire syrien, « marché du travail alternatif »[5] et espace de mobilisation d'une force de travail caractérisée par la variété des statuts, allant du bénévolat ou travail

« gratuit »[6] à des formes diversement rémunérées de travail. Ces formes de rémunérations ne s'apparentent toutefois aucunement à l'emploi salarié, entendu comme forme de travail stable et protégé. Les contrats de travail sont rarement enregistrés et l'irrégularité de l'emploi exclut ces travailleurs de toute protection sociale. Le plus souvent, ces rémunérations sont offertes en contrepartie d'activités ou de projets de courte durée, ou à temps partiel. Lorsque l'emploi est prolongé plusieurs mois ou années, il reste intrinsèquement dépendant des financements offerts par les bailleurs internationaux et donc potentiellement menacé.

Sans revenir sur la structuration du champ humanitaire d'aide aux réfugiés syriens, cet article se concentrera sur les acteurs syriens impliqués dans des ONG « syriennes », c'est-à-dire dédiées aux victimes du conflit syrien, fondées après 2011 par des personnes de nationalité syrienne, que ce soit depuis la Syrie, des pays voisins comme le Liban ou plus lointains comme la France, et dont le personnel au Liban est constitué principalement de réfugiés syriens. La question de la nationalité des travailleurs humanitaires détermine largement leur accès à l'emploi, ou à une activité rémunérée, et aux droits sociaux. Elle conditionne tout d'abord la possibilité de fonder des associations, puisque les réfugiés syriens, en tant qu'étrangers, doivent obtenir une autorisation spéciale des autorités et inclure dans le conseil d'administration une majorité de citoyens libanais. Mais elle affecte surtout les possibilités d'emploi officiel, qui sont particulièrement restreintes pour les réfugiés syriens.

Malgré ces difficultés, ces ONG ont connu un processus de « professionnalisation », passant notamment par une division du travail accrue, la formation du personnel, la rémunération des bénévoles et la soumission à une logique gestionnaire d'activités expérimentées au départ dans une perspective essentiellement militante et bénévole[7]. Je mettrai en lumière les particularités de ce sous-champ humanitaire syrien, à travers lequel est mise en œuvre une forme d'auto-organisation de l'aide, par des réfugiés pour des réfugiés. Il s'agira alors de questionner ce que ces particularités impliquent quant aux situations de travail dans lesquelles sont engagés ces réfugiés travailleurs humanitaires. Si ces situations ne peuvent être uniquement abordées sous l'angle du travail, car elles représentent également un mode de mobilisation militant[8], c'est avant tout en tant que travail que je les analyserai.

Je montrerai que le sous-champ humanitaire syrien qui se développe au Liban représente un secteur comparativement attractif et accessible aux réfugiés syriens par rapport au reste du marché du travail. Puis, j'interrogerai les logiques d'exploitation et de domination équivoques qui traversent ces rapports de travail. Enfin, j'analyserai la diversité des registres d'investissement des réfugiés dans la carrière humanitaire.

Cet article repose sur une enquête menée par intermittence en 2016 et 2017 à la rencontre de réfugiés syriens impliqués dans une quinzaine d'ONG humanitaires à Beyrouth, Tripoli et dans la Bekaa. À défaut de la finesse d'une étude monographique, l'enquête m'a offert un aperçu relativement large et éclectique de ce sous-champ humanitaire. Elle s'est principalement fondée sur le recueil d'une cinquantaine d'entretiens incluant une diversité de profils sociologiques et de positions au sein des organisations, telles que fondateurs, dirigeants, employés administratifs ou bénévoles. Par souci d'anonymat, je ne citerai les noms réels ni de ces personnes, ni de leurs organisations.

Un secteur d'activité attractif et accessible aux réfugiés

Dans un marché du travail restreint, le champ humanitaire dans son ensemble et le sous-champ humanitaire syrien en particulier offrent de multiples opportunités de rémunérations, quoique très inégales, pour les réfugiés[9]. Il se distingue sensiblement des domaines recrutant historiquement la majorité des travailleurs migrants syriens (agriculture et bâtiment), auxquels sont associées des représentations particulièrement dévalorisantes. Comparativement, il est donc présenté comme un travail valorisant. Comme travail de service, il implique le contact régulier avec un public, qui est ici formé des bénéficiaires de l'aide. La rencontre avec les bénéficiaires est d'ailleurs fréquemment citée par les travailleurs comme source d'une reconnaissance qui donne sens au travail humanitaire. Ce travail de service correspond pour la plupart des travailleurs que j'ai rencontrés à des activités d'enseignement (*ta'lim*) ou de soutien psychologique (*da'am nafsi*), domaines qui se sont progressivement développés tandis que les activités de secours (*ighatha*) tendaient à diminuer. La plupart des ONG « syriennes » ont ainsi ouvert des branches dans ces domaines et certaines s'y sont spécialisées. L'expansion, la diversification et la « professionnalisation » des activités mises en œuvre par ces ONG ont donné lieu à une croissance de la demande d'engagement de leur part à l'égard des réfugiés. Nous pouvons alors supposer que cette demande a contribué à déterminer les profils sociologiques des travailleurs employés. Dans l'ensemble du marché du travail libanais, les emplois exigeant des diplômes universitaires ne sont que très exceptionnellement accessibles aux réfugiés, ce qui a conduit à une dévaluation conséquente de leurs diplômes et plus largement à un déclassement social affectant la grande majorité d'entre eux. Les activités de service pratiquées par les ONG, si elles ne coïncident la plupart du temps pas avec les niveaux de diplômes et les carrières professionnelles antérieures des réfugiés employés, permettent néanmoins de limiter leur déclassement social. Parmi les personnes rencontrées lors de mon enquête, presque la totalité avait effectivement entamé ou mené à terme des études supérieures en Syrie, parfois dans des domaines fort distincts de l'humanitaire.

Akram, employé par une ONG dans la Bekaa, suivait des études d'architecture à Damas lorsque la révolution a débuté. Après avoir quitté la Syrie pour le Liban, il s'engage en tant que comptable dans une campagne d'aide aux blessés syriens financée par le Qatar[10]. Cette campagne cesse quelques mois plus tard après une intervention des services de renseignement de l'armée libanaise les accusant de « soutenir le terrorisme ». Akram décide alors de chercher du travail dans un domaine plus proche de celui de ses études et occupe pendant plusieurs mois un poste non déclaré de *designer* dans un atelier de couture. Lassé par cette expérience, il choisit de revenir vers le domaine humanitaire et suit une formation proposée par une ONG internationale spécialisée dans le « peace-building ». Cette formation l'incite à développer un « projet » visant à mettre en relation des femmes réfugiées avec des femmes vivant dans des territoires contrôlés par le régime. C'est à ce moment qu'il rend visite à une ONG spécialisée dans l'« empowerment » des femmes. Les cadres de l'ONG lui proposent rapidement de rejoindre leur équipe pour qu'il s'occupe du soutien psychologique auprès d'enfants. Mais comme il le précise, « le salaire était très faible, c'était du bénévolat (*tatawwu'*) ». Un an et demi plus tard, il est promu à un poste administratif et devient « coordinateur de projets ». Il affirme être très satisfait de cet emploi comparativement à ceux qu'il a occupés dans d'autres domaines : *« D'abord, tu satisfais ta conscience. Ton esprit est davantage en paix. Tu fais un travail humanitaire. Tu travailles avec des personnes syriennes. Je suis content car nous travaillons dans une équipe qui grandit ensemble. Je suis content aussi car je construis un réseau avec de nombreuses personnes et organisations. C'est un bon travail qui me fait vivre un développement personnel et collectif »*.

Contrairement à la plupart des réfugiés syriens au Liban, Akram est parvenu à obtenir un permis de résidence, grâce à une amie libanaise ayant accepté de servir de *kafîl*. Il a alors déclaré légalement un emploi, « *mais comme chauffeur, pas comme employé administratif* ». Cela le place alors dans une situation d'irrégularité vis-à-vis des autorités, car il est censé travailler pour son kafîl. La réglementation ne lui permet pas d'être déclaré dans son emploi réel, d'où un déclassement de fait. Bien qu'il possède un permis de travail et de séjour, son activité demeure irrégulière. Comme l'illustre l'exemple d'Akram, les rétributions symboliques procurées par le travail humanitaire permettent d'atténuer la précarité de la condition de réfugié, mais pas de la dépasser[11].

L'ONG dans laquelle est employé Akram est dédiée aux femmes syriennes et son personnel est presque exclusivement féminin. Elle a été fondée depuis Paris par un groupe de femmes syriennes plus ou moins récemment exilées. Le centre dans lequel travaille Akram est également dirigé par une femme. Dès mes premiers pas sur le terrain, j'ai effectivement constaté l'importante féminisation de la plupart des ONG syriennes. Une féminisation qui concerne également les postes de direction, dont j'ai rencontré plusieurs représentantes, en contraste saisissant avec la plupart des autres secteurs économiques. Les discours diffusés par les différents acteurs du champ humanitaire mettent particulièrement en avant la participation des femmes à leurs programmes d'« *empowerment* ». Tel qu'en attestent les entretiens recueillis, les femmes, qui participèrent relativement moins que les hommes aux manifestations et encore moins à la lutte armée, ont largement pris part à l'aide humanitaire dès le début du conflit en Syrie. La féminisation de l'aide humanitaire au Liban s'inscrit dans le prolongement de ces activités menées en Syrie. Cette féminisation du travail social est observable dans de nombreux contextes. Au Liban, le secteur de la construction emploie principalement des hommes[12], tandis que le secteur humanitaire offre davantage d'emplois plus couramment occupés par des femmes, notamment dans l'éducation et le *care* (santé, soutien psychologique, etc), *a fortiori* dans une situation de conflit armé[13]. Une autre explication fréquemment avancée par les femmes concernées est l'incapacité à travailler ou l'absence des hommes de leurs familles, qu'ils soient handicapés ou malades, aient déjà migré en Europe, soient restés en Syrie, décédés ou disparus.

Pour les Syriennes et les Syriens réfugiés au Liban, le champ humanitaire représente donc un secteur d'emploi attractif et surtout accessible. Mais ces emplois sont généralement non déclarés, donc non protégés, non porteurs de droits.

Des logiques de domination et d'exploitation équivoques

Le champ humanitaire est structuré par des hiérarchies sociales relatives à l'inégale répartition de différents capitaux. La principale modalité de hiérarchisation concerne la nationalité des acteurs. Elle est imbriquée avec les inégalités statutaires. C'est certainement au sein des ONG internationales que ces hiérarchies sont les plus flagrantes[14]. Premièrement, au niveau de la nationalité, entre personnel « expatrié », libanais et syrien. Deuxièmement, au niveau des modalités de recrutement, entre salariés « expatriés », recrutés sous contrat local, stagiaires ou bénévoles « internationaux » et salariés ou bénévoles libanais ou syriens. En ce qui concerne plus précisément les ONG « syriennes », j'ai constaté lors de l'enquête que plusieurs dirigeants des ONG en question possédaient une seconde nationalité, leur offrant des conditions d'installation nettement moins précaires au Liban. Le fait de posséder la nationalité libanaise leur permet de fonder une association en leur propre nom, sans recourir à des parrains libanais. Si les conditions administratives d'enregistrement des associations ne sont pas particulièrement complexes pour les citoyens libanais, il en va différemment pour les réfugiés syriens qui doivent, en tant qu'étrangers, obtenir une autorisation spéciale des autorités et inclure dans le conseil d'administration de l'association 80 % de citoyens libanais. La double nationalité, surtout d'un pays d'Europe ou d'Amérique du Nord, permet également de voyager afin de promouvoir les activités menées par les ONG, que ce soit à Genève, Bruxelles ou Washington. La possession d'une seconde nationalité est donc un atout considérable et un critère de distinction essentiel entre les travailleurs syriens de ce sous-champ humanitaire. Par ailleurs, si ces ONG peuvent accueillir des bénévoles ou recruter des employés libanais ou occidentaux, le statut des bénévoles et « employés » syriens n'est pas comparable aux leurs. À propos de ces distinctions nationales, un cadre d'une ONG syrienne, lui-même Palestinien-Syrien possédant la nationalité libanaise, reconnaît une évolution des profils des acteurs recrutés par son ONG[15] : *« On a perdu beaucoup de combattants (rires), de Syriens activistes qui travaillaient avec nous [partis en Europe]. À la place on a pris des employés libanais. Les Libanais sont plus qualifiés, mais ils ont moins foi en la cause. Pour eux c'est un business. OK, c'est très bien, ils parlent anglais, ils parlent français, ils ont de l'expérience, ils ont étudié à l'étranger. Ils ont de l'expérience à l'ONU, etc. Mais, ils viennent et, dès qu'ils trouvent une meilleure opportunité, ils partent. C'est ça le problème pour nous. Avant, ceux qui travaillaient avec nous le faisaient pour la cause. Ils ont travaillé pendant trois, quatre ans avec foi, engagement, volontariat, tous les jours, matin, soir et nuit. Maintenant, un employé libanais arrive à 9h et repart à 17h.* »

Si au départ la grande majorité des travailleurs de cette organisation étaient syriens, les Libanais sont désormais de plus en plus nombreux et se distinguent par un registre d'investissement différent, davantage professionnel que militant.

Le champ humanitaire n'est pas exempt de formes d'exploitation économique s'apparentant au travail gratuit, qui sont particulièrement manifestes dans les dispositifs d'incitation au volontariat[16] et plus encore dans ceux de mise au travail des réfugiés[17]. Cependant, il semble nécessaire de nuancer les logiques d'exploitation à l'œuvre selon la nature des organisations et des dispositifs en question. Il convient donc d'insister sur la distinction entre la mise au travail au service d'organisations étatiques ou internationales – *a fortiori* dans le cadre de programmes de *workfare*, dans lesquels l'obtention de l'aide sociale implique en contrepartie le travail des bénéficiaires – et le travail faiblement rémunéré au sein d'ONG syriennes. Il ne s'agit pas de défendre une vision idyllique d'un sous-champ qui serait à l'abri de toute exploitation, mais de nuancer les logiques de domination qui y sont à l'œuvre. Aussi, nous pouvons nous demander si le bénévolat ou travail gratuit s'accompagne nécessairement de formes d'exploitation objectives.

En 2013, alors que les réfugiés syriens arrivent par milliers au Liban, un groupe de jeunes réfugiés récemment arrivés s'engage dans des campagnes de distribution d'aide auprès de réfugiés précairement installés dans des camps informels. Il coopère avec d'autres associations locales puis obtient l'aide d'une ONG allemande qui lui permet de se structurer rapidement et de s'institutionnaliser en fondant une association. Talal, un des fondateurs de l'association, insiste à plusieurs reprises lors de notre rencontre sur le caractère strictement bénévole de leurs activités[18]. Selon lui, le bénévolat a été choisi par l'unanimité des membres dès la fondation et demeure en vigueur. Cependant, il reconnait qu'à certaines occasions les bénévoles peuvent être défrayés pour leur travail. Dans son cas, comme il l'admet, cet engagement bénévole est rendu possible par les autres sources de rémunérations auxquelles il peut accéder : « *Nous sommes tous bénévoles. Si on reçoit de l'argent, on le donnera à d'autres personnes. Moi je suis archéologue. Si je peux avoir de l'argent, pourquoi le prendre à la place de quelqu'un d'autre qui en profiterait plus que moi. Ce serait une offense de ne pas leur donner l'argent. Je veux rester bénévole et créer des opportunités d'emploi pour les autres.* »

L'exemple de cette association exclusivement constituée de bénévoles est marginal parmi les ONG étudiées lors de l'enquête, mais il met en lumière le caractère ambigu de l'action humanitaire, située entre travail et engagement. Si la dépendance de ces ONG à l'égard des bailleurs et des organisations internationales est incontestable, celles-ci n'en représentent pas moins une forme d'auto-organisation de l'aide, gage d'une certaine autonomie des réfugiés à l'égard des autorités libanaises et du système humanitaire international. Dès lors que l'on accorde du crédit au registre de l'engagement militant, nous pouvons considérer qu'elles contribuent au maintien de dynamiques d'action collective dans un contexte incitant fortement au désengagement. Bien que non contestataire, le travail humanitaire est aussi une forme de mobilisation, du moins est-il défini comme tel par ses protagonistes. En tant que reconversion militante, il permet donc de continuer la révolution par d'autres moyens et de limiter le déclassement relatif à la condition de réfugié.

Toutefois, cela ne nous dispense pas de questionner les mécanismes de domination structurant ce sous-champ humanitaire syrien et les organisations en question. Celles-ci demeurent effectivement fortement subordonnées au champ humanitaire international, dont elles adoptent largement les logiques de fonctionnement. Leur survie est de même intrinsèquement liée aux décisions financières de leurs bailleurs internationaux. Il y existe, comme dans n'importe quel secteur économique, des logiques de subordination observables au niveau des situations de travail, qui contribuent à reproduire ou à renforcer des hiérarchies sociales entre réfugiés.

Majda a fondé en 2013 une ONG dédiée aux enfants réfugiés dont elle est la présidente[19]. Originaire d'une famille de la grande bourgeoisie damascène, elle étudie la littérature française et épouse un « *grand banquier* » avec lequel elle part vivre aux États-Unis et ailleurs dans le monde. De retour en Syrie, elle obtient un poste de premier plan au sein du *Syria Trust for Development*, grande organisation « civile » présidée par Asma al-Assad, épouse du président. Elle quitte Damas en 2012 pour s'installer à Beyrouth où elle s'engage dans le domaine de l'éducation à travers différents projets. Détentrice de plusieurs nationalités, elle voyage régulièrement à l'international.

Dounia, âgée de 23 ans au moment de notre rencontre, est palestinienne-syrienne, originaire du camp de Yarmouk à Damas[20]. Elle passe le baccalauréat en 2011 et commence des études de *graphic design*. En décembre 2012, les forces du régime bombardent le camp et forcent

Dounia et sa famille à chercher refuge au Liban. Ils s'installent alors dans le camp de Chatila, avant de déménager dans une localité plus éloignée de Beyrouth. Dans ces conditions, elle ne parvient pas à poursuivre ses études ni à trouver un emploi dans son domaine. Elle connaît alors une première expérience dans le champ humanitaire en « *travaillant bénévolement* » pour une ONG syrienne dans le camp de Chatila qui lui assure une indemnité de 200 puis 300 dollars. À la suite de cette première expérience, elle rejoint une autre ONG syrienne fondée au Canada où elle est embauchée en tant qu'enseignante pour une rémunération supérieure. À l'instar de la plupart des réfugiés que j'ai rencontrés au Liban, elle rêve de quitter le pays dès que possible pour rejoindre l'Europe.

Comme la plupart des associations, la composition du personnel des ONG syriennes se caractérise par une diversité de statuts[21]. L'emploi est le premier critère de hiérarchisation entre les acteurs de ces ONG. Peu de travailleurs syriens y ont accès du fait des barrières légales. Dans tous les cas, il ne s'agit pas de statuts d'emploi réguliers, ouvrant à des droits et à une protection sociale pour les travailleurs syriens. Akram et Dounia ont finalement réussi à obtenir un emploi après une période de bénévolat plus ou moins rémunéré. Mais aucun ne bénéficie des droits théoriquement liés à un emploi déclaré (au sens d'encadré par le Code du Travail). Les travailleurs rémunérés le sont ainsi dans la plupart des cas sous une forme de « primes » très faibles[22]. Quant au bénévolat, les distinctions sont fonction des ressources annexes dont disposent les acteurs. Talal parvient à s'engager bénévolement car il est rémunéré pour son travail d'archéologue. Majda possède de multiples ressources, qu'elle peut reconvertir dans ses activités bénévoles. Plusieurs jeunes réfugiés rencontrés lors de l'enquête le considèrent quant à eux comme une des seules possibilités pour gagner un peu d'argent et éventuellement trouver du travail. Aussi, pour certains le bénévolat prend davantage la forme d'une activité secondaire, d'un cumul, tandis que pour d'autres il demeure une activité qui leur assure un revenu indispensable[23].

Enfin, une dernière forme de hiérarchisation à l'œuvre dans le travail humanitaire est celle qui sépare les acteurs humanitaires et les bénéficiaires de l'aide. Mais ces acteurs humanitaires, eux-mêmes réfugiés, se situent, surtout les plus précaires d'entre-eux, dans un entre-deux, comme intermédiaires à la fois pourvoyeurs d'aide et bénéficiaires de certains programmes. Les différents registres d'investissement de ces acteurs dans le travail humanitaire sont donc largement dépendants de leurs positions objectives au sein des organisations et des ressources dont ils disposent.

Variété des registres d'investissement dans le travail humanitaire

Les travailleurs humanitaires se rapportent à leur carrière et aux rétributions qu'elle procure selon une variété de registres d'investissement, dont nous pouvons distinguer trois types idéaux, le plus souvent imbriqués. Ces registres sont largement dépendants des conditions de travail effectivement imposées aux réfugiés, des ressources dont ils disposent et de leurs parcours biographiques. Ils impliquent des rapports au temps distincts, plus ou moins centrés sur le passé, le présent ou le futur, également déterminés par les ressources dont disposent les acteurs en question[24].

Le premier registre envisage l'activité humanitaire comme un (quasi-)emploi pourvoyeur de rétributions financières dans un contexte de précarité économique et de restriction de l'accès au marché du travail. Malgré la faiblesse des rémunérations offertes et sa précarité, elle est néanmoins jugée moins dégradante que d'autres types d'emplois, qui ne sont souvent guère plus protégés. Les travailleurs syriens y font l'expérience d'un entre-soi relativement à l'abri du racisme vécu quotidiennement. Si ces situations de travail ne sont pas exemptes de formes d'exploitation économiques – les dirigeants de ces organisations profitant d'une main-d'oeuvre bon marché, voire gratuite – elles ne sont pas nécessairement perçues comme telles, car elles sont atténuées par les rétributions symboliques associées au travail humanitaire. Certains travailleurs parviennent à cumuler plusieurs emplois, voire à connaître une ascension hiérarchique, à l'instar d'Akram, débouchant sur une véritable carrière professionnelle. Les opportunités de travail étant fortement restreintes, les réfugiés ajustent leurs aspirations en fonction de leur condition et de la situation du marché du travail, et visent alors faute de mieux un « travail accessible » qui se caractérise par la précarité et l'ambiguïté des statuts octroyés[25]. Au niveau temporel, ce registre est essentiellement centré sur le présent et la nécessité de la subsistance.

Le second registre considère l'engagement dans l'humanitaire comme une période de formation, une étape qui devrait permettre à terme d'acquérir un emploi plus stable et rémunérateur[26]. Dans un contexte de restriction de l'accès aux formations universitaires, du fait des coûts financiers et de l'absence de statut régulier pour la plupart des réfugiés, les ONG locales et internationales proposent aux acteurs humanitaires syriens de nombreuses formations plus ou moins professionnalisantes. Sans possibilités d'emploi à court terme, ces formations contribuent à occuper les réfugiés en attente d'un changement global de leur situation[27]. Le travail humanitaire est alors envisagé par les réfugiés comme un moyen pour accumuler des ressources en prévision d'un éventuel retour en Syrie ou, surtout, d'enrichir leur capital migratoire lors de l'étape libanaise en vue d'un nouvel exil vers l'Ouest[28]. Ce registre est ainsi foncièrement tourné vers l'avenir.

Le troisième registre se caractérise par la centralité de l'engagement militant, dans le prolongement de la cause de la révolution défendue depuis 2011. Il est davantage orienté vers le passé. L'adoption stricte de ce registre conduit une partie des acteurs humanitaires à refuser toute forme de rémunération et à faire l'apologie du bénévolat. La rémunération de l'activité humanitaire est alors créatrice de tensions entre l'idéal d'une « intégrité militante » et une supposée « corruption du militantisme par l'argent ». Cette posture nécessite néanmoins la possession de sources de subsistance annexes, comme l'illustre le cas de Talal. Le militantisme ne suffit pas pour surmonter la précarité de la condition de réfugié et nombreux sont les ex-bénévoles et employés humanitaires à avoir quitté le Liban pour rejoindre l'Europe, entérinant alors une certaine prise de distance par rapport à leur engagement militant.

Pour des réfugiés ayant connu un déclassement social conséquent, le travail humanitaire – qu'il soit bénévole et *a fortiori* rémunéré – est présenté comme une source de reconnaissance considérable[29]. Il contribue au maintien d'une certaine cohérence biographique – entre passé, présent et futur – et à la mise en cohérence des différentes sphères de vies actuelles des réfugiés, notamment avec celle des études. Si dans certains cas, le travail humanitaire s'inscrit dans la continuité d'études ou d'emplois antérieurs à l'exil, dans d'autres comme ceux d'Akram et de Dounia, ce sont les études suivies ou envisagées en exil qui sont mises en accord avec le travail humanitaire.

La diversité de ces registres de justification nous informe sur les définitions sociales du travail en jeu dans ce contexte. Le travail humanitaire, accessible et attractif, comporte des avantages comparatifs par rapport à d'autres secteurs soumis à des formes d'exploitation plus explicites. Selon ses acteurs, il est source de multiples rétributions permettant de limiter, sinon objectivement du moins subjectivement, le déclassement social relatif à l'exil. Cependant, la grande majorité des acteurs syriens du système humanitaire demeurent dans une condition précaire. En dépit de la professionnalisation et des rémunérations offertes, leurs statuts restent ambigus. Si l'exploitation économique n'y est pas manifeste, les logiques de domination y sont multiples, maintenant la majorité des travailleurs dans une forte précarité économique et statutaire. Le sous-champ est intrinsèquement dépendant des financements offerts par les donateurs. Toutes les formes d'activités, rémunérées ou non, se voient ainsi menacées à court terme par la diminution de l'aide octroyée aux réfugiés syriens. La temporalité de l'humanitaire, foncièrement centrée sur le présent, entre alors en contradiction avec les espoirs des réfugiés qui aspirent à améliorer leur condition malgré les perspectives peu enthousiasmantes auxquelles ils font face[30].

Notes

1. John Chalcraft, *The invisible cage. Syrian migrant workers in Lebanon*, Stanford, Stanford University Press, 2009.
2. Élisabeth Longuenesse, « Travailleurs étrangers, réfugiés syriens et marché du travail », *Confluences Méditerranée*, vol. 92, no. 1, 2015, pp. 33-47.
3. J'adopte un modèle de translitération simplifié de l'arabe.
4. Maja Janmyr, « Precarity in Exile: The Legal Status of Syrian Refugees in Lebanon », *Refugee Survey Quarterly*, 2016, vol. 35, no. 4, pp. 58–78.
5. Leila Drif, « Être réfugié et « volontaire » : les travailleurs invisibles des dispositifs d'aide internationale », *Critique internationale*, vol. 81, no. 4, 2018, pp. 21-42.
6. Voir les travaux de Maud Simonet : Maud Simonet, *Le travail bénévole. Engagement citoyen ou travail gratuit ?*, Paris, La Dispute, 2010. Maud Simonet, *Travail gratuit : la nouvelle exploitation ?*, Textuel, Paris, 2018.
7. Sur la professionnalisation des ONG, voir : Pascal Dauvin et Johanna Siméant, *Le travail humanitaire. Les acteurs des ONG, du siège au terrain*, Presses de Sciences Po, 2002. Également : Virginie Dutoya, « La professionnalisation de la cause des femmes en Inde », *Actes de la recherche en sciences sociales*, vol. 223, no. 3, 2018, pp. 26-43. Et dans un contexte plus proche : Sbeih Sbeih, « Les projets collectifs de développement en Palestine : diffusion de la vulgate néolibérale et normalisation de la domination », *Civil Society Review*, Lebanon support, 2018.
8. Léo Fourn, « De la révolution au travail humanitaire. Reconversions de militants syriens exilés au Liban », *Revue Internationale de Politique Comparée*, vol. 25, no. 1-2, 2018, pp. 63-81.
9. Pour davantage d'informations sur le champ humanitaire libanais, voir les publications du Civil Society Knowledge Center : https://civilsociety-centre.org. Voir également le site Daleel madani qui recense les offres d'emploi dans le domaine : https://www.daleel-madani.org
10. Entretien à Chtaura, septembre 2016.

11. Léo Fourn, « Être réfugié et travailleur humanitaire : exil, militantisme, profession », *in* Marie-Noëlle AbiYaghi et Virginie Troit (dir.), *Transition humanitaire et réflexions éthiques au Liban*, Karthala, à paraître.
12. Hicham Abou Jaoude, « Labour Market and Employment policy in Lebanon », European Training Foundation, 2015.
13. Ioulia Shukan, « Émotions, liens affectifs et pratiques de soin en contexte de conflit armé. Les ressorts de l'engagement des femmes bénévoles dans l'assistance aux blessés militaires du Donbass », *Revue d'études comparatives Est-Ouest*, vol. 2, no. 2, 2018, pp. 131-170.
14. Romain Lecler, Yohann Morival, et Yasmine Bouagga, « Pour une ethnographie des professionnels de l'international », *Critique internationale*, vol. 81, no. 4, 2018, pp. 9-20.
15. Entretien à Beyrouth en octobre 2017.
16. Florence Ihaddadene, « Politiques d'engagement ou d'employabilité ?Concurrences au sein des programmes de volontariat à Madagascar », *Critique internationale*, vol. 81, no. 4, 2018, pp. 63-82.
17. Voir la contribution de Simone Di Cecco dans ce numéro.
18. Entretien à Beyrouth, mai 2016.
19. Entretien à Beyrouth lors d'un terrain exploratoire, mars 2014.
20. Entretien à Beyrouth, mai 2016.
21. John Krinsky et Maud Simonet, *Who cleans the park ? Public work and urban governance in New York City*, Chicago, The University of Chicago Press, 2017.
22. Leila Drif, *op. cit.*
23. Maud Simonet, *op. cit.*, p. 132.
24. Will Atkinson, « Class Habitus and Perception of the Future: Recession, Employment Insecurity and Temporality », *The British Journal of Sociology*, vol. 64, no. 4, 2013, pp. 643-61.
25. Didier Demazière et Marc Zune, « Qu'est-ce que le travail quand on n'a pas d'emploi ? Le travail non salarié à l'aune des projections d'avenir des chômeurs », *Formation emploi*, vol. 141, no. 1, 2018, pp. 133-152.
26. Ce mode d'investissement dans le travail a été qualifié de « *hope labor* ». Voir Maud Simonet, *Travail gratuit : la nouvelle exploitation ?,op. cit.*, p. 123.
27. Ann-Christin Wagner, « Frantic Waiting. NGO Anti-Politics and "Timepass" for Young Syrian Refugees in Jordan », *Middle East – Topics and Arguments (META)*, vol. 9, 2017, pp. 107-121.
28. Anju Mary Paul, « Stepwise international migration: a multistage migration pattern for the aspiring migrant », *American Journal of Sociology*, vol. 116, no. 6, 2011, pp. 1842-1886.
29. Albena Tcholakova, « L'étape d'après. Travail et déclassement subjectif des réfugié·e·s en Bulgarie », *Revue européenne des migrations internationales*, vol. 33, no. 4, 2017, pp. 87-108.
30. Cathrine Brun, « There is no Future in Humanitarianism: Emergency, Temporality and Protracted Displacement », *History and Anthropology*, vol. 27, no. 4, 2016, pp. 393-410.

Simone Di Cecco

URMIS, Université de Paris.

Racisme, hiérarchies et résistances chez les travailleurs migrants bénévoles en Italie

Depuis quelques années, on observe en Italie une prolifération de programmes de « bénévolat » réservés aux personnes demandeuses d'asile. L'émergence de cette nouvelle figure de bénévole permet de saisir la manière dont le travail gratuit est produit, justifié et assigné à une population particulièrement précaire du point de vue social, économique et juridique. Si le bénévolat est décrit par ses organisateurs comme une pratique « antiraciste », l'analyse empirique des situations de travail bénévole, ainsi que les rapports subjectifs à celui-ci, invitent à inscrire ces programmes au sein d'un champ marqué par des rapports de pouvoir, des volontés disciplinaires et des formes de résistance.

For the past few years, Italy has been privy to a proliferation of "voluntary" programs reserved for asylum seekers. The emergence of this new type of voluntary work helps to explain the way free labor is produced, justified and attributed to a population which is, socially, economically and legally, particularly vulnerable. Whereas voluntary programs are explained by those who organize them as an "anti-racist" practice, the empirical analysis of cases of voluntary work, as well as the subjective relationships it produces, place these programs within a realm characterized by power relations, disciplinary codes and forms of resistance.

Le travail gratuit constitue une catégorie analytique de plus en plus présente dans les enquêtes de sociologie du travail en Italie[1]. Dans ces recherches, le processus de gratuitisation du travail, analysé en lien avec les effets persistants de la crise économique et le taux élevé de chômage[2], concerne essentiellement des travailleurs et (surtout) des travailleuses jeunes, précaires et de nationalité italienne[3]. En parallèle, nombre d'études critiques mobilisant la notion de travail migrant[4] ont montré de manière convaincante à quel point les politiques migratoires et la gouvernance de la mobilité à travers la Méditerranée concourent à transformer le monde du travail[5]. Dans le contexte italien, l'imbrication entre ces deux dimensions a produit l'émergence d'un nouveau sujet de travailleur non rémunéré : la personne demandeuse d'asile bénévole. Depuis 2014, plusieurs programmes de bénévolat réservés aux migrants et migrantes résidant dans les centres d'accueil ont été mis en place et continuent à se développer. Ils concernent notamment, dans la majorité absolue des cas, le nettoyage des rues et l'entretien des espaces verts, activités pour lesquelles les migrants ne reçoivent aucune rémunération[6].

Dans cet article je me propose d'analyser la diffusion de ces programmes de bénévolat à partir de trois dimensions. Premièrement, j'analyserai les narrations qui structurent le bénévolat en tant qu'activité à visée « antiraciste ». Deuxièmement, je me concentrerai sur les situations de travail des demandeurs d'asile, à partir d'un cas d'étude caractérisé par l'existence de hiérarchies et d'injonctions disciplinaires multiples ; cela permettra notamment de montrer la singularité du rapport au travail bénévole entretenu par les migrants au sein des programmes ici étudiés. Enfin, je mettrai en lumière des formes variées de résistance au travail gratuit[7].

Négocier l'oppression avec l'exploitation ?

La mise en place de programmes de bénévolat réservés aux demandeurs d'asile est guidée par un double objectif : la « transformation » des migrants et migrantes à travers leur intégration au sein du territoire national, mais aussi le changement de regard envers ces derniers de la part de la population locale, italienne et blanche. Si la première dimension renvoie à l'apprentissage des normes relatives au marché de l'emploi italien, et notamment à l'inculcation de la disponibilité au travail gratuit ou peu rémunéré aux personnes étrangères, la deuxième est conçue en tant que pratique « antiraciste ». En particulier, il s'agirait pour les institutions et pour les travailleurs sociaux impliqués dans les programmes de bénévolat de promouvoir un regard moins hostile et des comportements plus tolérants vis-à-vis des demandeurs d'asile.

Les demandeurs d'asile appartiennent à une catégorie de migrants particulièrement stigmatisée : ils sont criminalisés (ils sont couramment dépeints comme des délinquants par la presse[8]), soumis à une méfiance généralisée (la suspicion d'être de faux réfugiés), et accusés de profiter du système d'accueil (qui en ferait des « fainéants »). Dans ce cadre, le bénévolat constituerait une stratégie employée afin de montrer les migrants de façon différente et positive, prêts à s'engager pour la communauté sans recevoir aucune rémunération. Cette opération permettrait ainsi d'intervenir sur les stéréotypes de la population locale, en les modifiant de manière plus favorable à l'inclusion des personnes accueillies dans les centres d'hébergement.

Une telle vision instrumentale de l'activité bénévole est promue d'abord par les institutions : dans la circulaire ministérielle qui autorise et encourage les collectivités locales à mettre en place ces programmes de bénévolat[9], le travail non rémunéré est explicitement conçu comme un moyen de « prévention des tensions ». Elle est pour autant également partagée par les travailleurs sociaux et associatifs qui organisent matériellement les programmes. Sara, membre d'une association qui s'occupe de coordonner les activités de nettoyage des demandeurs d'asile au sein d'un parc dans une ville du centre-nord d'Italie, raconte son opposition initiale à ce genre d'initiatives, mais elle explique également la raison pour laquelle elle a ensuite accepté d'y participer : « *Au début je n'en voyais pas l'intérêt, je ne comprenais pas pourquoi ils auraient dû porter les gilets jaunes (l'uniforme des bénévoles) pour montrer qu'ils sont des gens bien et méritent des droits. Mais ensuite j'ai compris que ce n'est pas pour eux, mais pour ceux qui ont voté Salvini*[10]*, pour modifier la perception qu'ils ont des immigrés. Cela a eu quelques effets : je les ai vus (les demandeurs d'asile) jouer au foot avec des gamins. Sans le gilet jaune, pas moyen que les parents le permettent* »[11].

En effet, la réflexion autour des effets positifs du bénévolat sur les « perceptions » de la population locale émerge souvent dans les entretiens avec le personnel des centres d'hébergement et les responsables institutionnels. Afin de prouver l'utilité des programmes bénévoles, ils et elles mettent en avant de manière récurrente des anecdotes, toutes basées sur la facilitation des contacts et des échanges entre les demandeurs d'asile et les autres citadins : *« Les gens avaient peur d'eux, mais maintenant les dames du quartier leur apportent du café pendant qu'ils nettoient les rues »*. Par conséquent, dans les discours de ces acteurs le critère de l'efficacité du bénévolat ne concerne pas tellement le service résultant des tâches accomplies gratuitement (les rues et les parcs propres), mais plutôt la métamorphose souhaitée des sentiments et des représentations qui marquent négativement les migrants, dans le but de promouvoir l'image du bon réfugié responsable, humble et engagé dans des actes citoyens.

Du point de vue des migrants et des migrantes, la possibilité d'adhérer au bénévolat se présente comme un choix contraint, qui demeure inscrit au sein des rapports sociaux de domination. Il constitue une sorte de négociation entre l'*oppression* d'un côté, notamment les menaces et les violences perpétrées par la population locale à l'encontre des demandeurs d'asile, et de l'autre l'*exploitation*, à savoir l'appropriation non rémunérée de leur force de travail[12]. En d'autres termes, la visibilisation de la disponibilité au travail gratuit est censée fournir le moyen d'échange à une réduction du risque, bien réel, de mise à l'écart voire d'agression que les résidents étrangers des centres d'hébergement sont constamment susceptibles de subir[13].

L'objectif de modifier la perception que les Italiens et les Italiennes ont des non-nationaux, et de garantir ainsi une sorte de reconnaissance de ces derniers par la société d'accueil, inscrit les programmes de bénévolat dans une forme particulière d'antiracisme pédagogique. L'antiracisme pédagogique relègue le racisme au domaine de l'idéologie, en l'expliquant en termes de croyance, de peur de l'altérité, d'ignorance qui sont censées pouvoir être combattues à travers la rencontre, l'interconnaissance, la fabrication de représentations positives[14]. Une telle conception tend à occulter la dimension matérielle du racisme en tant que rapport social de domination, relevant d'un processus d'infériorisation qui n'est pas réductible à la dimension des stéréotypes négatifs, et est structuré autour d'enjeux tels que la division du travail[15]. Par ailleurs, l'approche pédagogique mobilisée dans le cadre du bénévolat est singulière, car il ne s'agit pas d'intervenir directement sur les représentations des majoritaires ; au contraire, l'objectif de transformer le regard et la mentalité des citoyens et citoyennes est poursuivi à travers la visibilisation d'une activité (le bénévolat) qui est accomplie par les migrants. De cette manière, la lutte contre la stigmatisation passe par la mise au travail non rémunérée des sujets mêmes qui en subissent les conséquences.

Loin d'être reléguée à un débat théorique abstrait, une telle conception du racisme a des conséquences empiriques profondes et paradoxales. En effet, si les narrations placent ce type de bénévolat dans l'univers rhétorique de l'antiracisme, la description ethnographique des pratiques montre que les rapports sociaux de race sont loin d'être extérieurs à celui-là ; au contraire, ils en constituent un élément organisationnel central, en contribuant ainsi à reproduire l'ordre social raciste[16].

Hiérarchies du travail dans un programme de nettoyage des rues

Dans une petite ville du nord de l'Italie, depuis 2016, le nettoyage d'une partie des trottoirs et des espaces verts est assuré, entre mai et novembre, par des demandeurs d'asile bénévoles. Si un tel programme de bénévolat est décrit en termes d'intégration et d'inclusion des migrants impliqués, il s'inscrit d'abord dans un processus de sous-traitance qui concerne les activités de nettoyage des espaces publics urbains. En effet, le nombre des employés municipaux du secteur a vu une diminution progressive, en passant de 25 personnes en 2016, à 14 en 2019[17]. Pour faire face à ce processus, la municipalité a adopté une double stratégie. D'une part, elle a recouru à la privatisation, à travers des appels d'offres publiés chaque année depuis 2016 et ouverts à des entreprises privées, qui s'occupent notamment des parcs et des jardins publics. D'autre part, elle a opté pour la substitution de certaines tâches naguère accomplies par des employés salariés, en recourant au travail non rémunéré effectué par les demandeurs d'asile. Ainsi, ce sont environ 60 migrants qui s'engagent chaque année dans un programme de bénévolat[18] : ils balaient les feuilles, récoltent les déchets abandonnés, gardent les trottoirs propres, en parcourant les rues de la ville du lundi au samedi de 9h à 12h.

Ces bénévoles sont organisés au sein de cinq équipes, chacune assignée à un quartier différent. À l'intérieur de chaque équipe, deux ou trois travailleurs sont des demandeurs d'asile bénévoles, hébergés dans un centre d'accueil situé à la périphérie de la ville[19]. Au contraire, le chef d'équipe vit dans la ville depuis plusieurs années, dans la majorité des cas de nationalité italienne[20] ; il est inscrit dans un programme d'insertion pour chômeurs de longue durée, et il reçoit une allocation d'environ 400 euros par mois. Dans le programme de bénévolat ici étudié, le statut des travailleurs (bénévoles ou allocataires d'aide sociale) et leur position hiérarchique au sein de l'équipe reflètent des différences d'ordre juridique et raciste (nationaux blancs ou étrangers noirs), en assignant aux migrants une position subordonnée et non rémunérée.

La situation de travail qui émerge de cette organisation est caractérisée par l'asymétrie en termes de pouvoir et de reconnaissance, à laquelle ne correspond pourtant pas une division du travail particulièrement marquée : le chef d'équipe et les deux bénévoles se chargent de balayer et récolter les déchets à tour de rôle, sans véritable spécialisation des tâches[21]. Une telle configuration confirme que la gratuité du travail ne dépend pas du type de travail effectué, mais d'un côté de l'organisation du travail, qui relève à son tour des processus historiques de déni du travail, et de l'autre côté de la place occupée par le travailleur ou la travailleuse au sein des rapports sociaux[22]. En effet, la circulation des tâches ne découle pas d'une dynamique spontanée, mais résulte de la décision du superviseur qui encadre et coordonne les différentes équipes, une personne de nationalité italienne, salariée pour la place qu'il occupe[23]. Dans les paroles du superviseur, une telle planification circulaire est indispensable pour éviter que les chefs d'équipe n'accomplissent pas leur « devoir » en déléguant le travail aux migrants et en ralentissant le reste de l'équipe[24] : elle a donc comme finalité celle de discipliner les allocataires des aides sociales.

Cependant, la dimension pédagogico-disciplinaire ne concerne pas exclusivement les travailleurs en insertion professionnelle, mais aussi (voire surtout) les demandeurs d'asile bénévoles. D'abord, l'assignation des bénévoles à une équipe n'est pas aléatoire, comme l'explicite le superviseur : *« On les garde séparés selon l'ethnie et la race… (il s'interrompt) je veux dire, selon la nationalité. Comme ça, ils apprennent l'italien. »* Les équipes sont donc constituées de manière à empêcher le regroupement entre des personnes qui parlent la même langue, dans le but affiché de favoriser l'apprentissage de la seule langue légitime, l'italien. En outre, le chef d'équipe est chargé de surveiller et de marquer sur un tableau fourni chaque jour par le superviseur la ponctualité des bénévoles, la présence de l'uniforme (les gilets jaunes et les chaussures de sécurité), la maîtrise des activités et l'engagement, mais aussi l'attitude vis-à-vis du responsable d'équipe, des collègues et des passants et passantes. Deux logiques d'inculcation sont ainsi imbriquées : d'un côté, il s'agit de produire l' « employabilité » des migrants, afin de renforcer l'obéissance et le respect de l'autorité constitutifs de la place subordonnée qui leur est assignée au sein du marché de l'emploi. De l'autre côté, l'injonction à porter l'uniforme et surtout à interagir avec la population locale est fonctionnelle au projet de mise en scène du bénévolat, grâce auquel il deviendrait possible de rendre les citoyens et citoyennes italiens plus tolérants à l'égard des demandeurs d'asile.

Ces éléments d'évaluation des compétences acquises tout au long du programme du bénévolat font l'objet de contrôles multiples : en plus des chefs d'équipes, chaque matin le superviseur fait le tour des différentes équipes pour s'assurer du bon déroulement des activités. En outre, de temps en temps (et sans prévenir) certains responsables de la mairie surveillent discrètement les équipes, à distance. Dans ces cas-là, c'est aussi le travail du chef d'équipe qui est mis sous examen parce que, comme l'affirme le superviseur, *« s'il ne fait rien, après, eux aussi (les demandeurs d'asile bénévoles), ils ne vont rien faire, ils ne vont pas apprendre »*. Il ne s'agit pas de simples menaces : chaque année, des allocataires de l'aide sociale ainsi que des bénévoles ont été exclus du programme, en raison de comportements considérés comme irrespectueux ou d'un engagement jugé trop faible.

Malgré la circulation prescrite des tâches et une commune mise sous surveillance, le *rapport au travail* des allocataires d'un côté, et des demandeurs d'asile de l'autre, n'est pas le même. Le déni de l'activité de travail accomplie par ces derniers, ainsi que la position subordonnée qu'ils occupent au sein de la hiérarchie, s'imbriquent avec une condition de vie particulière marquée par l'attente, l'incertitude et la précarité juridique et économique. Cet aspect constitue un élément de différenciation radical par rapport aux autres travailleurs et joue un rôle crucial dans le choix de participer au nettoyage des rues ; les paroles d'un demandeur d'asile bénévole mettent en lumière une telle dimension : *« C'est vraiment dur : tu restes ici, genre, deux ans, un an et huit mois, et après tu reçois un avis négatif (ta demande d'asile est rejetée), ensuite pour le recours tu dois attendre encore deux ans… c'est pour cela que les gens partent d'ici et vont en Espagne, en France, en Allemagne. (…) C'est vraiment très dur, de rester comme ça sans rien faire, sans papiers, sans boulot. Voilà pourquoi je fais du bénévolat »*[25].

En effet, en Italie les demandeurs d'asile attendent la réponse de la Commission territoriale d'asile pendant 18 mois en moyenne[26]. Pendant cette période, ils résident dans des centres d'hébergement caractérisés par une forte différentiation en termes de dimension, de localisation et de services offerts[27]. En ce qui concerne les migrants engagés dans le programme de nettoyage des rues, la majorité réside à l'intérieur d'un camp de grande taille, situé dans une zone périphérique de la ville et géré par la Croix Rouge. Ce camp héberge plus de 200 personnes dans des containers, et même des services minimums tels que le chauffage et le chauffe-eau sont absents. D'après deux demandeurs d'asile bénévoles interviewés, « *On ne dort pas bien, la bouffe et même l'eau ne sont pas bonnes. On vit dans des containers. C'est comme une prison. Oui, c'est comme une prison !* »[28].

La ségrégation spatiale, tout comme la suspension temporelle engendrée par l'attente, concourent indubitablement à fabriquer l'adhésion au bénévolat. En ce sens, un élément structurel ultérieur concerne la dépendance économique. En effet, même si ces migrantes et migrants ont le droit de travailler 60 jours après avoir déposé la demande d'asile[29], l'accès au travail salarié est parfois ralenti par les temps longs de la bureaucratie, tout comme par un marché national de l'emploi qui continue à être affecté par la crise économique[30] ; l'allocation (*pocket money*) de 2,50 euros par jour qu'ils et elles reçoivent des travailleurs sociaux constitue souvent le seul revenu à leur disposition. Dans ce cadre, la proposition de participer aux programmes de bénévolat, formulée de manière plus ou moins contrainte par le personnel des centres d'hébergement, constitue pour les migrants interviewés non seulement une tactique pour tromper l'ennui, mais également une sorte de demande de compensation, une injonction à « remercier pour l'accueil ». Face à cette injonction, les marges de liberté sont limitées : comme ils le répètent souvent pendant les entretiens et dans des discussions informelles, « *on n'a pas le choix* ».

Solidarités et résistances au travail gratuit

Malgré leur position fortement dominée et précaire, la disponibilité à participer aux programmes non rémunérés ne va pas de soi, mais dépend des rapports de force entre les demandeurs d'asile, les institutions et les travailleurs sociaux, ainsi que des relations au sein du groupe des migrants. S'intéresser aux résistances plus ou moins ouvertes qui accompagnent la mise en place des programmes de bénévolat permet de mieux éclairer ces aspects.

D'abord, les fonctions du bénévolat en termes de discipline et docilité sont parfois oubliées par les bénévoles eux-mêmes, et le sens originel de cette activité s'en trouve détourné pour des finalités instrumentales. En effet, il n'est pas inhabituel que les migrants arrivent à redéfinir collectivement le sens de l'activité non rémunérée en la mobilisant comme un outil de négociation collective. C'est notamment dans les moments de mobilisation et de lutte que ces usages « inattendus » et conflictuels apparaissent, lorsque le bénévolat peut être condamné publiquement, mais également être mis en avant et visibilisé pour réclamer des permis de séjour et de meilleures conditions de vie. La mobilisation d'un collectif auto-organisé de demandeurs et demandeuses d'asile pendant l'été 2017 à Modena, une ville située dans le Centre-Nord de la Péninsule, constitue un exemple de cette redéfinition tactique. Suite à une manifestation imposante, qui a lieu le 15 mai 2017 et voit la participation de plusieurs centaines de migrantes et migrants de la ville[31], le collectif obtient un rendez-vous à la Préfecture de Modena. À cette occasion, Amadou lit les revendications du collectif face aux représentants des institutions, et il répète à plusieurs reprises *« Et en plus de tout ça, vous nous faites travailler gratuitement ! »*[32]. Le bénévolat devient ici un moyen de plus pour soutenir la légitimité de leur lutte et de leurs revendications. Si la participation aux programmes n'est pas remise en cause par toutes les personnes migrantes du collectif, celles-ci essayent de la « monnayer » en échange de droits et d'une plus grande liberté. Cette opération leur permet aussi de définir différemment l'activité bénévole : dans les tracts rédigés ainsi que dans les prises de parole publiques, on entend souvent parler de travail gratuit au lieu de bénévolat, ainsi que d'exploitation et de racisme pour décrire la situation où ils sont contraints de vivre.

En ce qui concerne le refus collectif du bénévolat, plusieurs articles de la presse locale ont évoqué des épisodes d'opposition, dépeints de manière éloquente comme des signes d'ingratitude de la part des migrants. Ainsi, par exemple, en septembre 2018, dans village de San Michele Mondovì (dans le Nord-Ouest de l'Italie) un groupe de demandeurs d'asile décide d'interrompre les activités bénévoles. Le maire du village écrit une lettre au Préfet dans laquelle il raconte avoir vécu cet épisode comme une « *claque en pleine figure* », tout en soulignant qu'il ne s'agit pas d'un « *problème de racisme* ». Des articles de journaux ont également rapporté des épisodes où des migrants qui avaient manifesté contre la mise au travail non rémunérée ont été transférés dans d'autres villages suite à leur contestation des programmes de bénévolat[33].

Il est pourtant important de ne pas restreindre l'analyse des résistances aux seules formes de rébellion ouverte, mais également à des formes cachées, non publiques[34]… Je me limiterai ici, faute d'espace, à illustrer un cas où une telle dimension peut être observée « en creux » : celui des centres d'hébergement où seule une partie des résident sa accepté de travailler gratuitement. Dans ce cas de figure, des conflits peuvent s'instaurer au sein du groupe des demandeurs d'asile entre la composante bénévole et ceux et celles qui adoptent une attitude moins collaborative avec le personnel du centre[35]. Si le deuxième groupe s'expose au risque d'être sanctionné ou au moins de recevoir un traitement moins favorable de la part des travailleurs sociaux, il n'est pas rare qu'il réagisse en mettant à l'écart ceux qui ont adhéré au bénévolat, en recourant notamment au sarcasme, à la plaisanterie ou à la critique explicite. Brahima, demandeur d'asile particulièrement investi dans le bénévolat, raconte par exemple que « *même les amis avec lesquels j'étais se moquaient de moi, parce qu'ils n'acceptaient pas toutes les propositions, alors que moi j'acceptais tout* »[36]. L'analyse des interactions au sein du groupe des migrants permet de saisir des formes de résistance discrètes, qui se traduisent dans un rejet plus ou moins tacite et plus ou moins collectif, selon les stratégies et les tactiques déployées par les acteurs en présence.

Conclusion

Les programmes de bénévolat ici étudiés sont affichés comme des projets pédagogiques, ayant comme finalité de rendre plus « employables » les demandeurs d'asile, tout en améliorant leur image stigmatisée vis-à-vis de la population locale. Néanmoins, l'analyse empirique des situations de travail bénévole et des relations subjectives au bénévolat invitent à inscrire le bénévolat dans un champ marqué par des rapports de pouvoir, des volontés disciplinaires et des formes de résistance. Étudier les programmes bénévoles assignés aux demandeurs d'asile à l'aune des hiérarchies et des conflits impose de dépasser la narration classique du bénévolat en tant que don libre et désintéressé ; pour cela, il devient crucial de tenir compte des conditions matérielles qui prédisposent à la participation au bénévolat, mais aussi de celles qui rendent possible le refus, le contournement, l'usage tactique et instrumental. Si ces tensions contribuent à reproduire les rapports sociaux de domination en assignant le travail dénié et non rémunéré à des sujets racialisés et subalternes, elles montrent également des formes d'insubordination et de solidarité, qui ouvrent des voies inédites pour repenser les frontières du travail et les transformations du racisme et de l'antiracisme dans l'Italie contemporaine.

Notes

1. Emiliana Armano, Marco Briziarelli, Federico Chicchi, Elisabetta Risi, « Introduzione. Il lavoro gratuito. Genealogia ed esplorazione provvisoria del concetto », *Sociologia del lavoro*, 145, 2017, 7–25; Francesca Coin, *Salari rubati. Economia, politica e conflitto ai tempi del salario gratuito*, Verona, Ombre Corte, 2017.
2. En mars 2019, les personnes en recherche d'emploi constituent 10,2 % de la population active. Le taux de chômage des jeunes (15-24 ans) atteint 30,2 % (données Istat).
3. Francesca Coin, *op. cité*.
4. Fabio Raimondi et Maurizio Ricciardi, *Lavoro migrante. Esperienza e prospettiva*, Roma, DeriveApprodi, 2004.
5. Sandro Mezzadra et Brett Neilson, *Border As Method, Or the Multiplication of Labor*, Durham, Duke University Press, 2013.
6. Dans cet article, je me focaliserai sur les rapports sociaux de race au sein des programmes bénévoles. Faute d'espace, il ne me sera pas possible d'analyser les rapports de travail à l'aune des dynamiques de sexe et de classe, qui mériteraient un plus ample développement. La proportion des femmes migrantes dans ces programmes n'est pas connue. Elles sont dans l'ensemble minoritaires.
7. Pour les trois parties, je me base sur une recherche doctorale encore en cours autour du travail non rémunéré au sein du système d'asile italien. Dans ce cadre, j'ai mené environ 70 entretiens avec des demandeurs et demandeuses d'asile (une moitié environ, dont 4 femmes), intervenants et intervenantes sociales et responsables institutionnels. En outre, entre 2016 et 2018 j'ai conduit plusieurs observations (dont une partie participantes) de programmes de bénévolat dans différentes villes italiennes (deux villes au nord de l'Italie, deux villes au centre, une ville au sud). Enfin, j'ai étudié les discours médiatiques autour du phénomène.
8. Voir par exemple le sixième rapport de l'association Carta di Roma (2018), qui surveille le traitement du thème de l'immigration dans le monde de l'information italienne. Ce rapport confirme l'existence d'une association étroite et systématique, établie par la presse écrite et par l'information télévisée, entre d'un côté les migrants et les demandeurs d'asile, et de l'autre côté le domaine de l'insécurité et de la criminalité.
9. Circulaire du Ministère de l'intérieur n. 14290, *"Volontariato per l'integrazione dei richiedenti asilo"*, 27 novembre 2014.
10. Actuel vice-premier ministre et leader de la Ligue, parti de droite ayant des positions ouvertement racistes.
11. L'entretien a été réalisé en juillet 2018.
12. Je reprends ici les définitions élaborées par Xavier Dunezat (« Chômage et Action Collective : Luttes dans la Lutte : Mouvements de Chômeurs et Chômeuses de 1997-1998 en Bretagne et Rapports sociaux de sexe », thèse en sociologie, Université de Rennes, 2004) qui repère trois dimensions constitutives des rapports sociaux, en faisant une distinction entre domination (la violence symbolique légitimant le rapport social), exploitation et oppression.
13. En effet, en Italie les attaques contre ces centres ont été nombreux pendant les dernières années, les épisodes de violences racistes se succèdaient jour après jour, sans parler des formes moins visibles de rejet, les insultes et les discriminations quotidiennes.
14. Anna Curcio et Miguel Mellino, *La razza al lavoro* (Rome, Italy: Manifestolibri, 2012); Donna Jeffery, « "What Good Is Anti-Racist Social Work If You Can't Master It"?: Exploring a Paradox in Anti-racist Social Work Education », *Race Ethnicity and Education*, 8.4 (2005), 409–25.
15. « Le racisme n'est pas seulement un système d'idées qui « oriente » l'action (...).

C'est un rapport social dont l'idéologie est la « face mentale », ce qui signifie que le racisme régit ou tend à régir un ordre social en même temps qu'il compose une représentation de celui-ci. Cette capacité de « totalisation » du racisme explique sa prégnance, car avant d'être un mode de pensée, il est une expérience sociale qui lie racisant et racisé, pris dans une relation de domination/subordination » (Véronique de Rudder, Christian Poiret, François Vourc'h, *L'Inégalité raciste. L'universalité républicaine à l'épreuve*, Presses Universitaires de France, 2000).

16. L'adjectif « raciste » sera préféré ici à « racial » pour souligner l'antériorité du racisme sur la race : la catégorie « race » n'existe que dans et à partir d'un rapport social inégalitaire (le racisme), qui la produit et lui donne du sens (Colette Guillaumin, *L'idéologie raciste. Genèse et langage actuel*, Paris, Gallimard, 1972).

17. En outre, le gel du recrutement et le taux de départs à la retraite laissent prévoir que cette tendance continuera dans les prochaines années, au point qu'on estime que ces travailleurs ne seront plus que 9 en 2021.

18. L'engagement bénévole a une durée prévue de 2 mois pour chaque migrant : des groupes de 15 personnes alternent entre mai et octobre-novembre, afin de garantir un turn-over élevé des participants. Ici, ce sont tous des hommes.

19. Il s'agit de jeunes hommes, issus majoritairement de pays de l'Afrique occidentale et centrale. Certains sont de nationalité pakistanaise et quelques-uns sont originaires d'Afrique orientale.

20. D'après les personnes interviewées, des chefs d'équipe de nationalité étrangère, bien que minoritaires, ne sont pas absents. Il s'agit notamment de personnes issues de la Tunisie et du Maroc, qui appartiennent à une autre « génération » de migrants, installée sur le territoire depuis au moins 10 ans et caractérisée par une plus grande stabilité juridique (des permis de séjour de longue durée). Si une telle configuration aurait pu enrichir l'analyse des hiérarchies de race et de nationalité au sein du programme bénévole, au moment de l'enquête les chefs d'équipe présents étaient tous des Italiens blancs.

21. Cela, à la différence des programmes bénévoles observés dans d'autres contextes locaux, où les inégalités statutaires et de rémunération coïncident avec une distribution différentielle des tâches.

22. John Krinsky and Maud Simonet, « Déni de travail : l'invisibilisation du travail aujourd'hui Introduction: Introduction », *Sociétés contemporaines*, 87.3, 2012.

23. Le rôle de superviseur est assigné chaque année à la même personne, sélectionnée par les services sociaux en raison de son expérience et des liens privilégiés qu'il entretient avec cette institution : le superviseur collabore régulièrement avec les services sociaux au sein de cours de formation pour les personnes sans emploi, tout en étant membre d'une coopérative de réinsertion professionnelle.

24. Entretien réalisé en avril 2018.

25. Entretien réalisé en juillet 2018.

26. Évaluation statistique réalisée en 2018 par l'*Istituto per gli Studi di Politica Internazionale (ISPI),* Milan. Pour les personnes ayant fait recours contre la décision de la Commission, le temps d'attente se rallonge ultérieurement et peut atteindre jusqu'à 3-4 ans.

27. Lorenzo Vianelli, 'Europe's Uneven Geographies of Reception. Excess, Differentiation, and Struggles in the Government of Asylum Seekers', *Etnografia e Ricerca Qualitativa*, 2017.3 (2017).L'assignation à un type de centre est fortement aléatoire, dépendant en grande partie des places disponibles au moment de l'arrivée sur les côtes italiennes.

28. Entretien réalisé en avril 2018.

29. Décret législatif n.142 du 18 août 2015, article 22.

30. Plusieurs études (voir par exemple Maurizio Ambrosini et Nazareno Panichella, « Immigrazione, occupazione e crisi economica in Italia », *Quaderni di Sociologia*, 72, 2016, 115–34) montrent que la crise économique a davantage pénalisé les étrangers. En 2018, le taux de chômage des personnes étrangères résidant en Italie s'établit à 14,0 %, contre 10,2 % des personnes ayant nationalité italienne (données Istat).

31. https://video.gazzettadimodena.gelocal.it/locale/collettivo-modena-refugees-protestiamo-per-i-nostri-diritti/77129/77707

La gestion du cortège reflète l'organisation interne du collectif, fonctionnant sur le mode de l'auto-organisation ; les individus et les petits groupes de soutien appartenant notamment à l'extrême gauche, bien que présents, restent marginaux et offrent un support de type essentiellement logistique.

32. Extrait du cahier de terrain, mai 2017.

33. Voir par exemple le cas, qui remonte à juillet 2018, du village de Zone, dans le Nord d'Italie.

34. James C. Scott, *Domination and the Arts of Resistance: Hidden Transcripts*, Yale, University Press, 1990.

35. Bien que les contours des deux groupes soient mouvants, poreux et construits dans l'interaction, ils sont souvent identifiés (par les intervenant.e.s, mais aussi parfois par les migrant.e.s eux/elles-mêmes) en termes de nationalité et d'« appartenance ethnique ».

36. Entretien réalisé en octobre 2018.

Manos Spyridakis

Professor of Social Anthropology, University of the Peloponnese, Department of Social and Educational Policy.

Living in crisis. An ethnography of precarious employment in the shipbuilding industry of Piraeus

In this paper, I address the way shipbuilding workers attempt to cope with the conditions of their existence and of employment precariousness in the Perama zone, a suburb of western Piraeus. Added emphasis is placed on how workers conceive their involvement in local labor processes and remote power structures in a framework of serious economic recession. The ethnographic data shows that workers create socially meaningful relationships and construct webs of significance through employment in the context of a cruel labor market. Shipbuilding workers, by being part of wider socio-economic activities and relations, devise survival strategies and a particular heuristic logic through which a series of facts and processes gain meaning, which in turn helps them cope with the violence of extreme acute crisis. Hence, I look at workers' views and positions at various levels, including those relating to motives, strategies, representations and prestige as well as values.

Dans cet article, j'examine la façon dont les ouvriers des chantiers navals font face à la précarité de leurs conditions d'existence et d'emploi dans le secteur de Perama, un faubourg du Pirée. L'accent est mis sur la représentation qu'ils se font de leur place dans les processus de travail et les structures de pouvoir, dans le cadre de la sévère récession économique. Les données ethnographiques montrent que les travailleurs recréent des relations sociales et des réseaux de signification dans le contexte d'un marché du travail violent. Les ouvriers des chantiers navals, en s'inscrivant dans un espace socio-économique plus large, élaborent des stratégies de survie particulières qui donnent sens à un ensemble de faits, lesquels à leur tour les aident à affronter la violence de la crise. À partir de là, j'observe les points de vue des travailleurs à différents niveaux, leurs mobiles, leurs stratégies, leurs représentations, leurs valeurs.

Precarization is a term very much heard and theoretically approached[1] in the current period. As argued elsewhere, it refers to the creation of insecure and uncertain conditions of existence being the result of remote decisions made at the expense of ordinary people's lives' trajectories[2]. Hence, the term encompasses not only non-standard employment and worse labor conditions but life trajectory itself. As with Lorey, 'precarization means more than insecure jobs, more than the lack of security given by waged employment. By way of insecurity and danger it embraces the whole of existence, the body, modes of subjectivation'[3]. The ethnographic case of Perama is a relevant example due to the diachronic unstable and precarious labor conditions locally in informal terms. The Perama zone is the locus of the 87% of shipbuilding and repairing activity in Greece. There are about 850 small-scale enterprises employing a largely undefined casual workforce which are categorized as follows: 1) small shipyards which undertake any kind of shipbuilding activity, albeit in a limited production cycle due to their insufficient infrastructure; 2) medium-sized shipyards that were established before World War II and specialize in the hauling and launching of ships and in the repairing of yachts; 3) small subsidiary firms supplying larger enterprises with necessary equipment for the accomplishment of work and 4) small repairing firms, machine manufacturers and crew based workshops. The last category is the most common type of firm found locally as it is very flexible and mobile; subcontracting either to the big, local shipbuilding industries or to the Perama zone. Usually the boss is the owner of the firm, employing his own kinsmen as a core workforce, and satellite casual workers depending on the size of the subcontracted work. The workers employed in all firm categories are laminate makers, boiler makers, tube-makers, manoeuvre makers, metal welders, machine makers, scaffold makers, metal appliers, sandblasters, jetters, carpenters, insulators, electricians, flame operators and general workers.

Currently the area is passing through a devastating de-industrialization process due mainly to global competition. The predominant crisis of the last years, coupled with the gradual de-industrialization[4] to which the wider Piraeus region is subjected, has increased unemployment and further downgraded conditions of employment. Unemployment in the area afflicts older workers more severely, as they do not have the option of finding another occupation, while at the same time they need a certain number of insurance stamps for retirement. This, however, becomes a dystopic dream for most of them, as there is an overabundant work force and a limited demand of work. Hence, this is an opportunity for contractors to exploit the local workers under unfavorable terms, mainly informally. As with Vaiou and Chatzimichalis I define the informal sector to include activities having the following characteristics: a) they produce services and goods for the market, b) they are not formally registered and therefore they evade taxation, c) they absorb the low income labor force, d) they avoid increasing state control, particularly in order to avoid abiding by collective work agreements or legislation on health, safety and social insurance, and e) they are geographically clustered in particular areas.[5]

The destructive consequences of the de-industrialization are well depicted on informants' accounts. The most common representation on the issue describes a dismal reality, that is, *"the area is to the workers what the heart is to man. If it stops ticking, he dies"*, as one informant said (2013, Perama). Considering, therefore, that most local households currently have or used to have at least one member employed in this industrial activity one can imagine the repercussions for the local community in material and social terms. This should be analyzed in conjunction with the imposed economic austerity, internal devaluation and reductions of public deficits and spending in exchange of financial support from I.M.F, E.C. and E.C.B. and lately E.S.M[6]. Recent statistical data shows that the social injuries suffered by the Greek working class have been particularly painful in this sub-region. As with Bithymitris, according to the census of the Hellenic Statistical Authority in 2011, the unemployment rate in the three municipalities of West Piraeus (Keratsini, Nikaia and Perama) amounted to 27,8% while the national average at the time was 18,72%. Extensive poverty, closed shops and empty working class places (such as local pubs) were the predominant images of the area during my data collection process/exercise between 2012 and 2014[7]. Without taking into account such far-reaching social dislocation, one can hardly contextualize the tumultuous local political and cultural struggles over both collective meanings and daily survival evident in the area.[8]

Working in Perama

The experience of being in and out of work in the area of Perama is primarily defined by the structure of shipbuilding and ship repairing activities. This is marked by two key procedures: contractors bargain for the repairing of a part or the whole of a ship and potential employees negotiate for their labor with small entrepreneurs through oral agreements. Such agreements are concluded, mainly, on a daily basis, since the nature of shipbuilding and ship repairing work is rarely based on a full-time employment. Depending on the international economic transactions in the shipping economy, the employment relations between contractors and workers are mediated by commitments. These stem from formal and informal contracts under the employment regime of subcontracting which traditionally has characterized the local labor market.

The vast majority of workers are employed casually in non-standard forms of employment as day laborers in local enterprises and for this reason it is quite difficult, if not almost impossible, to accurately ascertaintheir number. Many of them are employed in jobs that are different from their own specialty. Because of the lack of employment and due to the local economic recession there are always other workers seeking for a job in other workplaces as well. In the rather rare case of formal contracts, subcontractors owing small scale family structured enterprises and workers comply with the National Collective Working Agreement signed every year. The most usual practice, however, is informal employment.

The notion of informal economy in general has long been debated in anthropology.[9] The term includes a number of practices, which vary depending on the context in which they are placed. According to Ray Pahl, they have to be located in a specific place and time in order to be assessed and examined, as, 'It is impossible to lay down universally applicable concrete characteristics of informal trades and activities, since these characteristics will vary from economy to economy, depending on the nature of the social formation'.[10] Thus, certain forms of part-time employment, like piecework in households, may be illegal in one context yet legal in another. It may well be that the state promotes a mixture of formal and informal activities for the sake of commerce and the easy circulation of money.

Anthropological analysis has already shed some light on the conditions facilitating the informal economy and the activities embedded within it. Lauren Benton argues that the recruitment of unprotected labor through subcontracting and home-working is neither a backward phenomenon nor a new event in the history of capitalist development. On the contrary, it is a common feature of capitalist industrialization in both developed and developing countries.[11] What is more, the expansion of informal activities is an integral part of industrialization and de-industrialization processes, entailing the reduction of labor costs and more flexible forms of work. Be that as it may, from the workers' point of view informal activities are a mean to get by in the context of harsh economic conditions. Pardo's study on Naples is a prime example, because it convincingly shows that agents are involved in such a context out of necessity due to the existing economic and political environment defined by local power elites.[12] In addition Christian Zlolniski's ethnographic research about the lives of Mexican immigrants in Silicon Valley reveals that informal processes emerge as a result of the inadequacy of income from work in the formal sector, implying that a wide range of informal activities is a forced choice.[13] For him as for other anthropologists as well, the two sectors are organically connected.

As far as Perama is concerned, the predominant crisis downgrades the reproduction of the means necessary both for the survival of the labor force and its specific cultural and ideological way of being in the world.[14] The completion of any work task is every time carried out by just in time and just in case crews, created so as to be flexible in number all over the course of production. Subcontracting prevails historically in the area almost from the emergence of the local industrial activities involving non-standard forms of employment for workers. Yet, from the point of view of local bosses, it provides the opportunity for quick adaptation to the markets' gradations and for the minimization of costs and related economic risks.[15] In addition, through the segmentation of the hired labor force, employers are able to minimize workers' wages and to weaken their organized action. Furthermore, as Holmes mentions, companies, and of course every employer adopting outsourcing, treat labor power as a variable dimension of their production costs. They can more effectively monitor the labor process and can secure satisfactory levels of labor force from the supply side according to the existing financial conditions and their production needs.[16]

The 'shops' – as the small-scale enterprises are termed in the local working idiom – hire a small minority of workers coming either from the owner's kin or close friendships as the core labor force and, depending on their production needs, they employ workers coming from the wide reserve existing in the zone area as a peripheral labor force. Although both categories of workers are subject to market gradations, the peripheral one is in a constantly precarious situation. Peripheral workers are very much like free movers, continuously looking for employment in the area. In order to cope with their precariousness, they are ready to negotiate and change their working status and consequent wage depending on the nature of the job and the opportunity for a day's wage.[17] For this reason it is not easy to be categorized according to specific working expertise and to be hired on the basis of a professional career, as they seem to constitute a multi-skilled labor force rather than a definite and clear cut specialized working category. Most of them are hired on the basis of their working experience and presence in the zone. In general terms, working experience is important because it potentially defines the worker's place in the local employment structure. Besides, the trade union defines the internal labor hierarchy on the basis of the daily wages that workers have made in the past. For instance, depending on the speciality, artisans should have previously worked more than three years as assistants and have received more than 130 daily wages. However, in reality, many workers opt for securing a job regardless of their speciality because of the existing recession and the shortage of vacancies in the zone. This situation leads to the acute segmentation of the labor force and, ironically, to its deskilling, because they are willing to be employed at whatever status due to the difficulties they face in finding a job, especially when it is combined with their age, most workers being more than 40 years old. Most of casual workers are looking for jobs in local firms whose activity involves: a) repairing small ships; b) repairing tourist ships, ferries and yachts; c) building fishing and tourist boats; d) dilution of metal ships; e) building and repairing wooden vessels; f) building infrastructure for the shipping industry. Furthermore, they can be hired in the crews of subcontractors who undertake contract work either in these small-scale enterprises or in the larger, organized shipbuilding industries in Skaramanga and Eleusina Bay. As one informant mentioned, "*The irony is that I found many areas where colleagues of mine work in other shipyards, people that have been in the zone many years and are forced to work for a wage almost half of what we used to receive in the zone. I myself worked in a known to me enterprise and was fired after a month because the subcontractor responsible for the work finished it quickly. The problem is that I cannot go back to my place and find some peace. I may work five days during a month and gain some money, but they are not enough. I have three children and have to pay for their daily expenses and give them some pocket money. I want to do that. I like, for instance, to give some money to my son, for I am aware he will spend it on his girlfriend, or whatever. I feel very sad when I cannot help*" (2013, Perama).

This situation is not new. Neither it seems to be the sudden result of processes of globalization and the demands it thrusts upon agents, as the local labor market has always been part of the procedures of recession and recovery of the globalized shipping capital. It is for this reason that the casual employment structure predated today's crisis; it is not its current result, as it functions alongside the need to hire a minimum number of the full-time (core workers) labor force. The new element in local employment is related to the fact that its casual and precarious character is nowadays a familiar misfortune for a growing number of workers, since the present recession has an overall effect on their income, and, consequently, affects other economic activities as well, since shipbuilding used to be the local economic amplifier.

Making ends meet

The case of Perama workers constitutes a significant example about the way manual labor 'insists' on reminding that in the so called post-industrial period of employment tertiarization the relations of exploitation and of inequality during labor process have not essentially changed. It 'insists' as well on reminding that workers do not adapt passively in this asymmetrical framework. Through their lived know-how, imaginative skillfulness and empirical flexibility, they attempt to improve the conditions of their existence.

The ethnographic picture one gets from Perama zone is that workers are not fully integrated in the Marxian process of absolute surplus value extraction due to wider socioeconomic conditions and to their strategic choices.[18] The following extract from an interview with a metal-welder who has been incessantly working for about 25 years in the region's 'shops' is revealing:

"In reality what happens is to work with less than normal wage, to be easy, under the pressure of unemployment, to violate the collective bargaining agreement, laws, etc. The contractor is trying to find his best for his interests, to make more profit. This is the nature of our job. Now about the union, we go on strike and have managed to pass an agreement to hire a 30% from union's list and limit somehow bosses' speculative behaviors, little can be done. There is always the fear from the boss side there will be in the shop a couple of union members ready to discover that their co-workers are paid with broken wages. But this is a rare case and in general there exists the violation of every proper rule putting in danger our lives, you know. And for this we have so many accidents. All accidents are arbitrary; they are the combination of number of arbitrary behaviors here. And now with unemployment rising you cannot inspect working conditions; neither the union nor Port Authorities, nobody can, because the area is too large and permissions given for repairing are issued almost every day. So, workers go searching for jobs that cannot be inspected, they can't do otherwise, they must work, to feed their families. The union objective is not to intervene, it cannot intervene. And you know when these jobs last for two or three days what can you check? It isn't easy. The smaller the business is the more difficult the inspection becomes, nobody talks. When the job is short it is still difficult to be discovered, it isn't announced. So, broken wages and accidents go together even if the union goes regularly to the workplace. The accident can happen anytime, any hour, an oversight can cause a fatal accident or any other accident. But it isn't only that, people do not just die in the ship, there are people crippled and diseased by the nature of work etc. For these workers nobody talks" (2012, Perama).

Casual labor affects the vast majority of workers. Due to its structure and to the low demand for it, currently, workers look for a financial way out not only in the local market but also for any job that can potentially contribute to completing their income, like taxi drivers, construction laborers or even casual seamen employed for certain periods of time as long as the navigation days last. Thus, it is a particularly usual phenomenon for one to be multi-employed and financially multi-active in jobs that are in a way related to the specialties required by shipbuilding activities. This practice constitutes an alternative way of improving the terms of social reproduction as well as of choosing specific kinds of casual employment each time, depending on the prevalent conditions.

The combination of precariousness and the flourishing of opportunistic subcontracting orients workers either to accepting or turning down any possible job offered. Many were the informants who, for a number of reasons - the safety and security measures being on top -, albeit in a difficult financial situation, did not always accept to work for particular contractors in the region. Obviously, most of these activities are not officially registered due to their informal character. As a matter of fact, within the local context of increasing unemployment, workers follow a number of alternative strategies within the micro-level of social action, aiming mainly to stress their presence as working people in the region. The social networks conveying information regarding employment perspectives or about a job's quality constitute alternative ways of managing the local social everyday life.

The complementary income is not only based on casual wages but also on nutrition supplies coming from workers' places of origin in the country-side as well as the financial or barter aid of family networks signify the role of family social bonding.[19] In this sense, workers attempt to expand their social capital through family and friendship bonds, as well as through the trade union and their neighbors. In this process it should be added the practice of long-term exchanges in the form of providing favors, services and mutual support, phenomena that have a long historical presence locally. Local social networks are highly valued, as these are the main channels through which information about work circulates and, by consequence, they are the main source of making ends meet. This value concerns non-market relations, which are not mediated by a purely rational, economic dimension. In this sense, participation in the trade union assemblies, efforts made for the expansion of social networks, their consent and compromises in relation to the existing hierarchical work structure and family cooperation, should be seen as the means of managing on a daily basis,[20] the production and reproduction of one's means of existence.

As a matter of fact, the most important element of the local labor market is the way information is spread among the local workforce. Besides, the predominant relations of production combined with the market needs create demands for services and products at particular periodsof time,favoring only a small proportion of the overabundant workforce. In this light, the local subcontractors are just the mediators between production and market processes. Working people, on the other hand, are embedded in this situation trying to make the proper choices and to manage accordingly the careful and critically assessed sale of their labor value.

Trade union and agents' perspective

One of the decisive factors within the working culture of the area is the nature of the relationships that develop between the trade union and its members and contractors. Amongst workers there are widespread feelings of distrust, as well as of aversion, toward their representatives. Many of them no longer participate to the assemblies and to the working meetings of the union as they think that its structure is highly problematic and disorganized. The example of the long list of unemployed workers is a case in point. According to the signed agreement between subcontractors and the union, 30 percent of workers have to be recruited from this list. Workers of every specialization have to register on the list as soon as they are laid off and then wait for their turn to be reemployed. Although they are obliged to recruit people from the union, contractors try to avoid it because they think these workers are the worst in the local labor market. There is a widespread conception that list workers are those who are unable to extend their personal network, or those unwilling to work hard in order to establish a good reputation. On the other hand, the union compels subcontractors to employ list workers without really caring about their working performance. In other words, although the workers' employment is of great importance, the authoritative way of imposing them maintains a false – in political terms – opposition between bosses and workers, instead of finding ways to mutually maximize job positions. One of my informants, Sotiris, believes that workers should know, through experience, that contractors care about hiring people who are more productive, reliable and cheap. The imposition of list workers on employers accentuates existing inequalities, as bosses often have specific requirements that are not met by people on the list. Bosses need to feel secure about the quality of the people they are going to hire. For this reason, according to many workers, the union should have centered its efforts on improving the artistry and skills of its members, in order to effectively protect the reputation of Perama workers.

The quality of people hired would be better controlled, according to Sotiris, if the union was willing to focus more on improving the quality of workers than simply finding a job for them.

As informal employment is the norm, the majority of the workers have found it easier to negotiate the terms of their employment themselves, thus contributing to the perpetuation of informal processes of production in Perama. On the other hand, the serious, and in many cases fatal, accidents occurring in the local worksites are 'used' as old fashioned rhetoric in the arguments of the union to show the validity of the workers' supposed struggles. This rhetoric, however, is no longer convincing, which is the main reason why workers feel unprotected and alone in their search for a day's wage.

Often, Sotiris suggested that the primary aim of the union's policy should be the correct classification of its members. A worker who has been employed outside the area and who wishes to have an additional income can register on the unemployment list with only minimal requirements regarding his skills. However, a contractor will be forced to employ him, according to the signed agreement with the union, irrespective of whether or not he/she matches his production needs. This is a norm established purely to serve patron-client relations in the trade union and every time Sotiris put forward his 'modernizing' propositions in work meetings they were met with silence.

From another point of view this means of finding employment, as followed by the union, involves the imposition of a kind of discipline and hierarchical power among workers. As both Sotiris and another informant, Kostas, put it, 'The fish rots from its head' – implying that it is not possible to have a strong and healthy labor movement if its leadership is unwilling to face reality.

The union's list, as well as any action taken by the local leaders, is viewed with suspicion by many workers. Such workers consider syndicalists to have a narrow conception of the situation in the area, believing that they are, in reality, serving the political party to which they belong to, through their clique, rather than workers' interests. Sotiris thinks that in many respects, those groups are not very different from the dominant group of contractors acting in the area, for they follow similar practices to those that – in theory – they reject. For him, union leaders form cliques, which use their political power and informal networks with the bosses in such a way as to be permanently employed and to ensure that their followers will remain loyal to their political party by helping them finding a job through their connections.

For Kostas, this is of primary importance if one wishes to understand how 'modern' syndicalists act in the Greek context. If a political party is trying to expand its power, it has to maintain a number of followers able to intervene whenever the party requests. The permanent availability of employment for some party members is secured through collusion with contractors, who, in their turn, cooperate either because they have interests to meet or because they are forced by circumstances to do so. The clique, on the other hand, mediates with the local 'shops' in favor of their supporters. Although those not officially registered in a party condemn the political system of favoritism, many workers nevertheless try to enter political cliques by behaving like potential voters and showing their willingness to support a party in exchange for their vote. In their turn, union members use the union as a mean for economic advantage, rather than as a place where working class solidarity and a strong labor movement might be forged.

Sotiris and some other colleagues have cut all bonds with the union, as they feel disappointed with this political practice. Although he has criticized both the president and all the parties for following this practice, Sotiris has gained nothing. As Kostas put it, this attitude is an entrenched way of dealing within the area. Thus, Sotiris systematically avoids getting hired through the union's list and he has been registered on it only twice when he was in severe need of employment.

Conclusion

Casual shipbuilding workers of the Perama area experience increasingly a constant transitional condition between being employed and unemployed. During the 'golden era' of shipbuilding, they had the chance to create employment opportunities and to make ends meet by using their social and occupational skills as well as by suitably managing the local power relations formed out of the permanent conflict between labor and capital in the context of an informal economy. Nowadays, faced with a slow and steady process of economic recession and de-industrialization which began in the mid-1990s, they try to make their lives possible by enduring long periods of unemployment and by attempting to maintain their working identity, handling an extremely precarious working environment with innovative maneuvering and empirical knowledge.

Forced to enter into a highly informal context of subcontracting, they manage, not always successfully, the conditions of their existence through their social networks, by taking advantage of any possible opportunity that emerges before, during and after the labor process. In doing so they experience a series of contradictions which, over the course of time, have dominated the local economic and social life. Peripheral workers coexist with core workers, informal production with the formal one, registered employment with unregistered employment, collective struggles with individual ones, employed people with their unemployed counterparts, social solidarity with individualistic interests, vulgar exploitation with bonds of comradeship, competitive emotions with strong networks of friendship, making a living despite the knowledge of the possibility of lethal accidentslethal accidents during work.

These processes are not a new phenomenon in the area, as Perama's workers were used to the effects of the gradations of international shipping capital, the relation between supply and demand for tonnage globally and the decisions made by the EU and governments with regard to shipbuilding policy. From this point of view, the workers of Perama have already experienced the effects of remote power structures upon their lives, even in the period of supposed affluence before the current economic recession. In that sense, they had long 'discovered' and experienced the risks and instabilities of the market economy, along with the tragic irony of the negative effects of the 'flexible' post-industrialism which now characterizes labor relations. They are, and have always been, employable, trying to slip into the labor market through a set of skills, abilities and work experiences. They have always been adaptive to the turbulence and the fluctuations of the market, as they simply have no other choice, having developed this empirical knowledge through their struggle for daily wages. They have attempted to undertake risks, not in the sense of the market economy, but in the sense of trying to earn their own living in an extremely harsh and inhumane work environment.

However, during the last decade, the remaining local workforce witnessed a gradual transformation towards a realm of permanent insecurity and poverty, facing irreversible consequences. The dramatic reduction in employment levels over recent years has enfeebled the area economically and has largely fragmented the local social bonds. As a result, underemployment, the intensification of informal labor, frequent instances of fatal industrial accidents, de-unionized practices and individualized working trajectories are abundant in the area. The struggle to find a day's wage and the practices of the union take place within the context of national and international economic processes. Although shipbuilding is crucial for the survival of the industrial zone of Perama, the international restructuring of shipping capital, combined with the chronic inability of the state to carve out an effective policy, has led to massive and inaccurately registered levels of unemployment. Laborers react by developing individual tactics, while the state adopts a rhetoric of modernization, imposed by international capitalistic competition and the directives of troika memorandums, leading to the revolving door of austerity measures and of high unemployment.

In this context, workers make decisions based on their personal experiences. They are subjected to the rules of unequal labor relationships, conscious of their desire for social and labor reproduction and negotiating their labor power on their own, developing their own code of values through which they perceive their survival, social relationships and their connection with wider hierarchical institutions and arrangements. From this point of view, the ethnographic case of the Perama zone provides us with the opportunity to realize that, even though agents are seemingly integrated passively into power games, they themselves perceive this process in their own way, informed by their past and present experience of coercive conditions. This is highly influenced by the local asymmetrical social relationships between the dominant and the dominated. In this context, they reproduce the disciplinary power to which they are subjected, by managing their accumulated personal experience and struggling to improve the conditions of their life. In this sense, it is important for future research to investigate the power of those who are seemingly powerless.

Notes

1. Armano, E., Bove, A. and Murgia, A., (eds), 2017, Mapping Precariousness, Labour Insecurity and Uncertain Livehoods. Subjectivities and Resistance, London: Routledge.
2. Spyridakis, M, 2018, «'We Are All Socialists': Greek Crisis and Precarization», in Spyridakis (ed), 2018, *Market Versus Society. Anthropological Insights*, New York: Palgrave Macmillan, pp. 113-133.
3. Lorey, I., 2015, State of Insecurity: Government of the Precarious, London: Verso Book.
4. A typical example is the closure of many textile industries previously located in Piraeus, as well as many small-scale shipbuilding and repairing industrial units, fertilizer, plastic and metalwork plants, flour-mills and smelters (Piraeus Prefecture, 2005, *Operational Proposal for the Development of Piraeus*).

5. Vaiou, D. and Chatzimichalis, K., 1997, *Me tiraptomihanistinkouzina kai tous Polonousstousagrous. Poleis, perifereies kai atupiergasia*, Athens: Exandas.
6. IMF: International Monetary Fund, EC: European Community, ECB European Central Bank: ESM: European Stability Mechanism
7. The data provided are based on ten years repeated ethnographic research in the shipbuilding zone of Perama.
8. Bithymitris, G. (2016) "Collective identity under reconstruction: The case of West Piraeus (Greece)", in C. Karner, and B. Weicht (eds) *The commonalities of global crises: Markets, communities and nostalgia*, London: Palgrave Macmillan, 167-194.
9. Pardo, I., 1996, *Managing existence in Naples*, Cambridge: Cambridge University Press.Narotzky, S., 1997, *New Directions in Economic Anthropology*, Chicago: Pluto Press.Mollona, M., 2009, *Made in Sheffield. An ethnography of industrial work and politics*, Oxford:Berghahn Books.
10. Pahl, R., 1984, *Divisions of Labour*, Oxford: Basil Blackwell: 114.
11. Benton, L., 1990, *Invisible Factories. The informal economy and industrial development in Spain*, Albany: State University of New York Press.
12. Pardo, *op. cit*.
13. Zlolniski, C., 2006, *Janitors, Street Vendors, and Activists. The lives of Mexican Immigrants in Silicon Valley*, Los Angeles: University of California Press: 9.
14. Narotzky, *op. cité*; Picchio, A., 1992, *Social Reproduction. The political economy of the labour market*, Cambridge: Cambridge University Press.
15. Hadjimichalis, C., 1987, *Uneven Development and Regionalism. State, Territory and Class in Southern Europe*, London: Croom Helm.
16. Holmes, J., 1986, "The organization and locational structure of production subcontracting" in A. Scott, M. Storper (eds) *Production, work, territory. The geographical anatomy of industrialcapitalism*, London: Allen and Unwin.1991
17. For a similar kind of workforce, see Gill's ethnography on *yoseba*, the traditional day labourers in Japan working mainly in construction and long-shoring (Gill, T., 2001, *Men of Uncertainty. The Social Organization of Day Labourers in Contemporary Japan*, Albany: State University of New York Press).
18. De Certeau, M., 1984, *The Practice of Everyday Life*, California: University of California Press.
19. Pahl, *op. cit*.
20. Pardo, *op. cit*.

Abdellatif Zeroual et Abdellah Lefnatsa

Abdellatif Zeroual, chercheur en sociologie, Rabat.
Abdellah Lefnatsa, militant syndicaliste, Union Marocaine du Travail, Rabat.

Les nouvelles d'organisation de la résistance salariale au Maroc

Depuis 2011, le Maroc connait le développement de « nouvelles » formes d'organisation et de mobilisation des salariés autour de revendications catégorielles à l'extérieur des syndicats et en dehors du cadre légal. Ces dynamiques protestataires se déploient notamment dans le secteur de l'enseignement public qui subit de plein fouet les effets des politiques néolibérales et des mesures d'austérité. À travers l'exemple du mouvement de lutte des enseignants contractuels, nous tentons de mettre en évidence les processus d'émergence de ces dynamiques ainsi que les mécanismes de leur fonctionnement et de comprendre les rapports qu'elles entretiennent avec les syndicats.

Morocco has, since 2011, been witnessing the development of "new" forms of organizing and mobilizing employees around labor-related demands outside unions and legal frameworks. These contentious dynamics are unfolding particularly in the public education sector, which suffers from neoliberal policies and austerity measures. Focusing on the recent movement of teachers hired on a contractual basis, we highlight the emergence of these dynamics as well as their functioning, casting light on their relations with the unions.

La dynamique des processus révolutionnaires dans la région arabe, notamment en Égypte et en Tunisie, montre l'importance du rôle des travailleurs et de leurs organisations. Ainsi, l'UGTT a grandement contribué à la chute de Ben Ali[1]. La puissante centrale syndicale tunisienne occupe encore une place centrale dans le jeu politique post-révolutionnaire. En Égypte, les luttes ouvrières, qui ont été menées essentiellement en dehors de la fédération syndicale liée au pouvoir, ont non seulement préparé le terrain à la révolution mais ont précipité la chute de Moubarak[2]. Si les travailleurs égyptiens ne disposent pas d'une organisation aussi puissante que l'UGTT (malgré les tentatives de construction d'une nouvelle centrale syndicale à partir des syndicats indépendants), leurs luttes comptent dans les rapports de force politiques.

Au Maroc, le « mouvement du 20 février » a constitué la forme locale du « printemps arabe ». Parallèlement, des luttes ouvrières se sont considérablement développées. En attestent les chiffres fournis par le ministère de l'emploi sur les conflits collectifs de travail[3]. Néanmoins, ces luttes ont été menées sans aucun lien visible avec le mouvement. L'accord du 26 avril 2011 entre le gouvernement et les syndicats a eu justement pour objectif d'empêcher cette convergence. Si le reflux du mouvement du 20 février s'est accompagné d'un recul des luttes sur les lieux de travail, il n'en demeure pas moins que des formes inédites de lutte des travailleurs contre les politiques néolibérales[4] mises en œuvre par le pouvoir se sont développées dans son sillage en s'inspirant de ses slogans et de ses modes d'action. On peut citer les luttes des infirmiers et infirmières, des enseignants stagiaires, des fonctionnaires contre la réforme des retraites et des enseignants contractuels du ministère de l'éducation nationale.

Ces luttes ont pour particularité d'être menées en dehors des organisations syndicales « traditionnelles » en crise et affaiblies à la fois par leur évolution interne (la bureaucratisation), les tactiques du pouvoir (répression, cooptation…) et les transformations du monde du travail. En effet, durant les trois dernières décennies, l'économie marocaine a été marquée par d'importantes transformations structurelles. Ainsi les différentes formes de privatisations (cession des établissements publics, gestion déléguée des services publics…) ont entraîné un rétrécissement du secteur public. La part de l'industrie a régressé au profit des activités de services et du BTP. Le marché de l'emploi se distingue par un chômage de masse (surtout parmi les jeunes) et une précarisation du travail. La réforme du code du travail survenue en

2003 a consacré cet état de fait (la précarisation du travail) dans le secteur privé, tandis que la réforme du statut de la fonction publique (qui permet le recours au recrutement par voie de contrat), a permis d'étendre cette situation à l'administration[5]. L'incapacité des organisations syndicales traditionnelles à faire face à cette offensive et à défendre les acquis des travailleurs, a donné lieu à de nouvelles formes d'organisation et de résistance salariales qui s'inspirent du mouvement du 20 février, notamment de ses slogans et de ses modes d'action et d'organisation.

Malheureusement, les travaux consacrés à ces nouvelles formes de luttes sur les lieux de travail sont rares sinon inexistants. Le traitement de la « question sociale » au Maroc par les chercheurs s'est réduit aux aspects liés aux transformations de la législation du travail et des relations professionnelles[6], au chômage (notamment les luttes menées par les chômeurs[7]) et aux programmes de lutte contre la pauvreté[8]. Notre article vise à combler ce vide en prenant comme exemple la Coordination Nationale des Enseignants Contraints à Contractualiser (CNECC).

À travers cette étude de cas, nous cherchons à répondre aux questions suivantes : Quelles sont ces formes « inédites » d'organisation des luttes que sont les coordinations ? Comment fonctionnent-elles ? Comment s'articulent-elles avec les organisations « traditionnelles » comme les syndicats ? Quel répertoire d'action mobilisent-elles ? Nous le ferons en trois temps : nous présenterons d'abord le contexte et le processus de constitution de la Coordination Nationale des Enseignants Contraints à Contractualiser (CNECC), ensuite nous aborderons son organisation interne ainsi que son répertoire d'action avant de terminer avec son rapport avec les syndicats.

La méthodologie mobilisée est qualitative. Elle se base sur l'analyse du contenu des documents produits par et sur le mouvement (communiqués, articles de presse, documents internes), sur l'observation des mobilisations organisées par la Coordination et sur une douzaine d'entretiens menés avec des membres de son conseil national et deux dirigeants de deux syndicats de l'enseignement qui ont appuyé activement le mouvement.

La genèse du mouvement des contractuels

À partir de 2016, des milliers d'enseignants sont recrutés par voie contractuelle pour résorber partiellement le manque chronique d'effectifs dont pâtit le système éducatif public marocain. En 2019, leur nombre est estimé à 70 000 dont 15 000 sont encore en cours de formation. Du fait de leur statut de contractuels, ils sont soumis (plus que les permanents) à l'arbitraire des directeurs des établissements d'enseignements et sont l'objet d'une forme de mépris.

Ainsi un enseignant contractuel dans une école primaire rurale raconte que certains parents, lui ont demandé *: Est-ce que vous êtes les « enseignants du contrat »*[9] ? en exprimant des doutes sur leurs compétences et en les regardant avec un certain dédain[10].

C'est le licenciement d'un enseignant contractuel à Zagora[11] en janvier 2018 qui déclenche le processus de formation de la CNECC. Une réunion se tient au siège local de l'Association Marocaine des Droits Humains (AMDH) pour protester contre cette décision[12]. Un communiqué appelant l'ensemble des contractuels à lutter contre leur situation actuelle est diffusé. Un sit-in est organisé à Zagora. Suite à cela, une enseignante prend l'initiative de contacter les contractuels à travers facebook. Deux groupes sont créés sur facebook et sur WhatsApp. Les discussions conduisent à la tenue d'une réunion nationale le 4 mars 2018 au siège de la Fédération Nationale de l'Enseignement-Tendance Démocratique (FNE-TD). Une trentaine de personnes y assistent. Elles se mettent d'accord sur le principe d'une organisation qui se structurerait du bas vers le haut, c'est-à-dire à partir des provinces jusqu'au niveau national et qui regrouperait toutes les promotions[13]. La dénomination « Coordination Nationale des Enseignants Contraints à Contractualiser »[14] (CNECC) est adoptée. Un communiqué appelle à la structuration du mouvement. La formation de la coordination au niveau provincial et régional commence. La revendication centrale du mouvement est l'intégration des contractuels dans la fonction publique.

Le noyau fondateur de la CNECC est constitué, en partie, de personnes qui n'en étaient pas à leur première expérience militante. Elles étaient issues d'anciennes coordinations comme celle des animateurs de l'éducation non formelle, des enseignants stagiaires, des victimes du programme gouvernemental de formation de 10 000 cadres éducatifs, ou avaient milité au sein de l'Union Nationale des Étudiants du Maroc (l'UNEM), des groupes de chômeurs, notamment de l'Association Nationale des Diplômés Chômeurs du Maroc(ANDCM) et au sein du mouvement du 20 février. Ils ont accumulé un capital militant[15] et mettent ainsi en commun leur savoir-faire et leurs ressources.

C'est le cas de Hamid[16], 42 ans, qui a été membre de l'ANDCM et de l'AMDH, a participé aux manifestations du 20 février et a été l'un des dirigeants de la coordination nationale des animateurs de l'éducation non formelle. La CNECC capitalise donc sur l'expérience cumulée par les multiples luttes sociales qu'a connues le Maroc durant les trois dernières décennies, notamment dans l'enseignement public.

En effet, les mobilisations contre la précarité ne datent pas d'aujourd'hui. Une tradition importante de lutte et d'organisation s'est développée depuis les années 1990[17]. Enseignants occasionnels, animateurs de l'éducation non formelle, formateurs de l'alphabétisation, bénévoles et éducateurs du préscolaire, ont mené des luttes, souvent longues, qui ont conduit pour une bonne partie d'entre elles à l'intégration dans la fonction publique. Ils s'organisaient à l'intérieur des syndicats notamment au sein de Fédération Nationale de l'Enseignement (FNE) dans le cadre de comités nationaux[18].

Mais la dynamique du mouvement du 20 février a constitué un tournant. Pour certains, elle a été l'occasion d'apprendre de nouveaux « savoir-faire » militants. Ainsi pour Rachid, ex-militant de l'ANDCM, membre du noyau fondateur de la CNECC, qui a participé aux manifestations du mouvement : « *La nouveauté du 20 février se rapporte à de nouveaux slogans plus compréhensibles, plus proches du quotidien des gens, à une nouvelle façon de les scander, à la manière d'organiser les manifestations qui permet de les préserver des actes de vandalisme qui pourraient donner une mauvaise image de la protestation, et aux formes de communication ou de mobilisation avec des petits tracts qu'on distribuait aux gens* »[19]. Cette dynamique a aussi stimulé la formation de coordinations indépendantes des organisations syndicales au sein même des « fractions stables » de la fonction publique. C'est le cas des collectifs regroupant sous la forme de « coordinations nationales » les enseignants titulaires d'une licence et d'un master[20], les enseignants stagiaires ou les fonctionnaires en lutte contre la réforme des retraites. Créées autour de revendications concrètes et précises, ces formes d'organisation n'attendent aucune « reconnaissance » légale de la part des pouvoirs publics pour agir. À l'instar des « coordinations » qui l'ont précédée depuis 2011, la CNECC n'a déposé aucun statut auprès des autorités.

Ce choix est aussi en partie déterminé par le contexte politique et légal. Ainsi, « les associations au Maroc sont régies par le Dahir (décret royal) du 15 novembre 1958, révisé en 1973 et modifié en 2002 »[21], qui instaure – en théorie – un régime de création des associations de nature déclarative[22]. Toutefois, dans la pratique, les autorités marocaines utilisent plusieurs procédés pour entraver les activités des organisations de la société civile indépendantes, comme le refus d'enregistrement des statuts lors de la création ou du renouvellement des instances dirigeantes locales ou nationales des associations, les empêchant ainsi d'ouvrir un compte bancaire, d'acquérir un local, etc. C'est le cas de l'Association Marocaine des Droits Humains (AMDH), dont plus de 60 sections se sont vu refuser le dépôt des statuts ou la délivrance des récépissés et dont 134 activités ont été directement ou indirectement interdites[23], ou de l'ANDCM (voir ci-dessus) qui, depuis sa création en 1991, n'a jamais reçu de récépissé relatif à la constitution ou au renouvellement de ses instances dirigeantes.

De même, le droit de manifester est soumis à des restrictions et des entraves. Des manifestations et des sit-in organisés à travers le pays ne sont pas autorisés et sont parfois violemment réprimés. Lors du Hirak du Rif, qui a agité le nord du Maroc en 2016-2017, des activistes et des manifestants ont été arrêtés et condamnés à des peines de prison ferme pouvant aller jusqu'à 20 ans. Certains ont d'ailleurs été accusés et jugés pour « complot visant à porter atteinte à la sécurité de l'État. »

Forme d'organisation et répertoire d'action

Pour sa structuration, la Coordination s'inspire des mobilisations similaires qui l'ont précédée. Elle nous rappelle celle des mobilisations contre la précarité dans l'enseignement public[24] ou celle du mouvement du 20 février[25]. La forme d'organisation est souple et donne une place importante aux propositions émanant de la base. Au niveau de chaque province, les enseignants contractuels se réunissent en assemblées générales pour élire des bureaux provinciaux. L'ensemble des coordinateurs provinciaux forme le conseil national. Pour prendre les décisions, les assemblées provinciales ou régionales doivent se réunir pour faire des propositions au Conseil national qui doit trancher. Un bureau exécutif est chargé de mettre en œuvre les programmes d'action avec l'aide de comités permanents désignés par le conseil national. Bien que cette forme d'organisation puisse apparaître lourde, elle permet néanmoins de réaliser un large consensus autour de chaque décision et, par là même, d'en garantir le succès au moment de son exécution, notamment lors des grèves et des manifestations locales ou centrales.

Les moyens d'action de la Coordination sont les sit-in, marches, occupations des places publiques et la grève. Pratiquement, toutes ses journées de mobilisation ont connu un large succès, tant par le nombre de participants et la qualité d'organisation que par la couverture médiatique. La dernière grève en date lancée par la CNECC a duré sept semaines. Le gouvernement qui, pendant huit ans, était resté sourd aux doléances des centrales syndicales, s'est vu contraint de dialoguer avec la CNECC, d'abord indirectement par l'intermédiaire des syndicats sectoriels représentatifs, puis directement avec la « commission du dialogue » désignée par le conseil national de la Coordination. Avant même la fin du dialogue, le ministère de l'éducation nationale a fini par abandonner le système de contrats et a incité les académies régionales d'éducation et de formation (AREF) à réunir leurs conseils d'administration pour réviser les statuts de leurs cadres. Les contractuels deviennent « les enseignants-cadres des AREF » Un autre syndicat aurait considéré cette concession gouvernementale comme une demi-victoire. Mais comme on pouvait s'y attendre, la CNECC y a opposé un niet catégorique et y a vu une nouvelle machination de la part du gouvernement qui continue de refuser l'intégration des nouveaux enseignants dans la fonction publique. En effet, l'État marocain est tenu par son engagement vis-à-vis du FMI de réduire la masse salariale de la fonction publique[26]. C'est ce qui explique l'affectation des nouveaux enseignants aux différentes académies régionales au lieu de l'administration centrale.

Malgré le caractère catégoriel de la revendication centrale de la CNECC, celle-ci n'hésite pas à mettre en avant dans ses journées de mobilisations le lien qui la lie avec les luttes les plus importantes qu'a connues le pays. Le choix de certaines dates pour manifester n'est pas fortuit. Ainsi, la grande marche organisée le 20 février 2019 porte une forte charge symbolique puisqu'elle correspond au huitième anniversaire du mouvement du 20 février. D'ailleurs, une partie des slogans scandés dans cette manifestation étaient ceux du mouvement du 20 février, dénonçant « le pouvoir mafieux » et réclamant « Liberté, Dignité, Égalité et Justice sociale »… De même, celle du 23 mars 2019 a rendu hommage aux victimes de la répression qui s'est abattue sur les manifestations lycéennes et populaires organisées en 1965 à Casablanca contre les mesures visant à restreindre l'accès au lycée à de larges franges de la jeunesse[27].

D'ailleurs certains membres de la CNECC établissent clairement un lien entre leurs revendications et une critique des orientations économiques stratégiques du pouvoir politique. L'un d'eux l'exprime clairement : « *Nous sommes conscients que la question de la contractualisation est très liée à la stratégie de l'État et aux recommandations du FMI et de la BM dans le domaine de l'éducation nationale* »[28].

Un rapport complexe aux syndicats

Lors de la constitution de la CNECC, un débat a agité le noyau fondateur à propos du rapport avec les syndicats[29]. Certains les rejetaient parce que pour eux « *tout le monde est pourri et les syndicats, les partis politiques et les associations sont responsables de cette situation catastrophique* ». D'autres envisageaient de défendre la cause des enseignants contractuels de l'intérieur d'un syndicat sectoriel. Mais cette dernière option a vite été écartée. En effet, faute de consensus, aucun des syndicats existants ne pouvait assurer l'unité de tous les enseignants contractuels. *In fine*, l'option retenue a été de s'organiser à l'extérieur des syndicats. Des contacts ont été pris avec ces derniers afin qu'«*ils ne créent pas de formes d'organisation concurrentes de la coordination et qu'ils respectent son indépendance* »[30]. Certains syndicats ont ainsi gelé le processus de constitution de structures internes spécifiques visant à organiser les contractuels[31].

Cette méfiance à l'égard des syndicats va continuer à susciter un débat houleux au sein de la CNECC jusqu'à ce qu'un consensus soit trouvé : « *Le point de vue dominant était que celui qui est syndiqué ou encarté dans un parti politique doit sortir de son organisation ou ne plus être membre du conseil national. Après un débat, lors du troisième conseil national, nous nous sommes mis d'accord sur le fait que ceux qui veulent se syndiquer, qu'ils le fassent. Ça permet aussi de faire pression sur les syndicats de l'intérieur* »[32].

Cette position révèle la complexité des rapports qui lient la Coordination aux syndicats. Elle reflète la méfiance, voire le rejet du syndicalisme dominant au Maroc depuis un demi-siècle, sans toutefois rompre avec les organisations syndicales traditionnelles.

La Coordination va ainsi chercher à bénéficier d'un large soutien syndical lors de ses journées de mobilisation. Elle continuera d'élire domicile dans les locaux des différents syndicats (Union Marocaine du Travail, Fédération Nationale de l'Enseignement-Tendance démocratique, Confédération Démocratique du Travail). Cet appui des syndicats, qu'elle va obtenir, va surtout prendre forme dans les grèves unitaires qui paralyseront l'ensemble de l'enseignement public, le3 janvier, le 20 février, les 13, 14 et les 26, 27, 28 mars 2019. Said exprime cette ambigüité : « *Bien que les syndicats ne soient pas tous indépendants, leur soutien à notre lutte est primordial. D'ailleurs le taux de participation aux dernières journées de mobilisation était nettement meilleur après l'appel lancé par les syndicats sectoriels à leurs adhérents* »[33]. On a aussi assisté à une coordination inédite entre les représentants de la CNECC et ceux des syndicats en question lors des négociations avec le ministère de l'éducation nationale. La présence syndicale dans les manifestations organisées par la CNECC devient souhaitée parce qu'elle peut dissuader les autorités de les réprimer[34].

Selon Aziz, ce soutien des syndicats s'est exprimé d'une manière inégale[35]. Certaines organisations ont activement soutenu le mouvement, alors que d'autres l'ont fait avec réticence[36]. « *Parfois les syndicalistes venaient avec leurs banderoles et leurs casquettes pour prendre des photos, puis partaient quand la police intervenait. Lors de la répression de la manifestation du 23 Mars 2019, des syndicats ont suivi les instructions du ministère de l'intérieur en refusant de nous ouvrir leurs locaux* »[37]. Dans la première catégorie (ceux qui ont activement soutenu le mouvement), nous retrouvons essentiellement le Syndicat National de l'Enseignement (SNE) et la Fédération Nationale de l'Enseignement – Tendance Démocratique (FNE-TD).

Pour comprendre les stratégies des acteurs syndicaux à l'égard de la CNECC, il est nécessaire de connaitre l'espace des positions à l'intérieur du champ du syndicalisme enseignant[38] au Maroc[39]. En effet, pendant une longue période, ce dernier était essentiellement constitué de trois syndicats liés aux grandes centrales syndicales du pays: l'UMT, l'UGTM et la CDT[40]. Historiquement lié à la gauche parlementaire qui jouissait d'une grande sympathie parmi les enseignants, le Syndicat National de l'Enseignement (SNE), affilié à la CDT, était l'acteur dominant dans le champ. Il sera affaibli par une série de scissions dans les années 2000. En même temps, de nouveaux acteurs vont apparaître. Ainsi l'Union Nationale du Travail au Maroc[41] (UNTM) liée au Parti de la Justice et de Développement (PJD), d'orientation islamiste, va connaitre, à partir des années 1990, une progression fulgurante traduisant l'influence grandissante de l'islam politique parmi les enseignants. Elle occupera d'ailleurs la deuxième position dans le secteur lors des dernières élections professionnelles en 2015. L'année 2012 verra la constitution de la FNE-TD suite à l'expulsion, par la direction de l'Union Marocaine du Travail (UMT), de syndicalistes liés à la gauche qui ont activement soutenu le mouvement du 20 février. Le syndicalisme enseignant va donc subir un processus de fragmentation.

Affaibli, le SNE-CDT cherche donc à conserver sa position de premier syndicat du secteur. L'action de son principal concurrent, l'UNTM, semble être entravée par le fait que le parti politique auquel il est lié (le PJD) dirige l'actuel gouvernement qui met en œuvre la politique de recrutement par voie de contrat dans l'administration. Nouvel entrant[42], la FNE-TD cherche à subvertir le champ. Elle mobilise ainsi un discours contre la privatisation de l'enseignement public proche de celui de la CNECC. Elle n'est adossée à aucune centrale syndicale. Ce qui donne d'elle l'image d'un syndicat réellement indépendant. En outre, ses cadres et militants disposent d'une longue expérience dans le soutien des luttes des précaires dans le secteur de l'enseignement public[43]. Présente dans tout le pays, accompagnant les luttes des contractuels, la FNE-TD parvient, suite à cela, à avoir une certaine visibilité dans les médias nationaux et internationaux[44].

Le SNE-CDT et la FNE-TD sont ainsi parvenus à attirer la sympathie d'une partie des contractuels notamment des membres du conseil national de la CNECC. Un enseignant, membre du conseil national, estime que la moitié du conseil est constituée d'adhérents de ces deux syndicats[45]. Malgré cela, le taux de syndicalisation au sein de l'ensemble des contractuels reste globalement faible. Il serait en deçà de 5 %[46]. Ce refus d'adhérer aux syndicats est justifié par des raisons comme le maintien de l'unité du mouvement. « *J'ai préféré ne pas adhérer aux syndicats existants pour, d'une part me consacrer à la Coordination et, d'autre part ne pas attiser la susceptibilité de mes collègues* » nous a déclaré Malika[47]. Le même souci d'unité est partagé par Samira, pour qui « *l'adhésion des enseignants contractuels aux différents syndicats nuirait à leur unité* »[48].

Conclusion

Le mouvement des enseignants contractuels est né dans un contexte marqué par le développement, à l'intérieur même de la fonction publique, de formes d'organisations qui ont émergé à l'extérieur des syndicats et du cadre légal (refus de dépôt de statut auprès des autorités) autour de revendications catégorielles concrètes. Si son apparition s'inscrit dans la dynamique post 20 février qui a marqué l'espace des mouvements sociaux[49] au Maroc, il n'en demeure pas moins que le mouvement se constitue aussi dans la continuité des luttes sociales qui se sont développées au cours des trois dernières décennies, notamment celles des diplômés chômeurs et des précaires dans l'enseignement public.

Cette double filiation est perceptible dans le choix des formes de structuration et du répertoire d'action : choix de la dénomination de « coordination », usage des réseaux sociaux, unité autour de mots d'ordre précis, organisation des sit-in, des marches, des occupations des places publiques, des grèves, fonctionnement donnant une place importante aux propositions de la base du mouvement, établissement d'un lien entre les revendications catégorielles et des thèmes plus généraux (comme la privatisation de l'enseignement)... Grâce à tout cela, la CNECC a pu organiser des journées de mobilisation réussies et attirer la sympathie populaire ainsi qu'un appui conséquent des syndicats sectoriels, d'une partie de la société civile et de certains partis politiques[50]. Elle a pu ainsi réaliser des victoires partielles et s'imposer comme interlocuteur auprès du ministère de l'éducation nationale.

L'analyse du lien entre la CNECC et les syndicats sectoriels est importante aussi pour comprendre cette dynamique protestataire. Si la Coordination a choisi de se constituer à l'extérieur des organisations syndicales, il n'en demeure pas moins qu'elle a essayé d'arracher leur appui à tous les niveaux. Ce soutien s'est surtout manifesté dans des communiqués, l'appel à des grèves unitaires, la participation dans les mobilisations organisées par la CNECC, la mise à disposition de locaux... Il a été inégal suivant l'histoire, le poids et les stratégies de chaque syndicat. Si les uns ont été plutôt obligés de soutenir la Coordination parce qu'ils la perçoivent comme un concurrent, d'autres ont développé un fort appui à son égard afin de renforcer et/ou d'étendre leur influence. C'est le cas du SNE-CDT et de la FNE-TD. La stratégie de ces derniers leur a d'ailleurs permis d'attirer la sympathie d'une partie du mouvement et de ses cadres. Mais cela n'a pas été suffisant pour réduire d'une manière substantielle le rejet des syndicats au sein de la base du mouvement. Il semble ainsi que dans cette lutte des contractuels se joue l'avenir du syndicalisme enseignant au Maroc. Soit ce dernier en tire les leçons qui s'imposent pour entamer son renouvellement soit il en ignore les implications et sa crise profonde s'aggravera encore plus.

Notes

1. Amin Allal et Vincent Geisser, « Tunisie : "Révolution de jasmin" ou Intifada ? », *Mouvements*, 2011/2 n° 66. Choukri Hmed, « "Réseaux dormants, contingence et structures" Genèses de la révolution tunisienne », *Revue française de science politique*, 2012/5 Vol. 62. Héla Yousfi, *L'UGTT, une passion Tunisienne : enquête sur les syndicalistes en révolution, 2011-2014*, Paris, Karthala, 2015.

2. Françoise Clément *et al.*, « Le rôle des mobilisations des travailleurs et du

mouvement syndical dans la chute de Moubarak », *Mouvements*, 2011/2 n° 66. Rabab El-Mahdi, « Labour protests in Egypt: causes and meanings », *Review of African Political Economy*, Vol. 38, No. 129, September 2011. Anne Alexander et Mostafa Bassiouny,*Bread, Freedom, Social Justice: Workers and the Egyptian Revolution*, Londres, Zed Books, 2014.
3. Selon un rapport du conseil économique, social et environnemental, l'année 2011 a connu une hausse importante des conflits collectifs du travail dans les deux secteurs public et privé. Dans ce dernier, le nombre de grèves a quasiment doublé, selon les chiffres officiels, passant de 241 en 2010 à 474 en 2011.Conseil Économique, Social et Environnemental, *Prévention et résolution amiable des conflits collectifs du travail*, Rabat, 2012, p. 22.
4. C'est avec la mise en œuvre du Programme d'Ajustement Structurel (PAS) en 1983 que des politiques néolibérales ont commencé à être appliquées au Maroc : privatisations, « flexibilisation » des relations du travail, accords de libre échange, « orthodoxie budgétaire », libéralisation des prix, efforts pour attirer les investissements directs étrangers... Ses politiques ont sévèrement affecté les couches populaires et les travailleurs en particulier, dans les domaines de l'emploi, des salaires, des prix, des services publics...
5. Jusqu'en 2011, le statut de la fonction publique (loi du 24 février 1958) assurait une relative stabilité d'emploi. Mais un amendement a ouvert la voie au recrutement par voie contractuelle au sein des administrations publiques (Loi n° 50-05 du 18 février 2011).
6. Voir par exemple : Myriam Catusse, « Les réinventions du social dans le Maroc "ajusté" », *Revue des mondes musulmans et de la Méditerranée*, 105-106, janvier 2005. Rachid Meknassi Filali et Claude Rioux, *Relations professionnelles et négociation collective au Maroc,* Document de travail n° 14, Bureau International du Travail, Département des relations professionnelles et des relations d'emploi, Genève, Octobre 2010.
7. Montserrat Emperador Badimon, *La mobilisation des diplômés chômeurs au Maroc : usages et avatars d'une protestation pragmatique*, Thèse de doctorat en Science politique, Aix-Marseille 3, 2011. Pour Sidi Ifni, voir Karine Bennafla et Montserrat Emperador Badimon « Le "Maroc inutile" redécouvert par l'action publique : les cas de Sidi Ifni et Bouarfa », *Politique africaine* 2010/4 et pour le bassin minier : Montserrat Emperador Badimon et Koenraad Bogaert, « 'The state owes us a future': the framing of 'exclusion' by the protest movements of the unemployed in Morocco », *in* D. Chabanet et F. Royall (dir.), *From silence to protest : international perspectives on weakly resourced groups*, Ashgate, 2014.
8. Voir notamment Irene Bono, Béatrice Hibou, Hamza Meddeb et Mohamed Tozy, *L'État d'injustice au Maghreb. Maroc et Tunisie*, Paris, Karthala-CERI, 2015.
9. Entretien avec un enseignant contractuel, le 07/05/19.
10. *Ibid.*
11. Zagora est une petite ville située au sud-est du Maroc.
12. Le processus de constitution décrit dans ce qui suit s'appuie essentiellement sur un entretien, réalisé le 08/05/19, avec un membre du noyau fondateur de la coordination.
13. La promotion fait référence à l'année de recrutement.
14. La dénomination « coordination » a aussi été utiliséepar le mouvement des ârouchs qui avait émergé dans la région de la kabylie algérienne au printemps 2001. Voir Karima Direche-Slimani, « Le mouvement des *âarch* en Algérie : pour une alternative démocratique autonome ? », *Revue des mondes musulmans et de la Méditerranée*, 2006, p.111-112.
15. Matonti, Frédérique, et Franck Poupeau. « Le capital militant. Essai de définition », *Actes de la recherche en sciences sociales*, vol. n° 155, no. 5, 2004.
16. Les prénoms ont été changés.
17. Ce paragraphe s'appuie surtout sur un entretien avec un dirigeant syndical, 29/06/19.

18. Au-delà des victimes de la précarité, il faut dire aussi que la constitution de commissions nationales, de collectifs et d'autres formes de solidarité de façon autonome au sein des différents corps de fonctionnaires remontent au début des années 2000.
19. Entretien avec un enseignant contractuel, le 17/09/19.
20. Ces enseignants titulaires revendiquent le maintien de la promotion par le diplôme (licence et master) qui a été abandonnée par le ministère de l'éducation nationale.
21. Conseil Économique, Social et Environnemental, *Statut et dynamisation de la vie associative*, Rabat, 2016 p. 13.
22. En vertu de l'article 5 de cette loi *« un récépissé provisoire cacheté et daté sur le champ »* doit être délivré par l'autorité administrative locale dès le dépôt du dossier de déclaration par une association.
23. Les salles prévues pour ces événements sont parfois cadenassées par les autorités locales sans préavis ni justification.
24. Notamment la coordination nationale des animateurs de l'éducation non formelle. Entretien, le 08/05/19.
25. Entretien avec un enseignant contractuel, le 17/09/19. Même si le mouvement n'a jamais créé de structure nationale.
26. Dans une lettre datée du 30 novembre 2018, adressée par le ministre des finances et le gouverneur de Bank Al Maghreb à la directrice générale du FMI, ils s'engagent à « maintenir la masse salariale de l'État à un niveau inférieur à 10,5 % du PIB à moyen terme » http://leboursier.ma/Actus/3644/2019/01/25/Document.-La-lettre-de-Benchaaboun-et-Jouahri-a-Christine-Lagarde.html (Consulté le 18/08/2019).
27. Des protestations ont éclaté à Casablanca le 22 et 23 mars 1965 suite à une circulaire du ministre de l'éducation nationale interdisant aux élèves âgés de plus de 17 ans d'accéder au lycée. Elles ont été réprimées dans le sang par le pouvoir.
28. Entretien avec un enseignant contractuel, le 02/06/19.
29. Nous nous référons dans ce qui suit à un entretien, réalisé le 08/05/19, avec un membre du noyau fondateur de la coordination.
30. Il faut souligner qu'à l'époque certains syndicats ont commencé à créer leurs propres structures visant à organiser les contractuels.
31. C'est le cas du SNE-CDT. Entretien avec un dirigeant syndical, le 03/09/19.
32. Entretien avec un enseignant contractuel, le 08/05/19.
33. Entretien avec un enseignant contractuel, le 02/06/19.
34. Entretien avec un dirigeant syndical, le 03/09/19.
35. Entretien avec un enseignant contractuel, le 07/05/19.
36. *Ibid.*
37. Entretien avec un enseignant contractuel, le 08/05/19.
38. Sur le concept de champ syndical dont nous nous inspirons ici, voir Sophie Béroud, « Sur la pertinence heuristique du concept de champ syndical» in *Bourdieu et le travail*, Rennes, Presses universitaires de Rennes, 2015, pp. 323-339. Pour des raisons d'espace, nous nous ne discuterons pas ici des conditions historiques d'autonomisation (ou non) d'un champ syndical au Maroc.
39. Dans le paragraphe qui suit, nous nous appuyons sur une analyse du contenu de l'entretien avec un dirigeant syndical, le 03/09/19.
40. L'Union Marocaine du Travail (UMT) est la plus ancienne des centrales syndicales du Maroc. Créée en 1955, elle sera pendant un certain temps organiquement liée à la gauche du mouvement national (la gauche du parti de l'Istiqlal devenue l'Union Nationale des Forces Populaires-UNFP-après une scission en 1959). Aujourd'hui, elle se considère comme indépendante de tout parti politique.
L'Union Générale des Travailleurs du Maroc (UGTM) est une scission de l'UMT menée en 1960 par l'Istiqlal suite à l'alignement de l'UMT avec l'UNFP (scission de gauche de l'Istiqlal). Elle est encore considérée comme le bras syndical de l'Istiqlal.
La Confédération Démocratique du Travail (CDT) est une scission de l'UMT conduite en 1978 par l'Union Socialiste des Forces Populaires (USFP) (née suite à une scission de l'UNFP). Elle est aujourd'hui « liée » à la Fédération de la Gauche Démocratique (FGD).
41. Malgré sa création en 1973, l'UNTM va rester quasiment une coquille vide jusqu'à ce qu'une partie du mouvement islamiste la rejoigne et la contrôle dans les années 1990.

42. Il faut signaler quand même qu'une grande partie de ses militants et de ses cadres ont longtemps milité au sein de la FNE-UMT notamment en tant que « tendance démocratique » (non « déclarée ») présente et active dans des sections importantes (notamment celle de Rabat) et opposée à la direction « bureaucratique ».
43. Cette expérience remonte au temps où ils étaient encore à l'intérieur de la FNE affiliée à l'UMT avant leur expulsion. Il faut dire aussi qu'une partie de ces précaire sa été recrutée sur une base contractuelle (c'est le cas des animateurs de l'éducation non formelle par exemple). C'est ce qui explique aussi le choix du siège de la FNE-TD pour la tenue de la réunion constitutive de la CNECC le 4 mars 2018.
44. Entretien avec un dirigeant syndical, le 29/06/19.
45. Entretien avec un enseignant contractuel, le 08/05/19. Ces chiffres doivent être pris avec précaution car la composition du conseil national change au gré des changements de coordinateurs provinciaux.
46. Entretien avec un dirigeant syndical, 29/06/19.
47. Entretien avec un enseignant contractuel, le 24/04/19.
48. Entretien avec un enseignant contractuel, le 05/05/19.
49. Lilian Mathieu, *L'espace des mouvements sociaux*, Paris, Editions du Croquant, coll. « Sociopo », 2012.
50. Il s'agit essentiellement de l'opposition parlementaire et extraparlementaire.

Siham Beddoubia

Doctorante en Sciences politiques, Université d'Oran 2 - Mohamed Ben Ahmed (Algérie), Faculté de Droit et des sciences politiques, membre du laboratoire du droit social (LABDROS).

Les syndicats autonomes en Algérie, initiateurs des luttes démocratiques ?

Ce texte interroge l'évolution des syndicats autonomes en Algérie, de revendications à caractère corporatiste vers des questions ayant trait au changement démocratique dans le contexte du printemps arabe. Il montre comment les luttes syndicales peinent à investir l'espace contestataire durant la décennie noire des années 1990, puis se multiplient à partir des années 2000, pour aboutir à une routinisation de l'action contestataire. Deux syndicats font toutefois exception : le Conseil National des Enseignants du Supérieur (CNES) et le Syndicat National Automne des Personnels de l'Administration Publique (SNAPAP). Ceux-ci ont servi de modèle de résistance dans l'espace contestataire jusqu'à la généralisation de la contestation sociale dans le contexte de 2010-2011.

This text traces the evolution of autonomous unions in Algeria, from corporatist demands towards questions of democratic change in the context of the Arab spring. It shows how union struggles found it difficult to invest the space of contestation during the black decade of the 1990s, only to proliferate after 2000, and constitute a routine part of protest action. Two unions are exceptions to this rule: the CNES (Conseil National des Enseignants du Supérieur) and the SNAPAP (Syndicat

National Autonome des Personnels de l'Administration Publique). These were early models for resistance in the space of contestation prior to the generalization of social protest in 2010-2011.

En 2018, il existe en Algérie, selon les sources officielles du Ministère du Travail de l'Emploi et de la Sécurité sociale, 65 syndicats autonomes[1] dont 33 syndicats de la fonction publique. Ces syndicats représentent essentiellement les travailleurs de l'administration publique, de l'éducation nationale, de la santé et de l'enseignement supérieur. Ils sont nés à la faveur de la loi n° 90-14 du 2 juin 1990 et des réformes démocratiques amorcées par la constitution de 1989 qui, suite aux émeutes d'octobre 1988, instaurait le principe du pluralisme politique. Leurs trajectoires sont variées, que ce soit en matière d'organisation ou de contestation.

On distingue deux vagues de syndicats autonomes : ceux qui sont constitués entre 1990 et 1993, dans la ferveur des réformes démocratiques amorcées à partir de 1989 et ceux qui sont nés à partir des années 2000. Les premiers ont joui d'une reconnaissance juridique immédiate[2]. Les seconds se heurteront pendant plusieurs années au refus d'enregistrement par le ministère du Travail, et n'obtiendront l'autorisation d'exercice qu'à la fin des années 2000. Le contexte n'est plus le même. Ils tenteront ensuite, à diverses occasions, de se regrouper dans des organisations intersyndicales ou confédérations, qui ne seront pas reconnues.

Aujourd'hui, les principaux syndicats présents dans les mobilisations représentent les travailleurs de la fonction publique (enseignants et médecins notamment). Si les fonctionnaires sont présents en force dans le champ syndical, cela est dû au fait que la fonction publique compte le plus grand nombre d'employés, avec près de 4 millions d'agents en 2018[3].

Le statut de la fonction publique promulgué en 1966 ne reconnaissait pas le droit de grève pour les fonctionnaires[4]. Cette interdiction a été élargie à l'ensemble du secteur public par ordonnance en 1973. En 1978, le « statut général des travailleurs »[5] avait mis fin au statut propre à la fonction publique, tout en réaffirmant l'exercice du droit syndical dans le cadre de l'Union générale des travailleurs algériens (UGTA) (articles 23 et 24). Les fonctionnaires et employés du secteur public n'obtiendront le droit de grève qu'en 1989.

Les syndicats autonomes ne sont pas reconnus en tant que partenaires sociaux par l'État. De ce fait ils ne participent ni aux discussions sur les réformes socio-économiques, ni à l'élaboration des politiques publiques en Algérie. La représentativité syndicale est réglementée par l'article 35 de la loi n° 90-14 du 02 juin 1990 qui stipule : « Sont considérées représentatives au sein d'un même organisme employeur, les organisations syndicales de travailleurs regroupant au moins 20 % de l'effectif total des travailleurs salariés couverts par les statuts desdites organisations syndicales et/ ou ayant une représentation d'au moins 20 % au sein du comité de participation lorsque ce dernier existe au sein de l'organisme employeur concerné ». Longtemps, seule l'UGTA a été considérée comme représentative. En 2011, questionné sur l'absence des syndicats autonomes à la 15ème réunion tripartite[6], le premier ministre Ahmed Ouyahia répondit que les syndicats autonomes n'étaient pas représentatifs[7]. De fait, en l'absence de données officielles sur leurs effectifs d'adhérents, les syndicats autonomes ont du mal à faire reconnaître leur représentativité.

L'UGTA, qui existe depuis 1956[8], demeure le seul partenaire social reconnu en tant que tel dans les négociations collectives. En 2014, elle revendiquait 2 156 219 membres, soit 39,5 % des 5 452 634 salariés déclarés, dont 53 % étaient des travailleurs de l'administration publique, 27 % du secteur économique privé et 21% du secteur économique public[9]. En 2017, elle déclarait représenter 2 737 925 travailleurs. En réalité, aussi élevé que ce chiffre puisse paraître, il ne concerne que les travailleurs salariés déclarés puisqu'en 2018 la population active a atteint 11 048 000, dont 63 % sont dans le secteur privé[10]. Il est important de rappeler ici que 96 % des entreprises privées n'ont pas de représentation syndicale et 75 % des travailleurs du secteur privé ne sont pas déclarés à la sécurité sociale[11].

En 2018, suite à l'intensification des grèves dans la fonction publique, le ministère du Travail a imposé un nouveau canevas de déclaration juridique pour obtenir la reconnaissance de la représentativité d'un syndicat[12]. Selon le ministre, seuls 30 syndicats sur 65 ont répondu à cette exigence (dont 20 syndicats de la fonction publique)[13]. Finalement un communiqué du ministère fait état de 17 dossiers retenus sur les 30. Parmi les syndicats dont les dossiers n'ont pas été retenus, on trouve le Conseil national des enseignants du supérieur (CNES) et le Conseil national autonome du personnel enseignant du secteur tertiaire de l'éducation (CNAPESTE), deux des syndicats autonomes les plus présents sur le terrain des contestations[14]. Or, si le gouvernement conteste la représentativité des syndicats autonomes, celle de l'UGTA ne s'appuie en réalité sur aucun chiffre susceptible de confirmer le taux de syndicalisation exigé de 20 % des travailleurs d'une entreprise ou d'une branche.

En investissant les champs politique et social ces deux dernières décennies, les syndicats autonomes semblent en mesure d'affirmer leur capacité à représenter les travailleurs. À défaut d'être reconnus officiellement comme représentatifs, ils démontrent leur capacité mobilisatrice et donc leur légitimité.

Le recours systématique et régulier à diverses formes de contestations, principalement les grèves et les sit-in, révèle l'émergence d'un nouveau répertoire d'action collective que Charles Tilly définit comme « une série limitée de routines qui sont apprises, partagées et exécutées à travers un processus de choix relativement délibéré »[15]. La répétition de ces formes d'action permet de parler de « routinisation » de la contestation.

Durant les années 1990, malgré une situation sécuritaire délicate, les « grèves illimitées » du CNES se succèdent. Parallèlement, un autre syndicat indépendant, le Syndicat national automne des personnels de l'administration publique (SNAPAP), œuvre à faire connaître à l'international la situation des travailleurs en Algérie et les entraves à l'exercice du droit et à soutenir la création de nouveaux collectifs de travailleurs.

Se pose alors la question suivante : comment le refus de reconnaissance des syndicats autonomes va-t-il déboucher sur l'émergence d'une routinisation de la contestation dans la fonction publique ? comment cette routinisation va-t-elle progressivement susciter de nouvelles mobilisations et impulser une dynamique démocratique globale ? La suite de ce texte tente d'y répondre en mettanten lumière les particularités de la situation algérienne.

Les mobilisations syndicales autonomes en Algérie : une routinisation de la contestation

Plusieurs éléments expliquent cette routinisation de l'action contestataire dans la fonction publique en Algérie. Nous en retiendrons principalement deux.

Le premier concerne le contexte de crise économique qui a marqué l'Algérie à partir du milieu des années 1980 et s'est soldé par l'échec des réformes libérales durant les années 1990. Le second est lié à l'échec de la première transition démocratique suite à l'annulation du second tour des élections législatives en janvier 1992, dont la conséquence immédiate a été la montée du terrorisme et l'instauration de l'État d'urgence. Le pouvoir, tout en s'ouvrant au pluralisme syndical sur le plan juridique, nie toute représentativité aux syndicats autonomes et refuse d'ouvrir un processus de dialogue et de négociation avec eux. Aucun syndicat autonome n'a été reçu par un chef du gouvernement depuis 1993[16]. Il faudra attendre 2013, pour que le premier ministre convie tous les syndicats autonomes à assister à une réunion annuelle de la commission tripartite en tant qu'observateurs, une invitation qui sera déclinée par ces derniers[17].

Les syndicats autonomes ont fait du recours systématique aux grèves, marches, et sit-in un moyen de pression pour amener l'État à céder à leurs revendications et ouvrir le dialogue. La quasi-totalité des discussions qui se sont succédé entre les différentes tutelles (notamment les ministères de l'Enseignement supérieur, de l'Éducation nationale et de la Santé publique) et les syndicats autonomes ont eu lieu suite à de longs mouvements de débrayage ou de sit-in devant les institutions gouvernementales.

Les nouvelles formes de luttes syndicales « autonomes » qui émergent lentement, d'abord durant les années 1990, puis de manière assez constante à partir des années 2000, sont en réalité la conséquence du sursaut de catégories professionnelles que le régime algérien a stigmatisé puis tenté de contrôler depuis l'indépendance. La fonction publique était en effet jugée comme représentant un danger potentiel pour un régime qui se revendiquait du « socialisme », car elle était assimilée à l'héritage « d'une bourgeoisie colonialiste »[18]. Bien que nécessaire dans la vision technocratique de l'État du président Houari Boumediene, elle n'avait pas de place dans l'idéologie socialiste officielle. Mais au lendemain de l'indépendance, les effectifs de la fonction publique étaient estimés à 50 000 ou 60 000 au plus. Les fonctionnaires sont alors très minoritaires au sein de l'UGTA.

À partir des années 1980, la démocratisation de l'enseignement en Algérie entraine une forte augmentation du nombre des diplômés de l'université et ceux-ci sont recrutés principalement au sein de la fonction publique (enseignants et médecins notamment). Rappelons que depuis 1978, les fonctionnaires ne bénéficient plus d'un statut propre, mais qu'ils n'ont toujours pas le droit de grève. Les évènements d'octobre 1988 traduisent, entre autres, le mal être d'une partie non négligeable d'entre eux[19].

À la faveur des réformes démocratiques annoncées après la promulgation de la constitution de 1989, l'Algérie se dote en 1990 d'une nouvelle loi qui réorganise l'exercice du droit syndical et permet pour la première fois aux travailleurs algériens de s'organiser en dehors de l'UGTA. Cette loi stipule que : « Les organisations syndicales sont autonomes dans leur fonctionnement et distinctes par leur objet et dénomination de toute association à caractère politique ». Cette autonomie traduit les nouveaux rapports entre les syndicats et le pouvoir politique. Elle s'oppose au modèle de l'UGTA, organisation de masse au service du parti unique au pouvoir, le Front de Libération Nationale[20].

En 1990, un Syndicat islamique des travailleurs (SIT) était créé à l'initiative du parti Front islamique du Salut (FIS). Un an plus tard, ce syndicat lance une grève en réalité décidée et pilotée parle FIS[21]. Il s'agissait bien d'une grève politique et d'une tentative de ce parti, à travers le syndicat qu'il contrôlait, de mobiliser les travailleurs autour d'un projet d'État fondé sur la *charia*. Le caractère émeutier de cette grève et la montée du terrorisme vont faire diminuer les luttes sociales de manière très significative durant les années 1990, car toute contestation est assimilée à un risque menaçant la sécurité du pays. Dans le même temps, les fonctionnaires deviennent les premières cibles des terroristes. Pas moins de 657 syndicalistes de l'UGTA en ont été victimes[22].

Dans les années 1990, le Programme d'Ajustement Structurel imposé par le FMI[23] prévoit la privatisation des entreprises publiques et la réduction des dépenses de l'État. Les conséquences sont immédiates : licenciements ou mises à la retraite anticipée en masse, détérioration du pouvoir d'achat, dégradation des services de santé et de l'éducation. Une étude de l'ONS en 1998 met en évidence une baisse de pouvoir d'achat de 45 % entre 1986 et 1994 et de 23,3 % entre 1994 et 1998[24]. Les dépenses en matière d'éducation passent de 24,3 % des dépenses globales en 1980 à 16,4 % en 1996[25]. Les programmes de logements sociaux baissent de 70,9 %[26].

Une mesure particulièrement impopulaire prise par le gouvernement d'Ahmed Ouyahia en 1997, consista à prélever sur les salaires des fonctionnaires pour payer les arriérés de salaires de près de 200 000 travailleurs du bâtiment employés par l'État[27]. Au vu de ce contexte, marqué par une précarisation de l'emploi public et le refus du pouvoir d'associer les syndicats autonomes dans les négociations collectives, on note à partir des années 2000 une routinisation de l'action contestataire dans la fonction publique, impulsée par certains des premiers syndicats nés entre 1990 et 1993 dans l'éducation, l'administration et la santé ou par de nouveaux syndicats autonomes qui ont vu le jour au début des années 2000. Ces syndicats vont désormais adopter des actions de contestation communes et se regrouperont au sein de confédérations : en 2007, naît la Coordination nationale des syndicats autonomes de la fonction publique (CNSAFP), qui regroupe 11 syndicats de la santé publique et de l'éducation, dans un contexte où aucun syndicat autonome n'a été associé aux négociations sur la nouvelle grille des salaires proposée par le gouvernement et le statut de la fonction publique.

La forte inflation qui marque cette époque, contribue à l'intensification de la contestation, et en 2008 7 autres syndicats créent l'Intersyndicale autonome de la fonction publique (IAFP)[28]. Ce sont encore une fois les syndicats autonomes de la fonction publique qui, de la première grève de l'enseignement supérieur initiée par le CNES en 1991, à celles de l'éducation nationale initiées par le Conseil des enseignants des lycées d'Algérie (CELA) et du CNAPESTE entre 2003 et 2004, ont fait de l'augmentation salariale et de la promulgation d'un statut leurs principales revendications pendant plusieurs années, alors que l'UGTA est encore la seule organisation admise à la table des négociations. Entre 2002 et 2012, rien que dans l'éducation nationale, les syndicats autonomes ont lancé 52 grèves nationales et 22 menaces de grève[29]. De 2002 à 2019, 170 jours de grèves ont été enregistrés dans l'éducation[30]. De 2002 à 2007, les grèves dans la fonction publique sont porteuses de revendications principalement salariales. Entre 2008 et 2012, le mouvement de contestation vise la remise en cause des négociations entre l'UGTA et l'État, qui aboutit à des propositions auxquelles les syndicats autonomes n'ont pas été associés et dont ils ont jugé le contenu insatisfaisant. D'où leur refus de siéger en simples observateurs lorsqu'ils sont invités à la réunion tripartite en 2013.

Depuis plus de deux décennies, ces syndicats occupent le devant de la scène contestataire dans le pays.

Le CNES et le SNAPAP : deux syndicats à l'avant-garde des luttes

Durant les années 1990, la majorité des syndicats autonomes peinaient à mobiliser, du fait de la situation sécuritaire. Quelques-uns font toutefois exception, notamment le CNES et le SNAPAP, dont les trajectoires vont finir par installer des routines contestataires qui déboucheront sur une mobilisation pour le changement et la démocratie.

Le SNAPAP : une stratégie de généralisation de la contestation

Doyen des syndicats autonomes algériens, le Syndicat National Automne des Personnels de l'Administration Publique (SNAPAP), créé en 1990, s'impose progressivement comme le principal concurrent de l'UGTA. À partir des années 2010, il travaillera à impulser la création d'une confédération syndicale.

Dans les années 2000, les syndicats autonomes ayant conduit les plus longues grèves ou fait acte d'opposition ouverte aux décisions politiques ont connu de nombreuses scissions. Ils accusent l'État de s'ingérer dans leur vie interne et de favoriser ces scissions en octroyant trop facilement le récépissé d'enregistrement aux groupes dissidents, encourageant ainsi la création de « syndicats clones »[31].

Les crises internes successives aboutiront à la scission du SNAPAP en 2004 et à celle du CNES à deux reprises en 2006 et 2016[32]. Cela va conduire ces deux syndicats à aborder progressivement les questions du changement et de la démocratie. Depuis la scission[33], le SNAPAP, loin de s'arrêter à la dénonciation des pratiques répressives de l'État, s'est engagé dans un soutien actif aux militants de diverses catégories professionnelles. En 2008, il accueille dans ses locaux les premières initiatives qui ont vu la création du Conseil national des enseignants contractuels (CNEC), lorsque 55 enseignants contractuels avaient fait une grève de la faim pendant 42 jours. 40 000 contractuels étaient touchés par des retards de paiement de salaire allant jusqu'à trois ans et le CNEC réclamait une titularisation immédiate dans la fonction publique. Leur mouvement se poursuit de manière régulière jusqu'en en février 2012, quand le ministre de l'éducation annonce l'organisation d'un concours pour la titularisation de 30 000 contractuels[34]. D'autres collectifs de travailleurs se constitueront aussi sous l'aile du SNAPAP, tel que le Comité des femmes travailleuses précaires, qui regroupe principalement les travailleuses recrutées dans le cadre du pré-emploi et du filet social et vacataires dans l'administration. Ce dernier organisera un sit-in le 31 décembre 2011 devant le ministère du Travail pour exiger l'intégration des travailleuses à temps plein[35].

En 2014, le SNAPAP annonce la tenue de la première assemblée générale de la Confédération générale autonome des travailleurs algériens (CGATA) qui regroupe 6 syndicats aux côtés du SNAPAP. L'objectif est de réunir des syndicats du secteur privé et public dans une même confédération en vue de renforcer les luttes syndicales. En 2014, la CGATA annonce son adhésion à la Confédération syndicale internationale (CSI)[36]. La même année, elle rend publique un projet de création d'un syndicat de la police, ce qui était impensable auparavant[37]. Pour la première fois en Algérie, le 13 octobre 2014, au lendemain d'affrontements à Berriane (wilaya de Ghardaïa) qui ont fait 3 blessés parmi les policiers, entre 600 et 1500 policiers se rassemblent devant le siège de la sureté de la wilaya à Ghardaïa[38]. Ils sont exaspérés par plus de 10 mois de gestion sécuritaire d'une crise qui oppose les deux communautés Mozabites et Chaambas[39] de cette région. Le 14 octobre les policiers manifestent devant le palais du gouvernement à Alger. Ils demandent le limogeage du directeur de la sureté nationale, l'amélioration de leurs conditions de travail, des augmentations salariales, le droit à un logement social et la création d'un syndicat de la police.

En 2014, la Fédération nationale des fonctionnaires des communes (FNFC) affiliée au SNAPAP[40] entame une grève de 3 jours à partir du 25 octobre. Sa revendication principale concerne la remise en cause de l'abrogation de l'article 87 bis du code du travail (loi n° 90-11 d'avril 1990) qui définissait le salaire national minimum garanti (SNMG). Cette décision, censée renforcer l'application des augmentations salariales annoncées en 2012, n'allait finalement avoir aucune incidence sur le salaire de 45 % des travailleurs de l'administration publique[41]. Malgré la revalorisation du SNMG prévue en janvier 2015 à 18 000 dinars algériens (da), 120 000 fonctionnaires continuent de toucher un salaire inférieur à cette somme[42]. Sont concernés notamment des « corps communs » tels que les femmes de ménages, les travailleurs de l'administration, les opérateurs professionnels, les ambulanciers, etc.

Le soutien à de nouveaux noyaux de contestation donne une visibilité à des situations de marginalité qui se généralisent à travers tout le territoire. Selon les termes de Kadour Chouicha, du Syndicat des enseignants du supérieur solidaires (SESS)[43] : « L'idée principale est de convaincre les citoyens que nous ne sommes pas une exception et que la *hogra*[44] se généralise de plus en plus. Il faudrait donc généraliser la contestation pour mettre fin à la répression que subissent tous les militants, qu'ils soient syndicaux ou pas, et s'aligner autour d'un combat pour les libertés et la démocratie[45] ».

Le CNES : un modèle pour la constitution de nouveaux syndicats

Dès les années 1990, les universitaires organisés au sein du Conseil national des enseignants du supérieur (CNES)[46] vont inaugurer en Algérie le recours systématique à la grève illimitée dans la fonction publique. À l'origine, de petits noyaux de contestation commencent à émerger dans le contexte d'octobre 1988 dans plusieurs universités du pays. Ils se présentent comme mouvements autonomes des enseignants du supérieur. Constitué principalement par d'anciens syndicalistes de la Fédération des travailleurs de l'enseignement supérieur de l'UGTA et d'anciens militants de l'Union nationale des étudiants algériens(UNEA), des Comités autonomes des étudiants des années 1970 et 1980, de l'Union nationale de la jeunesse algérienne (UNJA) et du Mouvement culturel berbère (MCB), le CNES organise une première grève qui va durer 5 semaines à partir du 15 novembre 1991. Plus importante encore, la marche du CNES de l'Université d'Alger vers le Palais du gouvernement, le 26 novembre 1991, réprimée par la police, va marquer le début d'une série de grèves caractérisées par une durée relativement longue. La première, en octobre 1993 dure trois semaines, une seconde grève fin 1996 dure presque trois mois ; enfin la plus importante, en 1998-99, a duré 135 jours[47]. Ces grèves tournent autour d'une revendication principale, l'augmentation salariale. Elles se poursuivent malgré l'état d'urgence et les restrictions au droit de manifestation et de regroupement dans la capitale ; elles seront déclarées illégales et beaucoup de syndicalistes et de grévistes feront l'objet de répression.

Le CNES servira de modèle de résistance aux restrictions à l'exercice du droit syndical mais aussi au contexte sécuritaire de la décennie noire. Il apportera son soutien et son expérience aux nouveaux syndicats qui voient le jour en 2002 et 2003 dans l'éducation nationale, comme le Conseil des lycées d'Algérie (CLA) et le Conseil national autonome des professeurs de l'enseignement secondaire et technique (CNAPEST)[48]. Ces syndicats organiseront leurs premières réunions de constitution au bureau du CNES à Alger, et comme le CNES choisiront de s'appele r« conseil » (ou « coordination ») au lieu de « syndicat ». Ce choix marque une prise de distance à l'égard du cadre syndical traditionnel de l'UGTA, lié à l'État, et la revendication d'un fonctionnement indépendant et démocratique. Ils agiront en usant des mêmes formes de contestation – en particulier, entre 2002 et 2004, la grève illimitée.

2010-2011 : la contestation sur fond de précarité

Entre 2009 et 2010, l'Algérie est marquée par les « émeutes de l'emploi »[49]. En 2011, loin de faiblir, ces contestations vont s'accentuer. Sur les 3098 actions contestataires enregistrées cette année-là, 894 sont en relation avec des revendications professionnelles, dont 37,2 % concernent les augmentations salariales et la titularisation[50]. Ces contestations ont un écho aussi chez les jeunes chômeurs puisqu'ils sont à l'origine de 182 autres actions. Elles émanent principalement des jeunes qui réclament le droit au travail et à un emploi stable. Ceux qui ont bénéficié de CDD dans le cadre des différents programmes d'insertion revendiquent leur intégration dans la fonction publique. Globalement, le secteur public connaitra 659 actions contestataires contre 248 pour le secteur privé et pas moins de 1602 actions émanant de citoyens et d'habitants autour de la question du logement et des services publics en général[51]. Ces chiffres traduisent pour la première fois une généralisation de la contestation auprès de toutes les catégories sociales qui va constituer un tournant pour les luttes sociales.

Pour faire face à un chômage qui ne cesse de progresser, en particulier chez les jeunes diplômés, sont mis en place un« Dispositif d'Aide à l'Insertion Professionnelle » (DAIP) et un« Contrat d'Insertion des Diplômés » (CID) d'une durée d'un an à un an et demi. Mais, ces dispositifs peinent à convaincre. Le manque de suivi des projets de l'Agence nationale de soutien à l'emploi des jeunes (ANSEJ), qui gère un fonds de soutien à la création d'entreprises, créé en septembre 2005, va mener à l'échec d'une grande partie des projets des jeunes en ayant bénéficié. L'échec de ce programme va susciter chez les bénéficiaires du DAIP et chez les jeunes qui ont eu des contrats dans les administrations publiques une revendication d'emploi pérenne ou de titularisation.

Un Comité des travailleurs du pré-emploi et du filet social est créé, sous l'égide du SNAPAP. Outre ce comité, à partir de 2010, une dynamique sans précédent va se mettre en place, impulsée par les chômeurs des wilayas du sud qui réclament un emploi et s'organisent autour du Comité national de défense des droits des droits des chômeurs (CNDDC). Le 19 mars 2011, des chômeurs, des contractuels et des Algériens ayant fui la Libye en 2011, manifestent devant la présidence de la République. Le 5 octobre 2011, une manifestation a lieu devant le siège de la wilaya d'Oran. Le 10 décembre 2011, ce sont 200 jeunes qui se rassemblent devant la wilaya de Sétif. Ces mobilisations vont contraindre l'État à céder et à annoncer la titularisation de 36 000 bénéficiaires du DAIP dans le cadre des postes vacants de l'administration publique[52]. Elles bénéficient du soutien et de l'encadrement du SNAPAP (aile Malaoui)[33]. Le CNDDC organise la marche du 14 mars 2013 durant laquelle 2000 chômeurs du sud s'étaient réunis à Ouargla, réclamant principalement de l'emploi et l'amélioration des conditions de vie des habitants du sud[53].

Cette mobilisation dépasse largement le monde du travail. En 2011[54], le SNAPAP (aile Malaoui), le CNES, le SESS[55], le SATEF et le CELA sont fortement impliqués, aux côtés de la Ligue algérienne de défense des Droits de l'homme (LADDH), et de certains partis de l'opposition dans la constitution de la Coordination Nationale pour le Changement et la Démocratie (CNCD). Ces syndicats vont désormais se positionner au cœur de toutes les contestations. Durant la crise de Ghardaïa[56], certains de ces militants syndicaux se déplaceront dans la ville pour dénoncer les arrestations arbitraires contre les détenus politiques de la crise. Ils seront eux-mêmes traduits en justice pour incitation à attroupement non armé.

Conclusion

Les luttes syndicales autonomes en Algérie ont évolué dans un contexte de transition démocratique inachevée, principalement marqué par un régime politique qui s'est maintenu depuis l'indépendance sans réelle volonté de changement. Mais la réalité économique déséquilibrée et le mal développement ont été à l'origine de situations de précarité, accentuées par les réformes libérales imposées par le FMI. L'économie de rente a favorisé la résilience du système. Le régime ne pouvait, dans ce contexte, autoriser un exercice démocratique dont le contrôle lui aurait échappé et qui aurait menacé son existence même. Le refus de reconnaître les syndicats autonomes n'a fait que renforcer le sentiment d'humiliation généralisé et est devenu un moteur de la contestation sociale. La « *hogra* » était ressentie dans toutes les couches et catégories sociales et a entrainé la multiplication des contestations.

Le caractère apparemment désordonné de l'émergence de ces mouvements sociaux va déboucher sur la circulation des modèles contestataires, sur des tentatives d'unification et sur une prise de conscience généralisée de la nécessité d'un changement démocratique.

Les syndicats autonomes, forts d'un répertoire d'action contestataire accumulé en l'espace de trois décennies, ont réussi à « (ré)ouvrir » l'espace contestataire, fermé depuis la parenthèse d'octobre 1988. En défendant l'idée « de la représentation sociale des travailleurs », en dépit de ce que prévoit la loi à propos de la représentativité syndicale, les contestations dans le monde du travail ont remis la question de la démocratie au centre des débats, et ont contribué à l'apprentissage démocratique.

Ces syndicats remettent en cause les formes traditionnelles de représentation syndicale héritées du régime à parti unique d'avant 1989. Certes, tous n'évoluent pas de la même façon. Certains ont des moyens d'action limités (petites corporations de travailleurs) ou sont issus d'ailes dissidentes (syndicats-clones) et ne réussissent pas à mobiliser les travailleurs. Suite à l'expérience traumatisante du Syndicat Islamique du Travail, beaucoup restent méfiants à l'égard de l'action politique. Mais ils mettent en avant la nécessité de s'organiser et de se mobiliser pour les droits socio-économiques et politiques des citoyens ; ils cherchent à sensibiliser les marginaux du monde du travail, contre la « *hogra* ». La cartographie des contestations en Algérie l'illustre bien. Le syndicalisme autonome a servi de modèle de contestation et a suscité une multiplication de revendications sectorielles portées par des coordinations et des collectifs de tout genre, empruntant de nouvelles formes de contestation auxquelles le monde syndical était peu habitué en Algérie, imposant ainsi un nouveau rapport de force.

La Confédération des syndicats autonomes (CSA) qui s'est constituée quelques mois seulement avant le début du « Hirak », a rejoint le mouvement quelques jours plus tard, et s'est associée aux revendications du peuple. Cette confédération va même s'impliquer de manière très significative avec deux autres collectifs : le Forum Civil pour le Changement et le Collectif de la Société civile algérienne pour une Transition démocratique et pacifique, dans une initiative qui réunit plus de 80 syndicats et associations et dont l'objectif principal est de proposer une feuille de route pour une période de transition politique en Algérie. Quand à la CGATA, qui a aussi pris part à cette initiative, elle confirme son rôle de sensibilisation et d'accompagnement en impulsant la création du Comité anti répression d'Oran, dont le but est de se mobiliser contre les arrestations arbitraires des détenus d'opinions.

Notes

1. 19 nouveaux syndicats ont été reconnus en 2019, suite au mouvement de protestations populaires enclenché depuis le 22 février, dont 13 dans le secteur de la fonction publique.
2. Attribution de récépissé d'enregistrement par le ministère du Travail.
3. *El Watan*, le 23 septembre 2018.
4. Voir Gérard Timsit « Le statut de la fonction publique algérienne ». *Revue algérienne des sciences juridiques politiques et économiques*, juin 1967, n° 2.
5. Fondé sur l'idée de l'égalité de tous les travailleurs au regard de la loi, prônée par un régime qui se réclame du socialisme. Tous les travailleurs sont régis désormais par la loi 78-12 du 5 août 1978 relative au statut général du travailleur (Journal officiel de la république algérienne, n° 32, du 8 août 1978).
6. Réunions de concertation entre le gouvernement, le patronat et l'UGTA qui se tiennent une à deux fois par an, en vue de discuter des politiques économiques et sociales.
7. *El Watan*, le 24-02-2005 et *Le Soir d'Algérie* le 26-02-2005.
8. L'UGTA compte 32 fédérations, 325 syndicats, 960 syndicats d'entreprises, 48 unions de wilayas, 250 unions locales, 62 728 sections syndicales, 250 coordinations de wilayas et 48 coordinations de femmes travailleuses. Elle revendique la légitimité historique en lien avec son rôle dans la guerre de libération nationale.
9. Rapport d'activité de l'UGTA, 2008-2014.
10. Source : Office nationale des statistiques (ONS).
11. *El Watan*, 22 juin 2019. Noureddine Bouderba (expert des questions syndicales) estime qu'en 2018, le nombre des travailleurs syndiqués en Algérie ne dépasse pas 1,1 million ce qui équivaut à 9 % seulement de la population active. Il note aussi que 97 % des 930 000 entreprises économiques recensées par l'ONS emploient moins de 10 salariés qui ne peuvent pas créer de section syndicale puisqu'il faut au moins 20 travailleurs. En effet l'article 41 de la loi 91-30 stipule qu'un délégué représente de 20 à 50 travailleurs salariés. Voir à ce sujet www.reporters.dz , 1er avril 2018.
12. Cette nouvelle disposition inclut une liste nominale des adhérents, leurs numéros d'affiliation à la sécurité sociale et les montants des cotisations. *Maghreb émergent,* 19 avril 2018. Il s'agit en réalité d'une mise à jour des données du ministère du Travail.
13. *Algérie Presse Service*, 28 avril 2018 ; *Liberté* 30 avril 2018.
14. L'argument invoqué par le ministère concernant le CNES est le conflit interne qui le divise tandis qu'il est reproché au CNAPESTE le non respect de la nouvelle réglementation.
15. Cité dans Olivier Fillieule, Lillian Mathieu et Cécile Péchu, (dir.), *Dictionnaire des mouvements sociaux,* Paris, Presses de Sciences Po, 2009, p. 454.
16. Rachid Malaoui, président du SNAPAP, dans *Liberté*, le 8 décembre 2002.
17. *El Watan*, le 4 septembre 2013.
18. Ali Remli, dans le Bulletin de l'UGTA (*Révolution et Travail*, 2 février 1965,p. 2), qualifiait les fonctionnaires de « Bourgeoisie bureaucratique qui pourrait faire saboter la révolution socialiste algérienne ».
19. Voir Nacer Djabi,« Le mouvement syndical algérien : l'après pluralisme », dans Nacer Djabi, *La cartographie syndicale algérienne après un quart de siècle de pluralisme*, Alger, Éditions les amis de Abdelahamid Benzine, 2015, p.7-20.
20. Voir Azzi Abdelmajid, *Le mouvement syndical algérien à l'épreuve de l'indépendance*, Alger, Livres Éditions 2012, p.107-109.
21. Amine Touati, *Algérie* : *les islamistes à l'Assaut du pouvoir*, Paris, L'Harmattan, 2000.
22. Selon les déclarations de l'ancien secrétaire général de l'UGTA, Abd El Majid Sidi Said (voir Algérie Presse Service, le 20 février 2018).

23. Ahmed Bouyacoub, « L'économie algérienne et le programme d'ajustement structurel », *Confluences Méditerranée*, Printemps 1997, p.77-85.
24. Abdennour Moussaoui, « Quelques conséquences des programmes d'ajustement structurel sur l'éducation », *Revue des sciences humaines*, n° 16, décembre 2001, p.120-121.
25. Abdennour Moussaoui, *art. cité*.
26. Grégoire de Lahaye et Loïc Le Pape, « Les transformations économiques en Algérie », *Journal des anthropologues*, n° 96-97, 2004, p. 177-194.
27. *La Tribune*, 01-09-2008 ; *Jeune Afrique économique*, n° 215-220,p. 31.
28. *Le soir d'Algérie*, 10 février 2008.
29. Ces chiffres ont été élaborés à partir des dossiers de presse dans le cadre d'une enquête de terrain réalisée en 2011. Les menaces de grève sont diffusées par les responsables syndicaux dans le cadre de déclarations publiques relayés par les médias comme une mise en garde à l'attention du gouvernement.
30. *Le Matin d'Algérie*, le 19 janvier 2019.
31. Ainsi, le secrétaire général du ministère de l'Education nationale, pour stopper la grève du CNAPESTE en octobre 2004, va convaincre le coordinateur national du CNAPESTE, Mézianne Mérianne, de publier un communiqué dans lequel il appelle à l'arrêt de la grève au nom de la sauvegarde de l'école, ce qui aboutit plus tard à la création d'un syndicat « clone » le SNAPEST. Voir à ce sujet le site *Liberté*, 4 octobre 2004.
32. En 2007, à l'issue d'une grève, la décision du secrétaire général du CNES,Abdel Malek Rahmani, d'y mettre fin, est contestée par une grande partie des sections syndicales des universités du centre du pays et aboutit àla constitution de la coordination des sections CNES des universités du centre.Actuellement la première organisation se maintient toujours mais deux sections s'en sont séparées,le Syndicat des enseignants du supérieur solidaires (SESS) à l'université d'Oran et celle du CNES de l'Université de Constantine. Aucune des deux n'est reconnue par l'État.
33. En 2004, le SNAPAP s'est divisé sur la position à prendre lors des élections présidentielles : son président, Rachid Maloui, refusait de soutenir publiquement la candidature d'Abdelaziz Bouteflika, alors qu'un groupe autour de Belkacem Felfoul était en faveur de ce dernier. Sur le plan organisationnel, dans sa volonté de concurrencer l'UGTA, le SNAPAP (aile Maloui) s'est structuré en regroupant des fédérations à l'image de la centrale syndicale officielle (qui en compte 32) tandis que le SNAPAP aile Felfoul s'est structuré en unions nationales. En 2014, le SNAPAP aile Rachid Maloui compte 12 fédérations. L'aile Felfoul compte 20 unions nationales.
34. *Le Matin* 25 aout 2008, et *Réflexion* le 31 janvier 2012.
35. Voir à ce sujet l'intégralité de la plate-forme de revendication sur le site Algeria Watch,rubrique luttes syndicales le 31 décembre 2011
36. Site *Algérie Focus*, le 25 décembre 2014.
37. Site *Algérie Focus*, le 28 octobre 2014.
38. *Liberté*, le 14 octobre 2014.
39. Fatma Oussedik, « Les émeutes de Ghardaïa. L'Algérie une société en guerre contre elle-même »,*Naqd*,2015/01,n° 32, p. 105-134.
40. Cf. note 33, à propos de la constitution, à partir de 2004, de fédérations au sein du SNAPAP, qui se comporte de fait comme une confédération. La création de la CGATA en 2014, sous l'impulsion du SNAPAP, prend acte de son rôle fédérateur.
41. *Huffington Post Maghreb*, le 11 octobre 2014.
42. *Liberté*, 19 juillet 2015.*El Watan*, le 6 août 2015.
43. Issu de la scission du CNES, cf note 32.
44. Terme d'arabe algérien qui renvoie à l'idée de mépris, d'injustice et d'oppression.
45. Entretien réalisé en avril 2018.
46. Créé en 1989 et agréé en 1992. Sur l'histoire du CNES voir AbderrezakAdel, « Le processus d'autonomisation syndicale et ses limites à travers l'expérience du CNES (1996-2006). In NacerDjabi(dir), *op.cit.* p.53-63 ; et Larbi Grine, *Algérie Naufrage de la fonction publique et défi syndical : entretiens*, Paris, L'Harmattan, 2010.
47. *El Watan*, le 10 juillet 2006.
48. Devenu par la suite CNAPESTE (Conseil National Autonome du Persnnel Enseignant du Secteur Tertiaire de l'Education (Cf. introduction).

49. Voir Cherif Bennadji, « Algérie 2010, l'année des milles et une émeutes », *L'Année du Maghreb*, VII-2011, p. 263-269.
50. Voir Noureddine Bekisse,« Le mouvement syndical et la problématique de la difficulté de l'évolution » (en arabe), dans Nacer Djabi, (dir.), *La cartographie syndicale algérienne ...après un quart de siècle de pluralisme, Actes du colloque hommage à Abdelhamid Benzine*, Editions les amis de Abdelhamid Benzine, pp. 47-59.
51. Selon une étude de *Noureddine Bekkiss, Les mouvements contestataires en Algérie, de l'affrontement à l'inclusion* (en arabe), Nouvelle publication universitaire, Tlemcen, 2018, p120-127.
52. *Horizons* 20 mars 2011 ; *Le Maghreb* 22 septembre2014.
53. NaouelBelakhdar, « L'éveil du sud ou quand la contestation vient de la marg, une analyse du mouvement des chômeurs algériens », *Politique africaine*,2015/01, n° 137, p. 27-48.
54. Layla Baamara, « Mésaventures d'une coalition contestataire : le cas de la Coordination nationale pour le changement et la démocratie (CNCD) en Algérie », *L'année du Maghreb*, VIII | 2012 : *Dossier : Un printemps arabe ?* p. 161-179.
55. Créé par d'anciens militants du CNES d'Oran, ce syndicat créé en 2013 n'est toujours pas reconnu.
56. Conflit communautaire qui oppose au sein de la vallée du Mzab Chaambas et Mozabites autour de questions liées au départ à la distribution des logements sociaux.

Entretien avec Ahmad Dirani et Ghassan Slaiby
conduit par Nizar Hariri et Michele Scala

Nizar Hariri, Professeur Associé à la Faculté de sciences économiques, Université Saint-Joseph, Beyrouth.
Michele Scala, Doctorant Aix-Marseille Université, IREMAM. Chercheur associé à l'Ifpo de Beyrouth.

Le mouvement syndical libanais à l'épreuve de l'*Intifãda* du 17 octobre 2019

« Á l'automne 2019, le Liban connaît un mouvement protestataire sans précédent remettant en cause le système politique et ses représentants. Nous avons voulu donner la parole à Ahmad Dirani et Ghassan Slaybi, sociologues et militants syndicaux libanais de longue date, pour leur demander comment ils lisaient ce mouvement, au prisme du travail et de ses confictualités récentes. Ce faisant, il s'agit d'interroger et de mettre en débat le passé, le présent et le futur du mouvement syndical libanais.

In the fall of 2019, Lebanon experienced an unprecedented protest movement which called into question the political system and its representatives. We solicited the reactions of Ahmad Dirani and Ghassan Slaybi, Lebanese sociologists and longtime union activists, and asked them for their perspective on the popular movement and its implications for work and related recent conflicts. The intent was to question and debate the past, present and future of the Lebanese labor movement.

L'*Intifāda* et ses mots d'ordre

À l'automne 2019, le Liban connaît un mouvement protestataire sans précédent par son ampleur et par sa composition sociale, mais aussi par sa capacité à regrouper et à radicaliser des demandes qui, auparavant, s'exprimaient de manière fragmentée dans l'arène sociale. L'*Intifāda* (soulèvement) – terme utilisé par nos interviewés, mais qui coexiste dans les rues à côté d'autres comme *thawra* (révolution) ou *hirāk* (mouvement) – éclate le 17 octobre 2019 en réponse à la mise en place de mesures d'austérité exténuantes socialement. Si le déclencheur fut l'annonce de la taxation des applications de messagerie instantanée WhatsApp, les mobilisations se transforment rapidement en un mouvement de critique radicale du système politique et de ses représentants. L'articulation de demandes « très matérialistes » à d'autres éminemment politiques et sociales invite à sortir des lectures trop mécanistes de ces mobilisations qui vont bien au-delà d'une réaction spasmodique à des mesures réputées insupportables.

En appelant d'un seul cri à la chute du régime confessionnel (*isqāt al-nizām al-tā'ifi*) et de ses leaders, les protestataires remettent en cause les clivages et les appartenances communautaires habituellement tenus pour solides. « Le peuple » (*al-cha'b*) de la mobilisation dénonce à la fois la corruption (*al-fasād*) et l'économie de rente (une économie libérale « sans laissez-faire »[1]), responsables de la concentration des richesses et de leur répartition sélective, discrétionnaire et inégalitaire. Face à l'*Intifāda*, le « cercle de fer »[2] libanais du confessionnalisme, du communautarisme et du clientélisme semble vaciller. Symboles les plus apparents du joug clientélo-confessionnel dont s'indignent les protestataires, les drapeaux des partis et les posters de leurs leaders sont détruits, y compris dans les fiefs réputés intouchables sous contrôle du parti Amal ou du Hezbollah. Avec eux, tombent aussi des tabous et le silence contraint ou issu de l'omerta. Le slogan qui retentit dans la rue, les places publiques et les universités est « *Kellon-ya'né-kellon* », ce qui veut dire qu'*ils* sont tous pareils (litt., « tous, ça veut dire TOUS »).

Interrogée dans le temps long, la contestation s'inscrit dans un terreau d'effervescence collective dont les liens avec les mouvements anciens et plus récents mériteraient d'être davantage interrogés. Les protestations survenues en août 2015 lors de la crise dite des déchets[3] avaient déjà pris pour cible la corruption du système politique. La contestation du « tout communautaire » trouve ses racines dans le Mouvement pour la chute du régime confessionnel né en 2011, tandis que le slogan de la contestation « *Kellon-ya'né-kellon* » est lui-même issu de la longue bataille des enseignants et fonctionnaires qui, depuis 2000, revendiquent la revalorisation de la grille des salaires. Ces mots d'ordre, expériences de lutte et traditions militantes s'articulent et se nourrissent en trouvant aujourd'hui une arène commune de contestation face à une situation économique, financière et sociale suffocante. La « pudeur » des revendications pour des causes sociales, constatée tout au long des années 1990 et 2000[4], laisse aujourd'hui la place à l'effronterie populaire qui dénonce les effets d'une machine clientélo-confessionnelle enrayée.

L'*Intifāda* au prisme du travail : qu'en est-il du mouvement syndical ?

Ces dix dernières années, un certain nombre de conflictualités sociales se sont exprimées dans une autre arène qui, jusque-là, a peu attiré l'attention des observateurs : les mondes du travail. Depuis 2012, des mobilisations inédites des contractuels de divers ministères et entreprises publiques, du Casino du Liban, de la grande distribution ou, encore plus inattendues, des travailleuses domestiques étrangères ou des ouvriers agricoles syriens ont mis en lumière l'accentuation des tensions autour du travail[5]. En 2019, deux mouvements protestataires autour et pour le travail ont immédiatement précédé l'éclatement de l'*Intifāda*. Au printemps, enseignants et magistrats, dockers, travailleurs hospitaliers, employés de la Banque centrale et retraités de l'armée se sont mobilisés contre les mesures d'austérité et la détérioration des conditions d'emploi dans leurs secteurs respectifs[6]. Durant l'été suivant, alors que le ministère du Travail menait une campagne d'inspection visant à lutter contre le travail irrégulier, les travailleurs palestiniens manifestaient aux côtés de leurs familles et de nombreuses associations s'indignant de ces mesures supposées les protéger mais qui risquaient en réalité de limiter leur accès au travail[7]. Fait remarquable, l'association « *Li-Haqqi* » (Pour mon droit) qui a été la première à lancer un appel à manifestation le 17 octobre pour protester contre la « taxe WhatsApp » a été également parmi les plus actives dans ces mobilisations de soutien aux travailleurs palestiniens.

Souvent réduits à des conflits du pain car surgis autour de revendications « matérielles », ou à des affrontements politiques entre hommes ou factions rivales, ces mobilisations apparaissent comme des phénomènes exceptionnels, qualifiés ailleurs « d'improbables »[8]. Cependant, des protestations comme la bataille pour les salaires des employés de l'entreprise de grande distribution Spinneys, ou la lutte pour la titularisation des journaliers de l'Électricité du Liban (EDL), se sont révélées, en y regardant de plus près, une remise en cause des équilibres clientélaires qui régiss(ai)ent le travail et ses arrangements[9]. Prises ensemble, ces mobilisations éparses et sectorisées, viennent nous rappeler, s'il en était besoin, la portée politique des revendications matérielles.

Le travail et ses conflictualités qui paraissaient confinées à l'âge d'or d'un mouvement syndical jadis bouillonnant mais depuis l'après-guerre réputé « dormant »[10], s'invitent aujourd'hui au cœur des questions sociales et politiques. Toutefois la quasi-absence, ou mieux, la présence fragmentée de l'acteur syndical au sein de ces luttes est frappante. Certes la Fédération nationale des syndicats des ouvriers et des employés au Liban (FENASOL), fédération de gauche ayant rompu tout lien avec la Confédération générale des travailleurs libanais (CGTL) en 2012, a pu soutenir par le passé la création du Syndicat des travailleuses domestiques étrangères (non reconnu par les autorités)[11] et, de manière marginale, les mobilisations survenues à Spinneys et à EDL. Cependant son impact et sa capacité de mobilisation demeurent faibles. La CGTL fait, quant à elle, figure de grande absente. L'histoire récente des luttes au travail est faite d'actions collectives qui se passent largement de l'encadrement syndical. Or, ce militantisme sans syndicat n'est pas vraiment nouveau. De la grève à l'usine de biscuits Ghandour en 1972, au conflit de travail surgi à Spinneys 40 ans plus tard, les conflictualités du travail font face à des contraintes structurelles repoussant la lutte aux marges du syndicalisme institué. La longue mobilisation des enseignants et des fonctionnaires – formellement interdits de se réunir au sein d'organisations syndicales – est elle-même l'expression la plus paroxystique d'un militantisme de fait exposé à une interdiction de droit.

Au temps de l'*Intifāda*, les dynamiques d'organisation observées autour du travail – et en dehors du cadre syndical institué – se traduisent dans les places où se constituent des associations professionnelles et interprofessionnelles indépendantes des syndicats traditionnels. Qu'en est-il du mouvement syndical libanais dans l'actuel soulèvement ? Comment l'*Intifāda* pourrait-elle agir sur l'avenir du mouvement syndical ? Voici quelques-unes des questions que nous nous sommes posées lors d'un séminaire organisé à Beyrouth le 4 et 5 novembre 2019 dans le cadre du projet biennal (2019-2021) « Aux marges du salariat ? Une enquête pluridisciplinaire sur le travail au Liban »[12], soutenue par un financement du PHC CEDRE (partenariat Hubert Curien franco-libanais). Ce débat a été porté sur la place publique occupée par les protestataires depuis le 17 octobre et a été hébergé sous la tente du *Legal Agenda*, association et centre de recherche qui s'est donné pour mission de mettre le droit au service de la société[13]. Le 5 novembre Ahmad Dirani et Ghassan Slaiby, acteurs et militants du mouvement syndical libanais, actifs avant, pendant et après la guerre civile, chercheurs, activistes et membres de l'équipe, ont animé un débat ouvert sur la question : *al-Intifāda wa al-niqābāt* (le soulèvement et les syndicats). C'est précisément au sujet de ce débat et des questions qu'il a ouvertes que nous avons conduit cet entretien avec A. Dirani et G. Slaiby.

Ahmad Dirani est actuellement le directeur du *Lebanese Labour Watch*[14], sociologue et militant syndical depuis les années 1970. Pendant sa jeunesse, il a travaillé comme ouvrier au sein de la biscuiterie Ghandour et a joué un rôle central dans la mobilisation de ses travailleurs en 1972.

Ghassan Slaiby est actuellement un chercheur et un expert indépendant. Il a été conseiller de la CGTL durant la guerre civile avant d'être représentant de l'Internationale des syndicats des services publics (ISP) pour les pays arabes. Il est l'auteur de plusieurs études sur le syndicalisme libanais.

Entretien le11/11/2019 avec Ahmad Dirani et Ghassan Slaiby : les syndicats et l'*Intifāda*[15]

Lors du débat public, vous vous êtes interrogés sur le rôle des syndicats au sein de ce soulèvement. Pouvez-vous nous dire qui sont les acteurs de l'Intifāda, et comment se positionne le mouvement syndical libanais par rapport à ce soulèvement ?

Ahmad : Mis à part la participation active de FENASOL, fédération proche du parti communiste libanais, le mouvement syndical semble totalement absent aujourd'hui de cette *Intifāda*. Les principaux acteurs sont des associations de la société civile, des groupements indépendants d'étudiants et de lycéens, ainsi que des groupements professionnels indépendants qui se sont constitués avec le début de l'Intifada. Les syndicats traditionnels et la CGTL semblent tenir le même discours alarmiste que l'État, un discours dicté par les autorités politiques qui les contrôlent, affirmant que certaines revendications seraient légitimes mais que le soulèvement risquerait de déborder en chaos.

Ghassan : J'ajouterai que les principaux acteurs de cette *Intifāda* ce sont les individus. L'individu dans ce qu'il a de plus singulier. On le voit d'ailleurs dans les débats publics, dans les reportages télévisés. Chacun dit : « Je suis venu manifester pour… », ou encore « je veux dire aux Libanais que… etc. ». C'est important à souligner. Ceux qui manifestent ce sont avant tout des individus, hommes et femmes à part égale. C'est le « Je », le « Moi » qui ne représente rien d'autre que lui-même. L'individu fait son entrée sur la scène des mobilisations au Liban. Il y a une absence des syndicats, exception faite de FENASOL, mais il y a certainement parmi les manifestants des syndicalistes ou des militants de différents partis politiques qui participent activement à titre individuel, même si leur poids est difficile à évaluer.

Pendant le débat, il a été dit à propos de la CGTL : « al-darb bil-mayet harām », autrement dit « il est inutile de frapper un cadavre ». La CGTL est-elle morte ou agonisante ?

Ahmad : Les syndicats ont joué un rôle influent jusqu'à la fin des années 1980. Même pendant les années de guerre, les mouvements syndicaux continuaient à mobiliser et à agir pendant les périodes de cessez-le-feu. Mais dans l'après-guerre ils ont été marginalisés par les gouvernements successifs mis en place par le régime syrien. Les années 1990 ont affaibli leur rôle quand un grand nombre de syndicats pro-régime ont été créés, des carcasses vides principalement affiliées aux partis chiites Amal et le Hezbollah. Par exemple, sur les 65 Fédérations qui composent la CGTL, FENASOL est l'unique fédération active dans le mouvement actuel, dont il ne faut pas oublier qu'elle a de fait totalement rompu tout lien officiel avec la CGTL. Dans sa forme actuelle, le mouvement syndical est donc en effet agonisant. On peut très facilement imaginer que des syndicats affiliés au régime confessionnel et à ses partis ne sont pas là pour défendre les intérêts des travailleurs.

Ghassan : Absente ou inefficace, oui, mais je ne pense pas qu'on peut dire que la CGTL est agonisante. Elle pourrait survivre encore longtemps d'ailleurs, dans ce même état de paralysie. Mais elle ne mourra pas tant qu'il n'y aura pas d'alternative. Et dire qu'il serait inutile de « frapper un cadavre », c'est dire qu'il serait inutile de la critiquer, or cela est dangereux. Au contraire, il faut continuer à la critiquer, continuer à espérer. Et ce qui vaut pour la société civile vaut également pour le syndicat. On dit aujourd'hui que l'*Intifāda* a transformé ou unifié les gens, qu'elle les a libérés du carcan confessionnel ou communautaire. Alors pourquoi pas les syndicats ?

Quelle a été la place du mouvement syndical dans les conflits du travail qu'on a pu observer ces dernières années ?

Ahmad : Quand il n'est pas totalement absent, silencieux ou marginalisé, le mouvement syndical a eu plutôt tendance à jouer un rôle nocif, en défendant ouvertement les intérêts du régime – la position actuelle de la CGTL vis-à-vis de l'*Intifāda* n'en est qu'un exemple – en se désolidarisant du mouvement, en niant la légitimité de certaines revendications, et en semant la peur d'une éventuelle dérive vers « l'inconnu ». Mais ceci n'est pas nouveau. En 2012, quand le ministre du Travail a proposé une revalorisation des grilles des salaires dans le privé, la CGTL a fini par accepter un niveau de salaire minimum nettement inférieur à celui que proposait l'État. On était alors dans la situation paradoxale où l'État défendait des positions plus progressistes que la CGTL, et c'est cette dernière qui s'y opposait.

Ghassan : Les syndicats sont présents dans les grandes luttes, mais principalement dans une stratégie défensive, pour protéger les droits acquis. Par exemple, on a vu des mobilisations importantes chez les fonctionnaires et les enseignants. Dans le secteur privé, seuls les syndicats des employés des banques ont mené des actions qui méritent d'être mentionnées, mais les autres syndicats du privé ont été pratiquement absents. La CGTL prenait parfois des positions solidaires avec certains travailleurs dans leurs luttes sectorielles, mais sans jamais initier elle-même les mobilisations, comme par exemple dans le cas des employés journaliers d'ÉDL ou des hôpitaux publics. Depuis la bataille pour la révision de la grille des salaires en 2012, la CGTL n'a plus eu d'intervention au niveau des politiques socioéconomiques, et son rôle se confine au support des mobilisations sectorielles.

En regardant l'histoire longue du syndicalisme au Liban, peut-on dire que la mobilisation en dehors du cadre syndical institué constitue une exception contemporaine ?

Ahmad : Je tiens à vous dire qu'aujourd'hui, le 11/11/2019, nous commémorons l'assassinat de Yousuf el-Attar et de Fatima al-

Khawejah, tués par la répression violente des mobilisations de l'usine Ghandour par les forces de l'ordre en 1972. À l'époque, cette mobilisation avait été lancée par les ouvriers de l'usine, en dehors de tout cadre syndical. Bien au contraire, c'est l'ampleur du mouvement qui avait poussé à l'époque les syndicats institués à se regrouper autour des ouvriers dans leur lutte. Et bien sûr ce n'est pas l'unique exception. On peut citer dans le même sens les mobilisations des usines Jaber ou encore de la Régie des tabac en 1972. Lors de la grève générale de 1974, la direction de la CGTL a accepté de suspendre le mouvement de grève mais elle a été forcée par les manifestations massives de la base militante de reprendre le combat. Mais il est bien sûr important de rappeler que le mouvement syndical de gauche était à l'avant-garde des mouvements contestataires dans les luttes pour le Code de travail dans les années 1940. Mais ce mouvement a été démantelé par l'État dans les années 1950, et le mouvement syndical qui prend forme après cette date souffre d'un handicap de naissance.

Ghassan : Si l'on revient aux grandes luttes, l'élaboration du Code du travail ou la création de la sécurité sociale, le mouvement syndical a toujours été aux premiers rangs du combat. Il y a eu certainement beaucoup de mouvements de contestation qui, tout au long du 20ème siècle ont pris forme en dehors des syndicats institués. Mais comparé à d'autres pays, leur poids est plus faible au Liban. Et cela est un signal inquiétant. Car on ne sentait pas qu'il y avait une véritable opposition en dehors des syndicats. L'absence de véritables mouvements contestataires en dehors des syndicats affaiblit la probabilité de voir émerger un mouvement syndical alternatif. Néanmoins, certaines luttes ont été menées par des syndicats qui n'avaient même pas l'autorisation de l'État, FENASOL en l'occurrence, avant d'obtenir l'accord sous le mandat du ministre du Travail Kamal Joumblatt[16] en 1967.

Quelles sont les contraintes structurelles auxquelles fait face le mouvement syndical aujourd'hui ?

Ahmad : Je répète tout le temps que la fragmentation du mouvement syndical libanais est le reflet de la fragmentation de la société libanaise, de ses divisions confessionnelles et religieuses, de ses allégeances féodales, de l'imbrication entre certains intérêts de classe et certains intérêts communautaires. Et qu'inversement, l'affaiblissement des syndicats aggrave en retour les dissensions au sein de la société. Les revendications salariales sont porteuses de valeurs de citoyenneté, et s'en nourrissent également. C'est un aller-retour incessant entre droits civiques et droits des travailleurs. Or, la mainmise des partis politiques traditionnels sur le mouvement syndical depuis les années 1990 annule totalement son rôle. À ces contraintes structurelles s'ajoute également le contrôle excessif de l'État qui limite l'autonomie des syndicats, comme le montre par exemple l'obligation d'obtenir l'accord du ministère du travail pour fonder tout nouveau syndicat.

Ghassan : La première contrainte structurelle est en effet la structuration communautaire du social et du politique. On le voit surtout dans les politiques d'embauche, soumises principalement aux logiques familiales, communautaires ou clientélaires. La seconde, c'est la prédominance des micro-entreprises au niveau des structures économiques, des entreprises avec cinq salariés ou moins, ce qui rend extrêmement difficile toute syndicalisation, sous menace de licenciement. Ces salariés sont d'autant plus vulnérables que les liens inter- et intra-branches sont faibles, ce qui affaiblit les solidarités et accroit l'isolement des travailleurs dans leurs entreprises. À cela s'ajoute l'importante émigration des techniciens libanais, travailleurs hautement qualifiés ou de qualification moyenne. Ceux-là jouent un rôle clé dans les organisations syndicales, car ils occupent des positions stratégiques dans leurs entreprises. Enfin, aujourd'hui avec la récession économique et la hausse du chômage, le pouvoir de négociation des syndicats s'affaiblit, et en règle générale, dans ce cas, les syndicats passent des revendications économiques aux prises de positions politiques. Or, c'est là où le bât blesse, nos syndicats sont dévoués aux partis au pouvoir et ne peuvent pas transférer leur lutte sur ce terrain non plus.

Y a-t-il de nouveaux groupes professionnels ou coordinations syndicales qui se créent au sein du mouvement actuel ?

Ahmad : Il est remarquable que ce mouvement s'accompagne aujourd'hui d'un retour des groupements indépendants d'étudiants, agissant en dehors et parfois contre les partis politiques, comme le montre les manifestations massives des étudiants de l'Université libanaise surles campus traditionnellement considérés comme les fiefs du Hezbollah et d'Amal. Dans le même sens, des groupements professionnels indépendants se sont constitués immédiatement avec le début de cette *Intifāda*. Il faut souligner ici que le groupement des enseignants s'est constitué de manière autonome avant de rejoindre le groupement plus large des professionnels. La présence de groupement d'avocats, de médecins ou d'ingénieurs indépendants de leurs ordres professionnels respectifs est aussi un moment fort de ce mouvement. Les artistes ont eu une mobilisation significative en occupant les locaux de la chaine de télévision publique en protestation contre sa couverture médiatique des mobilisations. Rien n'empêche qu'à l'avenir ces groupements professionnels indépendants puissent se constituer en un ou plusieurs syndicats indépendants, et nous réfléchissons avec eux en ce moment à de telles éventualités.

Ghassan : Il y a d'abord la formation des groupements professionnels indépendants, d'universitaires, d'artistes, ou même de professions libérales. Mais, il faut suivre de près ce qui se passe au sein des ordres professionnels. Par exemple, l'ordre des avocats a pris des positions hautement critiquables, en s'opposant ouvertement à l'*Intifāda*, et il a été en effet critiqué par des avocats et par l'ordre régional du Liban-Nord. Tout cela doit être suivi au jour le jour, et rien n'empêche qu'à l'avenir ces transformations puissent prendre une plus grande ampleur.

La CGTL est-elle seulement un grand absent ou est-elle aussi visée par la contestation ?

Ahmad : Le slogan « kellon ya'ani kellon » dénonce tout individu lié directement ou indirectement au pouvoir, tout responsable de la situation corrompue du pays en clamant haut et fort qu'ils sont « tous pareils ». Les syndicats sont perçus comme ayant partie liée avec le pouvoir en place, comme des agents de ce pouvoir, et à ce titre, eux aussi ont une part de responsabilité. Comme je l'ai déjà dit, quand ils ne sont pas effacés ou absents, ces syndicats agissaient le plus souvent au service des partis politiques traditionnels contre les revendications des salariés et des ouvriers.

Ghassan : Jusqu'ici la CGTL n'a pas encore été prise comme cible des mobilisations, on n'a pas encore assisté à des manifestations devant ses bureaux, même si certains appels commencent à se faire entendre. Mais la CGTL est probablement implicitement une cible, dénoncée de manière sous-entendue, ou à demi-mots. La position de la CGTL est en effet mitigée comme l'a dit Ahmad, car elle se contente de déclarer que certaines revendications sont légitimes, mais elle se refuse néanmoins de menerdes actions de soutien à l'*Intifāda*. Et je suis également d'accord avec Ahmad que « théoriquement », la CGTL fait partie du slogan « kellon ya'ani kellon », car elle est partie liée au pouvoir.

Ahmad, Ghassan, sous la tente du Legal Agenda vous nous avez dit ne pas être tout à fait d'accord sur le rôle et la place que les syndicats pourraient jouer au sein du soulèvement qui investit le pays. Pourquoi ?

Ahmad : Sur l'importance du mouvement syndical en général, son rôle et sa mission, nous sommes d'accord sur toute la ligne. Là où je diverge avec Ghassan, c'est au sujet de la capacité de ce mouvement, dans sa forme actuelle, à se renouveler. Je ne pense pas que « ce » mouvement sera capable de se réinventer et je tends à penser qu'il serait nécessaire de le faire imploser entièrement pour le reconstruire sur de nouvelles bases. Un grand nombre de syndicats ne sont que des carcasses vides et il est nécessaire de les dissoudre avant toute refondation. De même, il est indispensable de repenser leur organisation interne, introduire par exemple un système de proportionnalité au sein de la CGTL pour respecter la représentativité[17], ou encore amender les lois pour assurer un fonctionnement autonome par rapport aux instances gouvernementales.

Ghassan : J'ai déjà exprimé mon désaccord avec toute position radicale qui stipule qu'il ne faut plus rien espérer de la CGTL. Et j'ai partagé également mon expérience personnelle où j'ai pu véritablement mesurer jusqu'à quel point certains syndicalistes et cadres dirigeants sont mécontents de la performance de leurs syndicats. Je l'ai dit : en ces temps d'*Intifāda*, ce sont d'abord des individus qui font leur entrée en scène. Cela, je l'ai expérimenté moi-même dans mes travaux de recherche. D'abord lors d'une étude auprès des membres du conseil exécutif de la CGTL en 2010. Ensuite dans un atelier avec les dirigeants de la CGTL. L'impression est la même : il y a un mécontentement chez les individus qui revendiquent une plus grande autonomie pour les syndicats, même si cela ne se traduit pas encore par une action organisationnelle.

Que pourrait être l'impact de ce soulèvement sur le mouvement syndical, ses modes de fonctionnement, d'organisation et de revendication ?

Ahmad : On a déjà dit que le mouvement syndical a été affecté par les divisions verticales et horizontales de la société, à savoir par l'éclatement social dû aux logiques confessionnelles et à la cooptation progressive du mouvement syndical par les partis politiques au pouvoir. Le soulèvement actuel vient défier l'organisation sociale et politique telle que nous la connaissons jusqu'ici, avec un mouvement de contestation qui transcende les structures confessionnelles et les classes sociales, et qui s'oppose à tous les dirigeants politiques qui sont « tous pareils ». Ceci dit, on n'en est pas encore aujourd'hui à une remise en cause profonde du confessionnalisme. Le mouvement transcende les communautés confessionnelles mais ne les conteste pas de manière frontale, ne s'y oppose pas radicalement. Néanmoins, il y a ici l'espoir de voir le syndicalisme prendre un nouveau souffle, de voir les groupements professionnels indépendants se transformer en syndicats indépendants, mais tout en se rappelant que c'est le mouvement syndical en entier qui est appelé à se trouver une nouvelle fondation.

Ghassan : En effet, il y a d'abord une tendance à la création de groupements professionnels indépendants, et rien n'empêche de les voir se constituer à l'avenir en syndicats indépendants. Ensuite, avec ce mouvement généralisé de contestation de tous les dirigeants politiques, dénoncés tous comme étant pareils, on peut espérer que des mouvements d'opposition puissent se constituer au sein des syndicats déjà institués. Troisièmement, on assiste aujourd'hui à un retour en force des revendications économiques, et des exigences de justice sociale. Il y a de quoi espérer que le mouvement syndical puisse canaliser ce bouillonnement dans ses bases militantes pour passer d'une stratégie défensive à une action plus offensive visant l'amélioration des politiques économiques et sociales. Enfin, cette *Intifāda* est marquée par la forte présence des jeunes, et des femmes surtout. Or, on sait que ces deux groupes ont toujours été marginalisés au sein du mouvement syndical. On peut donc espérer aussi que des jeunes commencent à s'intéresser un peu plus au travail syndical, et que plus de femmes occuperont à l'avenir des positions de direction au sein des syndicats.

Notes

1. Reinould Leenders, « Nobody Having too Much to Answer for : Laissez-Faire, Networks, and Postwar Reconstruction in Lebanon », *in* Heydemann, Steven (dir.), *Networks of Privilege : The Politics of Economic Reform in the Middle-East,* New York, Palgrave-Mac Millan, 2004, p. 169-200.
2. Vincent Geisser, « Luttes sociales au Liban : au-delà du clientélisme, du confessionnalisme et du sécuritarisme ? », *Les Carnets de l'Ifpo,* 27 mai 2014.
3. Notamment les mouvements « *tala'at rīhatkom* »(vous puez) et « *beddna nhāseb* » (nous demandons des comptes). Se reporter au rapport du *Civil Society Knowledge Centre* de *Lebanon Support* : « Social Movement responding to the Lebanese Garbage Crisis » (en ligne).
4. Marie-Noëlle Abiyaghi, Myriam Catusse, « « Non à l'État holding, oui à l'État providence ! » : Logiques et contraintes des mobilisations sociales dans le Liban de l'après-guerre », *Revue Tiers Monde*, 2011, p.67-93. Les auteures parlent d'une « pudeur » du social, qui occupe une place marginale dans le panorama protestataire

libanais de l'après-guerre, notamment vis-à-vis des mobilisations partisanes.
5. Voir les rapports annuels publiés par le Lebanese Labour Watch (LLW) chaque année autour des conflits du travail : http://lebaneselw.com/ (en arabe).
6. Al-Akhbar, « *al-'askariyyūn ghayr sāmitūn : al-mutaqā'idūn yudāfi'ūn 'an huqūqinā* (Les militaires ne se taisent pas : les retraités défendent nos droits) », 22/5/2019.
7. Al-Akhbar, « *Jumu'at al-ghadab, da'man li-l-filastīniyyūn : bawādir hall hukūmiy li-azmat al-'amāl* » (« Vendredi de colère » en soutien des Palestiniens : signes d'une solution gouvernementale à la crise du travail) », 20/07/2019.
8. Annie Collovald, Lilian Mathieu, 2009, « Mobilisations improbables et apprentissage d'un répertoire syndical », *Politix*, Vol. 2, n° 86, p. 119-143.
9. Michele Scala, *Le clientélisme au travail. Une sociologie de l'arrangement et du conflit dans le Liban contemporain (2012-2017),* thèse de doctorat en Mondes Arabes, Aix-Marseille Université, à paraître en 2020.
10. Léa Bou Khater, « Public Sector Mobilisation despite a Dormant Workers' Movement », *Confluences Méditerranée,* n. 92,2015, p. 125-142.
11. Le Liban n'adhère pas à la convention 87 de l'OIT en matière de liberté syndicale. La création de syndicats est soumise à l'autorisation préalable du gouvernement.
12. https://iremam.hypotheses.org/7039.
13. https://www.legal-agenda.com.
14. http://lebaneselw.com/ (en arabe).
15. Entretien conduit en arabe et traduit par les auteurs.
16. Ancien leader du Parti socialiste progressiste libanais.
17. Tout syndicat ou fédération représenté(e) au sein de la CGTL a le même poids et pouvoir de vote au sein du conseil exécutif, indépendamment du nombre de ses adhérents. Entre la fin de la guerre et aujourd'hui le nombre de fédérations au sein de la CGTL est passé d'une vingtaine à 64 unions, alors que le nombre d'adhérents est resté pratiquement inchangé. Ghassan Slaiby estime que 54% des fédérations sont « purement confessionnelles », leurs chefs étant directement payé par les partis politiques de référence.

Isil Erdinç

IRISSO/Université Paris Dauphine.

Turquie : les syndicats ouvriers sous l'état d'urgence

Cet article analyse les effets de l'état d'urgence sur les relations professionnelles et les mobilisations ouvrières et syndicales en Turquie. À partir de l'exemple de deux ans d'état d'urgence (du 21 juillet 2016 au 17 juillet 2018), il montre comment celui-ci transforme les relations entre les employeurs, l'État et les ouvriers. Cette transformation n'est pas provisoire, elle a des conséquences sur la capacité de mobilisation des syndicats au-delà de la période d'état d'urgence et ne présente pas de rupture avec la période précédente. Cependant, la restriction des droits et des libertés syndicaux n'est pas sans limite. Au niveau de l'entreprise, les ouvriers trouvent des relais locaux, européens ou internationaux pour pouvoir organiser des manifestations ou des grèves.

This article analyses the effects of states of emergency on industrial relations and labor and union mobilizations. Based on the example of the two years of emergency rule in Turkey (July 21, 2016 to July 17, 2018), it shows how the state of emergency transforms relations between employers, the state and workers. This transformation is not temporary, has consequences for the mobilizing potential of the unions beyond the state of emergency and does not present a rupture with the previous period. Restrictions on trade union rights are not, however, unlimited. At the company level, workers find local, European or international relays to organize demonstrations or strikes.

Le coup d'État raté du 15 juillet 2016[1] en Turquie a eu pour résultat la déclaration de l'état d'urgence le 21 juillet 2016 pour une durée de trois mois[2]. La raison était, selon la déclaration officielle et conformément à l'article 120 de la constitution, « la généralisation de la violence et le bouleversement de l'ordre public ». En deux ans, l'état d'urgence a été renouvelé sept fois pour des durées de trois mois. Sous l'état d'urgence, au niveau national, le pouvoir exécutif est renforcé et le conseil des ministres peut promulguer des décrets-lois dans différents domaines, tandis que les préfets obtiennent plus de pouvoir et de marge de manœuvre au niveau local (art. 120 de la constitution).

Loin d'être une pratique nouvelle dans l'histoire politique en Turquie[3], l'état d'urgence a également eu des conséquences sur l'économie, les relations professionnelles, les conditions de travail et d'emploi et les droits et les libertés syndicaux[4]. Le cas turc n'est pas exceptionnel. Analysant la mise en place de l'état d'urgence en France en 2005-2006 suite aux émeutes urbaines, Dominique Rousseau note que celui-ci est devenu le droit commun dans la gestion des conflits sociaux ou la prévention de ces conflits, au détriment de l'État social[5]. De même, en Amérique Latine, Claire Wright montre qu'au cours de la deuxième moitié du 20e siècle, dans le cadre de la doctrine de la sécurité nationale, les pouvoirs politiques ont appliqué des mesures d'exception pour gouverner et éliminer l'opposition sociale à des projets de libéralisation économique[6].

Quel impact l'état d'urgence promulgué en Turquie entre juillet 2016 et juillet 2018 a-t-il eu sur les relations professionnelles ? Comment le renforcement du pouvoir exécutif aux niveaux national et local a-t-il modifié les équilibres entre les organisations syndicales ? Comment se mobiliser sous l'état d'urgence ? C'est ce que nous allons essayer d'analyser dans cet article.

L'état d'urgence ne sera pas considéré comme une période d'exception dans la gestion des conflits au travail. Nous faisons l'hypothèse au contraire qu'il est un dispositif de gouvernement pour reformater le champ syndical et les relations professionnelles dans une logique néolibérale, basée sur la promotion d'un certain type de syndicalisme aux dépens d'un autre. Cela a entrainé la transformation des stratégies syndicales. Ce reformatage a eu deux conséquences principales sur le champ syndical. Premièrement, les confédérations syndicales ont perdu en influence et en marge de manœuvre. Deuxièmement, le niveau de l'entreprise est devenu un espace de lutte contre les employeurs et les violations des droits et des libertés syndicaux.

Nous allons procéder en deux temps. En premier lieu, nous allons mettre en évidence les conséquences de l'état d'urgence sur l'économie et la gestion des conflictualités au travail (les relations patronat-État-syndicats). La deuxième partie sera ensuite consacrée à l'analyse des stratégies syndicales et des mobilisations dans le contexte de l'état d'urgence.

Ce travail repose sur une analyse de la presse, des publications syndicales, des témoignages des procès juridiques, des statistiques sur les grèves et les conflits au travail, réalisée entre juillet 2016 et juillet 2018, et des entretiens avec les dirigeants et les permanents syndicaux, effectués à Istanbul, à Ankara et via les réseaux sociaux entre mars 2014 et juin 2019.

Les confédérations syndicales en Turquie

Il existe trois grandes confédérations syndicales de travailleurs en Turquie, correspondant à trois grandes traditions du syndicalisme :

- La Confédération des syndicats ouvriers de la Turquie (Türkiye İşçi Sendikaları Konfederasyonu, Türk-İş), fondée en 1952, se définit comme « supra-politique », « non-engagée » et « sans couleur ». Au cours des années 2000, la direction centrale de la Confédération se rapproche progressivement du gouvernement AKP7.
- La Confédération des syndicats ouvriers révolutionnaires (Devrimci İşçi Sendikaları Konfederasyonu, DİSK), fondée en 1967 par des ouvriers et militants socialistes, est une confédération de tendance socialiste/sociale-démocrate.
- La Confédération des syndicats ouvriers réels (Hak İşçi Sendikaları Konfederasyonu, Hak-İş) fondée en 1976 par le mouvement islamiste de Milli Görüş (Vision Nationale) dont sont issus les fondateurs principaux de l'AKP, se définit comme une confédération conservatrice (le mot « Hak » est officiellement traduit par le français « réel ». Il a cependant plusieurs significations en turc, renvoyant tantôt à « Dieu (Allah) », « droit », « vrai » ou « juste »).

Deux ans sous l'état d'urgence : l'état des relations professionnelles en Turquie

Quand on analyse les effets de l'état d'urgence sur les relations au travail, il ressort de notre enquête qu'ils sont de deux ordres : les effets sur les conditions de travail et les effets sur les droits syndicaux.

Les effets de l'état d'urgence sur les relations au travail

Wright note que l'un des principaux usages des régimes d'exception en Amérique Latine est de réprimer la contestation sociale à travers la restriction de certains droits civils comme le droit de réunion et de libre circulation[8]. De même, les politiques mises en place en Turquie entre 2016 et 2018 ont modifié les rapports de force entre les employeurs et les syndicats[9]. Les déclarations du président de la république Tayyip Erdoğan illustrent comment l'état d'urgence a été utilisé comme levier afin de réprimer les mobilisations syndicales, notamment les grèves. Le 12 juillet 2017, lors d'une réunion organisée par l'Association des investisseurs internationaux (Uluslararası Yatırımcılar Derneği, YASED) dans le cadre des événements organisés pour l'anniversaire du coup d'État raté du 15 juillet à l'Union des chambres et des bourses de Turquie (Türkiye Odalar ve Borsalar Birliği, TOBB) à Istanbul[10], Erdoğan fait un discours dans lequel il déclare : « *Je m'adresse au milieu d'affaires : "Avez-vous un problème ? Des difficultés ?" Il y a 15 ans, quand nous sommes arrivés au pouvoir, il y avait l'état d'urgence en Turquie mais toutes les usines étaient sous la menace de grèves. Souvenez-vous de ces jours. Y a-t-il une telle situation aujourd'hui ? Au contraire, nous intervenons d'emblée aux endroits menacés par une grève en profitant de l'état d'urgence. Nous leur disons : "Non, les grèves ne sont pas permises ici, vous ne pouvez pas mettre en difficulté notre milieu d'affaires". Nous utilisons l'état d'urgence pour cela* », et il garantit aux investisseurs internationaux de suivre personnellement les plaintes des entreprises en difficulté.

De même, le 21 avril 2018, lors du congrès général du Conseil des relations économiques externes (Dış Ekonomik İlişkiler Kurulu'nun, DEİK), Erdoğan indiquait : « *Je m'adresse à l'ensemble de notre milieu d'affaires, y compris nos amis ici présents. Pour l'amour de Dieu, est-ce que l'état d'urgence a été utilisé pour autre chose que la lutte contre le terrorisme ? Il y a 15 ans, il y avait l'état d'urgence quand nous sommes arrivés au pouvoir. Rappelez-vous, il y a 20 ans, souvenez-vous des grèves. Vous vous souvenez de la situation de l'industrie turque à l'époque à cause des grèves ? S'il n'y avait pas l'état d'urgence aujourd'hui, on n'aurait pas pu empêcher ceux qui espéraient recourir à ce genre de pratique à Bursa. De quoi avons-nous profité ? De l'état d'urgence. Comment les avons-nous empêchés de décourager nos investisseurs là-bas ? Par l'état d'urgence. Nous avons suspendu d'office la grève en cours. C'est une stratégie de lutte contre le terrorisme mais en aucun cas contre nos entrepreneurs, hommes d'affaires. Mais donc si maintenant nos hommes d'affaires, par le biais de leurs associations, disent qu'il faut lever l'état d'urgence, cela nous rend triste* »[11]. Quelques jours plus tard, lors de la réunion du groupe parlementaire de l'AKP, Erdoğan reprend ses propos : « *Il se passe une grève dans une usine? Alors on intervient d'office… L'état d'urgence s'avère tout de suite comme une solution. Une ambiance de paix et de calme est restaurée. Ces personnes-là conseillent la levée de l'état d'urgence dans un tel contexte ?!* »[12].

Ces deux déclarations d'Erdoğan venaient en réponse à une déclaration du président de l'Association des hommes d'affaires et industriels de Turquie (Türkiye İşadamları ve Sanayiciler Derneği, TÜSİAD) lors de laquelle celui-ci avait déclaré que l'état d'urgence devrait être levé afin d'obtenir la confiance des investisseurs étrangers à l'égard de la stabilité de l'économie turque : « *Nous avons sans doute facilité le boulot de ceux qui veulent empêcher l'adhésion de la Turquie à l'Union européenne pour insuffisance de la démocratie. La justice est le fondement des civilisations développées. Le droit est le fondement de l'ordre social. Sans la justice, l'ordre ne peut pas exister. La démocratie ne peut fonctionner qu'avec la justice. Pour que la Turquie puisse protéger son prestige international et puisse faire des progrès, il faut mettre fin à l'état d'urgence* »[13].

L'utilité de l'état d'urgence comme moyen d'empêcher les grèves est devenue un argument principal pour Erdoğan dans le but d'obtenir le soutien du milieu des affaires au moment où une partie des employeurs le remettaient en question. Il en résulte donc un contrôle de plus en plus fort du gouvernement AKP, notamment du pouvoir exécutif, sur les relations entre les employeurs et les ouvriers. La restriction des activités syndicales visait à encourager les investissements et le commerce. De plus, le soutien des hommes d'affaires est une source de légitimation pour le gouvernement et le président de la république.

Ces discours sont renforcés par les réglementations juridiques entrées en vigueur pendant l'état d'urgence. L'exemple le plus marquant est celui des réglementations liées à la santé et à la sécurité au travail et aux mesures de protection et de prévention en entreprise. La Loi numéro 7033 visant à soutenir la production et le développement de l'industrie, entrée en vigueur le 1 juillet 2017 (Sanayinin Geliştirilmesi ve Üretimin Desteklenmesi Amacıyla Bazı Kanun ve KHK'larda Değişiklik Yapılmasına DairKanun), instituait que les services de santé et de sécurité au travail dans les entreprises ayant moins de 50 ouvriers seront suspendus jusqu'en 2020. Ces services comprenaient la mise à disposition dans les entreprises publiques et privées des experts en santé et sécurité au travail en vue de proposer des solutions aux employeurs concernant les mesures de protection et de prévention et les maladies professionnelles. Ainsi, selon les rapports de l'« Assemblée pour la santé des ouvriers et la sécurité au travail (İşçi Sağlığı ve İş Güvenliği Meclisi, İSİG) », le nombre des ouvriers décédés au travail a augmenté de 14 % pendant les sept premiers mois de l'état d'urgence et de 10 % pendant les seize mois de l'état d'urgence[14]. Les secteurs d'activités les plus touchés sont la construction, l'agro-alimentaire, le transport, la métallurgie, les mines, l'industrie chimique et la production énergétique[15]. Parmi les causes de décès, on compte les crises cardiaques ou les hémorragies liées au surmenage, la violence au travail (conflits entre les collègues ou avec les cadres) et les suicides (avec un nombre croissant pendant l'état d'urgence) liés aux licenciements, limogeages, surendettement et harcèlement moral[16]. La crise financière que le pays a connue dans la période suivant le coup d'État manqué et durant l'état d'urgence a été source d'inflation et a entraîné une baisse de valeur de la Livre turque qui ont provoqué un affaiblissement de l'industrie. La suspension des services de protection et de prévention visait ainsi à réduire les contraintes des entreprises et à augmenter la productivité et les heures de travail sans restriction[17].

Les conséquences de l'état d'urgence sur les relations professionnelles ne se limitent donc pas aux conditions de travail. Les droits syndicaux sont également touchés.

Le droit de grève deux ans après la première déclaration de l'état d'urgence

L'état d'urgence reconfigure le syndicalisme et les droits syndicaux. Sainati note que l'état d'urgence mis en place en France en 2005 a entraîné l'avènement d'un nouveau type de régime politique répondant à trois préoccupations principales : supprimer tout dispositif protecteur des droits de la personne dès que celle-ci appartient à un groupe défini comme « menaçant », démanteler le droit social comme impératif de la mondialisation capitaliste financière, maintenir et prévenir tout risque de débordement de la population[18]. L'évolution du droit de grève résulte des amendements juridiques et des pratiques gouvernementales sous l'état d'urgence en Turquie. Le discours anti-droit de grève du président de la république a été évoqué dans la première section. Quand on analyse la mise en pratique de ce discours, on constate que la suspension des grèves est la stratégie la plus souvent adoptée par le ministère de la famille, du travail et des services sociaux.

Avec la publication du décret-loi numéro 678, un alinéa a été ajouté à l'article 63 de la loi numéro 6356 sur les syndicats et les conventions collectives. Ce nouvel alinéa précise: « *Une grève ou un lock-out en cours ou décidé, s'ils portent atteinte à la santé publique ou à la sécurité nationale, s'ils mettent en danger la stabilité financière et économique dans les services bancaires et les transports urbains au sein des municipalités, peuvent être suspendus pendant soixante jours par une décision du Conseil des ministres* ». Avec cet amendement, l'interdiction des grèves dans les secteurs de la banque et des transports urbains est devenue possible alors que ces secteurs étaient exclus des suspensions de grève dans l'ancienne version de la loi. Suspendre les grèves pour des motifs économiques est devenu également possible avec l'introduction de l'expression « *grève portant atteinte à la stabilité financière* ». L'urgence devient ainsi associée non seulement à la sécurité nationale mais aussi à la sécurité économique.

À Düzce (une ville industrielle de la région de Marmara, au Nord-Ouest de Turquie, à deux heures de distance d'Istanbul en bus), dans le secteur de métallurgie, la gendarmerie est intervenue contre la manifestation des ouvriers en grève (au 25e jour de leur grève), et les ouvriers membres du syndicat de la métallurgie (Birleşik Metal-İş) affiliés à la confédération syndicale de tendance socialiste, sociale-démocrate (DİSK) ont été placés en garde à vue[19]. Les grèves d'Asil Çelik, GE Grid Solution, ABB Elektrik,Schneider Enerji et Schneider Elektrik(métallurgie), Akbank (banques), Şişecam (secteur verrier), Mefar (industrie pharmaceutique) et Soda Sanayii Anonim Şirketi (secteur alimentaire) dans les différentes villes de Turquie ont été suspendues pour le motif qu'elles portaient atteinte à la sécurité nationale et à la santé publique, les représentants syndicaux du Petkim (industrie chimique et pétrolière) qui voulaient lancer une grève ont été placés en garde à vue[20]. Les grèves de Trakya Cam AŞ, Paşabahçe Cam AŞ, Anadolu Cam Elyaf AŞ, Anadolu Cam, Yenişehir AŞ, Trakya Yenişehir Cam AŞ et Şişecam Otomotiv AŞ (secteur verrier) ont été suspendues pour menace contre la sécurité nationale, celle de Mefar (industrie pharmaceutique), pour menace contre la santé publique. La grève des ouvriers d'Akbank est ainsi devenue la première grève suspendue pour atteinte à la stabilité économique et financière. La grève du secteur de métallurgie a été suspendue pour cause de menace contre la sécurité nationale, par une décision signée personnellement par le président de la république Erdoğan. Sept sur quinze grèves suspendues sous le gouvernement AKP depuis 2002 l'ont été pendant l'état d'urgence. Le nombre des ouvriers grévistes dont les grèves ont été suspendues a atteint 192 740[21].

Tableau 1. Évolution du nombre des manifestations selon les secteurs d'activité (en pourcentage)

Secteur d'activité	2015	2016	2017	2018
Métallurgie	23	12	23	26
Construction	11	13	12	14
Services généraux et municipaux	16	12	10	10
Agro-alimentaire	4	4	3	6
Textile	3	7	8	5
Transport	5	7	7	4
Chimie, pharmaceutique, pétrolier	3	2	2	4

Source : *İşçi sınıfı eylemleri raporu* [Rapport sur les manifestations ouvrières], 12.06.2019, https://emekcalisma.org/category/raporlar/, consulté le 22.07.2019).

Tableau 2. Principales grèves annulées sous l'état d'urgence

Syndicat organisateur	Secteur d'activité	Motif d'annulation	Nombre de participants
Birleşik Metal-İş (DİSK)	Métallurgie	Sécurité nationale	674
Birleşik Metal-İş (DİSK)	Métallurgie	Sécurité nationale	2 200
Banksis (indépendant)	Banques et finances	Raisons financières et économiques	14 000
Kristal-İş (Türk-İş)	Manufacture verrière	Sécurité nationale	6 500
Petrol-İş (Türk-İş)	Chimie et pharmaceutique	Santé publique	500

Source : *İşçi sınıfı eylemleri raporu* [Rapport sur les manifestations ouvrières], 12.06.2019, https://emekcalisma.org/category/raporlar/, consulté le 22.07.2019).

Tableau 3. Lieux des manifestations organisées entre 2016 et 2018

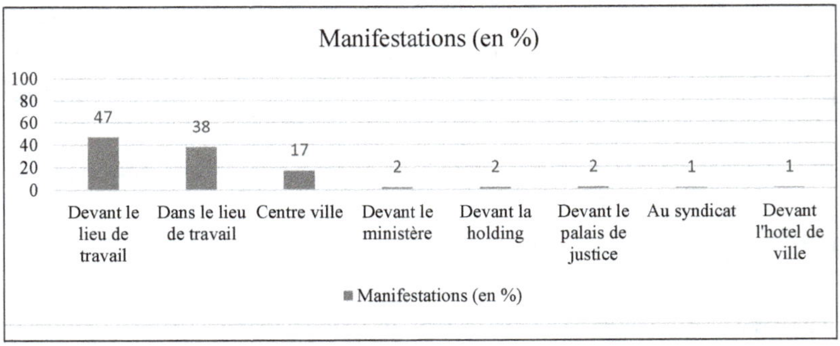

Source : *İşçi sınıfı eylemleri raporu* [Rapport sur les manifestations ouvrières], 12.06.2019, https://emekcalisma.org/category/raporlar/, consulté le 22.07.2019).

Après avoir analysé les effets de l'état d'urgence sur les conditions de travail et le droit de grève, il conviendrait maintenant d'analyser ce que font les syndicats face à l'état d'urgence. Quels sont les obstacles qu'ils affrontent ? Comment se mobiliser sous l'état d'urgence ?

Mobilisations syndicales et ouvrières sous l'état d'urgence

Les réglementations juridiques et les pratiques sous l'état d'urgence ont deux conséquences principales sur les mobilisations syndicales et ouvrières : l'affaiblissement des activités confédérales et le renforcement des mobilisations au niveau de l'entreprise.

Les effets de l'état d'urgence sur les activités confédérales

Dans l'article 11 de la Loi sur les mesures préventives contre les actes de violence pendant l'état d'urgence (Olağanüstü hal kanunu. Şiddet hareketlerinde alınacak tedbirler), il est noté que pendant la durée de l'état d'urgence, les préfets sont compétents pour « *interdire de se promener ou de conduire dans certains endroits ; interdire la distribution et la diffusion de certains journaux, revues, brochures, livrets, ouvrages, tracts, affiches ; confisquer les livres, journaux, brochures, affiches, publications qu'ils jugent nécessaires* ». Les publications syndicales, les numéros spéciaux des revues syndicales, les tracts concernant les campagnes de recrutement des syndicats, sont inclus dans ce type de documents. De plus, les préfets étaient déclarés compétents pour interdire ou reporter les réunions et les manifestations, fixer le lieu et l'heure de ces réunions, les faire surveiller par le personnel de la préfecture et intervenir pour les interrompre s'il le juge nécessaire.

Selon le rapport de la DİSK, confédération syndicale de tendance socialiste, sociale-démocrate, plus de vingt manifestations, conférences de presse et rassemblements organisés par la Confédération et par ses syndicats affiliés (sur l'indemnité de l'ancienneté, l'augmentation du SMIC, la sous-traitance, les licenciements des ouvriers syndiqués) ont été réprimés par la police ou interdites par la préfecture pour atteinte à la sécurité nationale[22].

La DİSK n'est pas la seule confédération syndicale touchée par l'état d'urgence. La Türk-İş, même si elle reste la confédération regroupant le plus grand nombre de membres, se trouve également marginalisée et discriminée dans le champ syndical. Le syndicat du secteur pétrolier et chimique affilié à la Türk-İş s'est vu interdire une manifestation qu'il souhaitait organiser devant le ministère de l'énergie et des ressources naturelles afin de contester les délocalisations. Les ouvriers syndiqués qui voulaient aller à Ankara pour participer à cette manifestation ont été empêchés d'y aller par la police sur l'autoroute. La préfecture d'Ankara avait déclaré que « *la manifestation risqu(ait) d'être un acte terroriste* ». Ainsi, dans un contexte où la figure du suspect tend à l'emporter sur celle du coupable[23], l'interdiction des manifestations pour raison préventive devient légitime[24]. Dans une logique de prédiction, les mesures de police et de surveillance cherchent à tout prix à anticiper le futur toujours perçu de manière inquiétante et catastrophique[25]. Cependant, cette situation n'incite pas les dirigeants de la Türk-İş à organiser des manifestations pour protester contre les mesures discriminatoires. Au contraire, la direction centrale de la Confédération semble adopter une stratégie de repli sur soi bien que la majorité des ouvriers grévistes soit affiliée au Türk Metal, le syndicat de métallurgie de la Türk-İş[26]. Ici, il est intéressant de noter deux choses afin de comprendre le silence du président de la Türk-İş. Il ressort de notre enquête que celui-ci est proche de l'AKP, et qu'il aspire à une candidature aux prochaines élections législatives. Cette attente de l'AKP le rend dépendant des décisions gouvernementales, notamment de celles de Recep Tayyip Erdoğan.

Dans ce contexte d'affaiblissement de l'influence des confédérations syndicales protestataires, le niveau de l'entreprise s'avère être un espace de lutte important pour les ouvriers.

Les mobilisations syndicales et ouvrières au niveau de l'entreprise

En Amérique Latine, dans les années 2000, l'état d'urgence a souvent servi à légiférer sur les projets extractivistes sans délibération publique et consultation préalable des peuples indigènes[27]. Cependant, Wright signale des contrepoids institutionnels et sociaux et une forte opposition dans plusieurs pays : au Pérou et en Colombie, les tribunaux ont dû faire marche arrière ; au Guatemala, l'exécutif s'est vu obligé de lever la mesure en peu de jours suite à l'opposition articulée de la part des ONG nationales et des populations locales ; ailleurs les tribunaux ont soit approuvé soit gardé silence[28].

Dans le cas turc, le recours aux instances judiciaires étant trop coûteux, avec des durées de procès très longues[29], ce qui marque l'opposition sociale pendant l'état d'urgence, c'est une augmentation progressive du nombre de manifestations organisées par les syndicats de fonctionnaires, notamment des enseignants, liée au limogeage massif de milliers d'enseignants accusés de propagande terroriste[30]. Quant aux autres mobilisations syndicales et ouvrières, il est possible de distinguer deux sortes de relations entre état d'urgence et action syndicale : des mobilisations qui sont directement produites par l'état d'urgence (contre les licenciements liés à la reprise en main par l'appareil d'État) et une conflictualité retravaillée par l'état d'urgence (notamment liée aux grèves économiques, aux conditions de travail et aux enjeux de santé au travail).

Selon une enquête réalisée par un groupe de travail coordonné par la Friedrich Ebert Stiftung (*Emek Çalışmaları Topluluğu*), les licenciements abusifs, baisses des salaires, conflits liés aux activités syndicales et mutations arbitraires étaient les principales causes des mouvements protestataires[31]. La part de ceux qui ont duré moins d'un jour a augmenté de 58 % à 68 % de l'ensemble. Durant la première moitié de 2017, la plupart des protestations sont pris la forme de déclarations de presse et de défilés devant le lieu de travail. Des litiges liés aux négociations collectives, des licenciements liés à l'adhésion syndicale, l'interdiction des défilés du 1er mai, les accidents du travail et la baisse des salaires étaient les raisons principales des mobilisations. 64 % des manifestations avaient pour cible le ministère du travail, les municipalités ou un parti politique alors que 16 % des manifestations, défilés ou des déclarations de presse visaient les employeurs, partenaires ou une compagnie de sous-traitance. En 2017, 2 656 ouvriers ont été licenciés pour avoir organisé une manifestation alors que le nombre des ouvriers licenciés pour la même raison était de 1 376 en 2016. 1 026 ouvriers ont été licenciés pour affiliation syndicale en 2017 contre 857 ouvriers en 2016. Les secteurs du verre, de l'énergie, de la métallurgie et de la chimie étaient les secteurs les plus mobilisés.

Rares sont les cas de mobilisations ayant réussi à obtenir gain de cause. Le cas de la mobilisation des ouvrières de Flormar (filiale turque d'Yves Rocher) à Gebze (un district et une zone industrielle à une heure de distance d'Istanbul en bus) est important à la fois par l'ampleur et la durée de la mobilisation et par les résultats des longues négociations avec l'employeur. En mai 2019, 118 ouvrières de Flormar qui avaient adhéré à un syndicat (Petrol-İş) ont été licenciées par l'employeur. Elles ont organisé une manifestation pour protester contre leur licenciement et ont installé des tentes devant l'usine. La mobilisation a duré 297 jours avec la participation de 132 ouvrières. À la suite de cette mobilisation, la compagnie a accepté de satisfaire certaines de leurs revendications. Au final, l'employeur a accepté de leur payer l'indemnité d'ancienneté et l'indemnité de licenciement, et 16 mois de salaires pour licenciement abusif même si les ouvrières n'ont toujours pas été autorisées à adhérer au syndicat. Cette mobilisation doit son succès au soutien des syndicats français et de la maison mère Yves Rocher France. Le syndicat de l'industrie chimique Petrol-İş, grâce à un recours aux organisations syndicales françaises, notamment à la CGT, et à la direction de Yves Rocher France, a pu faire pression sur sa filiale Flormar. Ainsi, on peut constater que les liens de solidarité et les alliances fondées entre les syndicats au niveau international ont des conséquences positives quand une entreprise multinationale est en cause.

Conclusion

Pour Bigo et Bonelli, l'état d'urgence n'est pas aussi exceptionnel que l'on croit : il laisse des traces permanentes qui ont un impact durable sur la législation ordinaire, renforçant les pouvoirs exécutifs au détriment des mécanismes de contrôle parlementaire et judiciaire[32]. De fait, l'état d'urgence en vigueur en Turquie entre le 21 juillet 2016 et le 17 juillet 2018 a transformé les relations professionnelles.

Premièrement, l'influence de l'État, notamment du pouvoir exécutif, dans les négociations collectives et la gestion des conflits au travail s'est renforcée. Les mesures de prévention des accidents de travail que doivent prendre les entreprises sont devenues moins contraignantes. Les licenciements par décrets-lois ont mis au chômage des milliers d'employés dans les secteurs public et privé. La contribution des entreprises au fonds d'allocation chômage a été réduite. L'équilibre entre le patronat et les syndicats ouvriers a été modifié en faveur des employeurs.

Deuxièmement, les syndicats ouvriers ont été privés d'un de leurs répertoires d'action principaux qui est la grève. Les raisons donnant lieu à la déclaration de l'état d'urgence (ordre public, actes violents, sécurité nationale, santé publique) deviennent des motifs de suspension ou d'annulation des grèves dans une logique de véritable extension de la criminalisation de certaines activités considérées comme relevant du terrorisme[33]. La suspension des grèves pour causes économiques est introduite dans la législation ordinaire. Néanmoins, ces restrictions ne sont pas sans limites. Au niveau des entreprises, les syndicats ouvriers, en s'appuyant sur des relais partisans locaux ou en faisant des recours aux syndicats européens, ont pu organiser des manifestations, des conférences de presse et des sit-in.

Notes

1. Aude Massiot, « Huit questions pour comprendre le putsch raté en Turquie », 16.07.2019, https://www.liberation.fr/planete/2016/07/16/huit-questions-pour-comprendre-le-putsch-rate-en-turquie_1466608, consulté le 24.06.2019.
2. « OHAL dün gece ilan edildi »*Hürriyet,* 21.07.2016, http://www.hurriyet.com.tr/gundem/son-dakika-haberi-tum-ulkede-ohal-ilan-edildi-40156536, consulté le 02.06.2019.
3. « La déconstitutionnalisation de la Turquie », *Confluences Méditerranée*, vol. 107, no. 4, 2018, pp. 43-58.
4. Gilles Sainati, « De l'état de droit à l'état d'urgence », *Mouvements*, 2007/4, no. 52, p. 90, 91.
5. Dominique Rousseau, « L'état d'urgence, un état vide de droit(s) », *Revue Projet*, 2006/2, no. 291, p. 26.
6. Claire Wright, « Modèle extractiviste et pouvoirs d'exception en Amérique Latine », *Cultures et Conflits*, 2018/4, no. 112, p. 95.
7. Işıl Erdinç, *Syndicats et politique en Turquie. Les ressorts sociaux du pouvoir de l'AKP*, Dalloz, Paris, 2018.
8. Claire Wright, *op.cit.,* p. 97.
9. Hakan Koçak, « OHAL'den istifade : Sermaye için dikensiz gül bahçesi yaratmak mümkün mü ? » [En profitant de l'état d'urgence : est-il possible de créer un jardin des rosiers sans épines ?], *Yön,* 09/2017, no. 7, p. 45-50.
10. « Erdoğan: Grevlere OHAL'den İstifadeyle Anında Müdahale Ediyoruz » 12.07.2017, https://m.bianet.org/bianet/siyaset/188225-erdogan-grevlere-ohal-den-istifadeyle-aninda-mudahale-ediyoruz, consulté le 24.06.2019.
11. « Erdoğan : Greve tevessül etmek isteyen işçilere OHAL ile müdahale ettik », 21.04.2018, https://www.evrensel.net/haber/350636/erdogan-greve-tevessul-etmek-isteyen-iscilere-ohal-ile-mudahale-ettik, consulté le 24.06.2019.
12. « Erdoğan'dan grev açıklaması », 26.04.2018, http://www.kanalb.com.tr/haber.php?HaberNo=107869, consulté le 24.06.2019.
13. « TÜSİAD genel kurulunda OHAL vurgusu », 18.01.2018, https://www.dunya.com/ekonomi/tusiad-genel-kurulunda-ohal-vurgusu-haberi-399101, consulté le 24.06.2019.
14. « OHAL, AKP ve kapitalizm », 12.12.2017, http://guvenlicalisma.org/19139-ohalakp-ve-kapitalizm-isig-meclisi, consulté le 25.06.2019.
15. « OHAL'le geçen bir yılda en az 1963 işçi yaşamını yitirdi. İş cinayetlerine hayır. Adalet istiyoruz », 25.07.2017, http://guvenlicalisma.org/18819-ohalle-gecen-bir-yilda-en-az-1963-isci-yasamini-yitirdi-is-cinayetlerine-hayir-adalet-istiyoruz, consulté le 25.06.2019.
16. « OHAL, AKP ve kapitalizm », 12.12.2017, http://guvenlicalisma.org/19139-ohalakp-ve-kapitalizm-isig-meclisi, consulté le 25.06.2019.
17. Hakan Koçak, *op.cit.*, p. 45-50.
18. Gilles Sainati,*op.cit.*, p. 90, 91.
19. « OHAL grev kırıcılığı, fazla çalışma, işsizlik, keyfilik ve iş cinayetleri demektir », 05.09.2017, http://guvenlicalisma.org/18927-ohal-grev-kiriciligi-fazla-calisma-issizlik-keyfilik-ve-is-cinayetleri-demektir-agustos-ayinda-en-az-217-yilin-ilk-sekiz-ayinda-ise-en-az-1338-isci-yasamini-yitirdi, consulté le 25.06.2019.

20. « OHAL ve KHK rejimine hayır », 02.09.2017, http://guvenlicalisma.org/18776-ohal-ve-khk-rejimine-hayir-adalet-istiyoruz-haziran-ayinda-en-az-164-yilin-ilk-alti-ayinda-ise-en-az-906-isci-yasamini-yitirdi, consulté le 25.06.2019.
21. « Grev tehdit değil haktır », 23.05.2018, https://www.genel-is.org.tr/grev-tehdit-degil-haktir,2,15426#.XRTO8egzbIU, consulté le 25.06.2019.
22. *DİSK raporu. OHAL ve çalışma yaşamı*, 20.07.2017, Istanbul, p. 16-18.
23. Gilles Sainati, *op.cit.*,p. 90.
24. Paul Cassia, *Contre l'état d'urgence*, Paris, Dalloz, 2016, p.160.
25. *Ibid.*, p. 75.
26. « İktidar Türk-İş'in kuyusunu kazıyor, yönetim susuyor » [Le pouvoir vise à faire effondrer la Türk-İş, la direction est en silence], 30.04.2018, https://gercekgazetesi.net/isci-hareketi/iktidar-turk-isin-kuyusunu-kaziyor-yonetim-susuyor, consulté le 27.06.2019.
27. Claire Wright, *op.cit.*, p. 117.
28. *Ibid.,* p. 117.
29. « La déconstitutionnalisation de la Turquie », *Confluences Méditerranée*, vol. 107, no. 4, 2018, pp. 43-58.
30. Marie Jégo, « En Turquie, la purge sans fin des universités », 22.06.2018, 2018, https://www.lemonde.fr/international/article/2018/06/22/en-turquie-la-purge-sans-fin-des-universites_5319291_3210.html, consulté le 28.06.2019.
31. *İşçi sınıfı eylemleri raporu* [Rapport sur les manifestations ouvrières], 12.06.2019, https://emekcalisma.org/category/raporlar/, consulté le 22.07.2019.
32. Didier Bigo, Laurent Bonelli, « Ni État de droit, ni État d'exception. L'état d'urgence comme dispositif spécifique ? », *Cultures et Conflits*, no. 112, 2018/4, p. 8.
33. Paul Cassia, *op.cit.* p. 132.

Variations

Entretien avec Marc Lazar

Marc Lazar est Professeur d'histoire et de sociologie politique à Sciences Po, où il est le directeur du Centre d'Histoire et Président du Conseil scientifique, et à la Luiss-Guido Carli de Rome où il est President of the School of Governement.
Il est spécialiste de la vie politique en France et en Italie, des gauches européennes, des processus de radicalisation politique et des populismes. Il a publié récemment avec Ilvo Diamanti, Peuplecratie. La métamorphose de nos démocraties, Paris, Gallimard, 2019.

De l'Italie et du populisme

Cet entretien clôture les quatre articles de Serge Airoldi consacrés à l'Italie et à ses dérives. C'est lui-même qui dialogue avec Marc Lazar.

Le leader de la Ligue Matteo Salvini a enregistré un score historique le dimanche 27 octobre dernier lors d'un premier test électoral depuis son éviction du gouvernement pendant l'été. Il s'agissait d'élections régionales organisées en Ombrie. Donatella Tesei, candidate soutenue par la coalition de Salvini, a remporté plus de 57 % des voix contre 37 % des suffrages pour Vincenzo Bianconi le candidat du parti démocrate (PD, centre-gauche) et du mouvement Cinq Etoiles (M5S), formations partenaires au sein du gouvernement dirigé par Giuseppe Conte. Outre le fait que ce résultat met un terme à quarante-neuf ans de pouvoir de la gauche dans cette région et constitue une sérieuse défaite pour les partis au gouvernement à Rome, cela signifie-t-il que la « reconquête » de Matteo Salvini est en marche, cinquante jours à peine après son départ du gouvernement ?

Marc Lazar. Cette élection mérite que l'on s'y arrête en effet. L'Ombrie représentait traditionnellement un bastion du Parti communiste italien, et après la transformation de celui-ci en 1991, du centre gauche. Le Parti démocrate (PD) savait que ce scrutin se présentait sous les auspices les plus sombres pour au moins trois raisons propres à cette partie de l'Italie. En effet, cette élection avait lieu de manière anticipée suite à la démission de la présidente de la région Catiuscia Marini, membre de son parti, impliquée dans un concours truqué du système sanitaire. En outre, l'économie de l'Ombrie n'est pas vraiment sortie du marasme provoquée par la crise financière de 2009. Enfin, toutes les élections précédentes avaient enregistré un recul du Parti démocrate et une progression de la Ligue de Matteo Salvini. Aussi, suite à la crise politique de cet été et à la formation d'un gouvernement Parti démocrate-Mouvement 5 étoiles dirigé par Giuseppe Conte, les deux partis se sont présentés pour la première fois ensemble, avec d'autres petites formations, derrière un même candidat, Valerio Bianconi, un entrepreneur issu de la société civile. Face à lui, l'alliance du centre droit, composé de la Ligue, de Fratelli d'Italia (extrême droite) et de Forza Italia (le parti de Berlusconi) se rassemblait derrière la sénatrice de la Ligue, Donatella Tesei.La participation électorale a notablement progressé : 64,7 % de votants près de 10 points de plus qu'en 2015. Et le résultat s'avère sans appel. Le centre gauche a enregistré une défaite historique, un peu moins de 37 % des suffrages (près de 14 points en moins qu'il y a quatre ans lors de la dernière élection régionale), avec un Parti démocrate qui tombe à 22,3 % (-13,5 points par rapport à 2015) et un Mouvement 5 étoiles qui ne rassemble que 7,4 % des suffrages deux fois moins qu'en 2015. Le centre droit triomphe avec 58,8 % des voix (20 points de plus qu'en 2015), et en son sein la Ligue obtient 37 % des suffrages (une progression de 23 points), Fratelli d'Italia s'impose comme le second parti avec 10 %, loin devant Forza Italia qui ne recueille que 5,5 % des voix.

Il faut bien comprendre ce qu'a fait Matteo Salvini. Après son échec l'été dernier à obtenir des élections anticipées qu'il espérait emporter seul ou avec son allié Fratelli d'Italia mais sans renouer une alliance avec Silvio Berlusconi, il s'est résigné à reprendre langue avec ce dernier. Mais à la différence du passé, Salvini s'impose comme le leader incontesté de ce regroupement et dicte ses conditions à ses alliés. Le gouvernement actuel n'est pas populaire et Salvini ne cesse d'opposer ce qu'il appelle la volonté du peuple aux jeux du *Palazzo*, à la politique politicienne. Le Parti démocrate et le Mouvement 5 étoiles en formant cet étrange attelage gouvernemental espéraient et peut-être espèrent encore que la popularité du chef de la Ligue s'érodera progressivement au fil du temps dans une opposition stérile. De son côté, Matteo Salvini, après avoir manifestement traversé un moment de doutes et essuyé quelques critiques au sein même de son parti suite à son échec estival, s'est vite relancé. Non seulement, il se présente comme l'opposant le plus actif, le plus visible, le plus dynamique au gouvernement mais encore comme le sauveur de l'Italie. Contrairement à ce qu'ont pu écrire certains commentateurs italiens ou non-italiens, Matteo Salvini est loin d'être fini parce qu'à la fois, il exprime et exploite un profond malaise politique, social et culturel qui affecte en profondeur les Italiens.

Quel scénario imaginez-vous pour la suite en Italie ?

Difficile de répondre à cette question tant l'incertitude est totale. D'un côté, le Parti démocrate et le Mouvement 5 étoiles ont tout intérêt à rester aussi longtemps que possible ensemble au gouvernement. Au moins jusqu'en 2022, afin de trouver un candidat commun pour la Présidence de la République puisque le mandat de Sergio Mattarella arrivera à échéance et que les parlementaires devront élire son successeur, voire jusqu'au terme de la législature en 2023. Cela leur permettrait parallèlement d'agir, d'essayer de répondre aux attentes de leurs électorats, mais aussi d'élaborer des stratégies efficientes et de proposer de nouveaux programmes, bref de se refaire une santé. Mais les obstacles sont pléthore. Ils tiennent à la situation des partis politiques qui constituent la nouvelle majorité parlementaire. Le PD est divisé. Il y a ceux qui prônent une alliance avec le Mouvement 5 étoiles, y compris dans l'espoir de faire éclater encore davantage au grand jour les contradictions de ce parti et de récupérer les anciens électeurs de gauche qui s'étaient portés vers lui, ce qui ne s'est pas réalisé pour le moment. D'autres estiment que le M5S est trop imprévisible et qu'il vaut mieux tabler sur un regroupement autour du PD des petits partis de gauche et de centre gauche. En outre, le PD souffre cruellement d'un manque de leadership tandis qu'il est de moins en moins présent dans les territoires. Le M5S est en crise profonde. Il a perdu tous les scrutins depuis 2018 et, encore en Ombrie, il a été démontré que son électorat ou s'abstient ou vote pour la Ligue. Il est divisé entre plusieurs sensibilités, entre ceux qui veulent revenir à une alliance avec la Ligue, ceux qui continuent de penser qu'il faut demeurer avec le PD et ceux tentés de revenir à ce qui avait fait son succès jusqu'en 2018, c'est-à-dire n'avoir aucun allié. L'expérience du pouvoir oppose le courant institutionnel, décidé à gouverner quoi qu'il en coûte, un courant qui bénéficie du soutien de tous les parlementaires qui veulent conserver le plus longtemps possible leurs mandats, et les protestataires qui entendent renouer avec la pureté d'origine du Mouvement, débarrassé de toute responsabilité gouvernementale. Enfin, le leadership de Luigi Di Maio est de plus en plus contesté à la suite de toutes les déroutes électorales. Complication supplémentaire, Matteo Renzi est sorti du PD et a créé un nouveau parti, Italia viva. Celui-ci est crédité de 5-6% des voix pour le moment. Il se veut un parti centriste qui entend occuper l'espace entre le Parti démocrate tenté de se gauchir et Forza Italia satellisé par la Ligue pour attirer les électeurs modérés, et qui serait appelé à jouer un rôle charnière à l'avenir.

Il en résulte que le gouvernement tangue continûment car, chaque parti afin de prouver sa singularité et d'afficher sa différence, cherche à imposer ses propositions, que cela soit en matière budgétaire ou à propos des institutions ou encore d'une éventuelle modification de la loi électorale. Matteo Renzi ne passe pas un jour sans critiquer son action et le Président du Conseil, histoire de se rendre visible et de renouer avec une popularité largement perdue depuis 2016. Luigi Di Maio semble vouloir lui aussi se débarrasser de Giuseppe Conte qui prend, selon lui, trop de place et qu'il soupçonne de vouloir jouer un rôle politique plus important, y compris par rapport au Mouvement auquel officiellement il n'appartient pas.

En même temps, ces tensions permanentes au sein du gouvernement, comparables en vérité à celles qui existaient dans le précédent exécutif Lega-Movimento 5 Stelle, restent sous contrôle dans l'intérêt même de ceux qui en sont à l'origine. Certes, Giuseppe Conte pourrait tomber mais la majorité parlementaire PD-M5S lui chercheraient immédiatement un remplaçant. Toutefois, une rupture complète entre le PD et le M5S n'est pas à exclure surtout si, par exemple, l'Emilie-Romagne, région historique de la gauche basculait lors du scrutin du 26 janvier 2020 vers la Ligue et ses alliés du centre droit. Cela contraindrait le Président de la République à dissoudre les Chambres et à convoquer les électeurs. Ce qui, selon toute vraisemblance, permettrait à Matteo Salvini et à ses alliés de rafler la mise. Le dirigeant de la Ligue contrôlerait alors la Chambre des députés et le Sénat, deviendrait le chef d'un gouvernement qu'il composerait à sa guise - sous réserve néanmoins, comme le stipule la Constitution, de l'accord du Président de la République - et attendrait 2022 pour faire élire par les parlementaires de sa majorité le nouveau Président de la République. Son souhait de disposer des « pleins pouvoirs », comme il l'avait exprimé au mois d'août, se réaliserait donc. Cependant, Salvini qui a le vent en poupe, devra résoudre un vrai dilemme. En effet, Fratelli d'Italia ne cesse de progresser à chaque élection. Ce parti, franchement d'extrême droite, entend non seulement conforter sa position au sein de la coalition mais aussi peser sur les orientations de la Ligue car il s'avère désormais un allié indispensable. Ce que n'est plus Forza Italia qui continue de décliner et de se désagréger, certains de ses membres et responsables lâchant le navire pour rejoindre la Ligue voire, pour une infime minorité, le nouveau parti de Matteo Renzi. Matteo Salvini reste en position de force mais il devra clarifier sa ligne politique. Doit-il se droitiser plus encore, surtout du fait de la montée en puissance de Fratelli d'Italia qui joue entre autres sur le fait de ne jamais avoir été associé au pouvoir ? Ou faut-il tenter un grand écart pour construire une offre politique qui aille de l'extrême droite, envers laquelle il envoie de nombreux signaux, – par exemple en se réjouissant publiquement de la progression de Vox en Espagne lors de l'élection du mois de novembre –, jusqu'au centre afin de ne pas inquiéter les électeurs modérés, en multipliant aussi les gestes à l'attention de ces derniers. Comme par exemple il l'a fait à propos de l'euro en déclarant qu'il n'était pas question pour l'Italie de l'abandonner.

Matteo Salvini déclarait récemment (Le Point, 16 octobre 2019) : « Le fascisme est une idée morte ». On connaît, bien sûr, la différence entre un phénomène historique identifié en Italie qui correspond à la séquence mussolinienne et le genre de populisme dont se prévaut Salvini. Toutefois, pendant ses quatorze mois de gouvernance, il n'a échappé à personne que des liens très étroits existaient évidemment entre une « pensée » et l'autre et qu'il faut être bien aveugle pour ne pas voir la rage et la peste promises derrière le simple rhume des peuples.

Matteo Salvini, indéniablement, s'adresse en continu à l'extrême droite et des nostalgiques du fascisme en un moment où l'on enregistre un regain d'activités de groupes fascistes et un renouveau du culte du Duce. Car la mémoire du fascisme reste ambivalente en Italie. Celui-ci est rejeté par les antifascistes qui sont manifestement en perte de vitesse, tandis que demeure prégnante la vieille idée que le fascisme ne fut pas si terrible que cela, d'autant que cela a été martelé de nouveau et avec force par Silvio Berlusconi qui a dominé la politique italienne pendant près de vingt ans. Alors que la majorité des historiens expliquent désormais que le fascisme fut un totalitarisme, cela n'est pas vraiment passé dans le débat public et l'opinion. Nombre de déclarations et d'attitudes de Matteo Salvini font penser au Duce et sont sans doute conçues comme des messages subliminaux ou explicites adressés à l'inconscient collectif des Italiens admirateurs du dictateur. Ainsi, lorsqu'en mai 2018, le président de la République Sergio Mattarella arguant de l'article 92 de la Constitution avait refusé de nommer Paolo Savona au ministère de l'économie, la Ligue avait-elle pensé un moment en appeler à « une marche sur Rome », ce qui évoquait celle de Mussolini en octobre 1922 qui lui ouvrit les portes du pouvoir. Salvini n'hésite pas à recourir à des phrases célèbres de Mussolini ou qui lui sont attribuées, comme celle qu'il prononça le 29 juillet 2018 (Mussolini était né le 29 juillet 1883) : « Tant d'ennemis, tant d'honneur ». Ou encore à se rendre dans des lieux symboliques et chargés d'histoire du fascisme et de Mussolini. Au printemps 2019, Matteo Salvini a suscité de vives polémiques avec la publication d'un livre d'entretien dans une maison d'édition de Casa Pound, un groupe ouvertement fasciste. Ses propos xénophobes renouent avec la xénophobie fasciste qui précéda les lois antisémites de 1938. Au mois d'octobre, les sénateurs de la Ligue, de Frères d'Italie et une grande partie de ceux de Forza Italia se sont abstenus en commission sur le vote d'une résolution proposée par la sénatrice à vie, Liliana Segre, une rescapée du camp de Birkenau-Auschwitz, qui reçoit quotidiennement des centaines de messages antisémites, instaurant une commission extraordinaire pour lutter contre les phénomènes d'intolérance, de racisme, d'antisémitisme et d'incitation à la haine et à la violence sur des bases ethniques et religieuses. À cette occasion, Matteo Salvini a déclaré condamner le racisme et l'antisémitisme mais s'opposer à toute instrumentalisation d'un texte qui, selon lui, pourrait provoquer des formes de censure et considérer comme raciste son mot d'ordre favori : « d'abord les Italiens (*Prima gli italiani*) ». De même, lorsque l'été, le leader de la Ligue se laisse photographier torse nu sur les plages, il sait parfaitement qu'il fait resurgir dans la mémoire des Italiens les célèbres images du Duce faisant la moisson. Mais les différences avec le fascisme sont nombreuses. Le contexte historique, bien évidemment, n'est pas comparable. Les fascistes recouraient à la violence physique afin de terroriser leurs adversaires. Ils tentèrent assez rapidement de forger une véritable doctrine et de déployer un projet totalitaire visant à donner toute puissance à l'État-parti et à engendrer un homme nouveau. Matteo Salvini est plutôt libéral sur le plan économique et n'entend pas forger une nouvelle espèce humaine. Le Duce se voulait à la fois proche du peuple et en même temps surhomme, alors que Matteo Salvini se présente comme « uno di noi », un comme nous, adepte du « bon sens » comme l'ont montré deux jeunes chercheurs

Giovanni Diamanti et Lorenzo Pregliasco, bref un Italien ordinaire qui aime boire un mojito au bord de la mer en regardant danser des jeunes femmes en bikini. Néanmoins, s'il n'est pas fasciste, il y a à l'évidence une radicalisation vers la droite extrême de Matteo Salvini. Pour autant, il est fondamentalement un populiste de droite, voire d'extrême droite, avant tout pragmatique qui s'efforce maintenant de doter son parti d'une certaine cohérence idéologique. À cet égard, il se montre plus proche de Viktor Orban et de Marion Maréchal-Le Pen que de Marine Le Pen. Ainsi, défend-il une conception ethno-culturelle de la nation et du peuple italien. Est italien qui a des parents italiens, il se prononce donc pour le droit du sang et rejette toute réforme en faveur du droit du sol, et est catholique, mais un catholicisme traditionnel, différent de celui du Pape François qu'il critique pour ses positions en faveur des migrants. C'est ce qui l'amène à remercier la Madone après chaque victoire électorale, à brandir le crucifix, à embrasser le rosaire, à jurer sur la Bible, ou encore à se présenter comme le défenseur de la famille, lui qui n'en montre pas l'exemple dans sa vie privée qu'il étale largement. Enfin, d'un point de vue stratégique, je le répète, Salvini s'efforce de rassembler un électorat très à droite, sur les questions d'immigration et de sécurité, et de parler aux modérés du centre droit, c'est-à-dire à l'électorat que se disputent Forza Italia et Matteo Renzi.

Dans le livre que vous signez avec Ilvo Diamanti1, vous écrivez que « le populisme, à certains égards, reflète la tentative, (…) de réagir à l'écart qui s'est creusé entre Dèmos et Kratos, entre Peuple et Pouvoir, et ce, principalement, en tâchant de dépasser la représentation, comme principe et comme méthode de gouvernement du peuple ». Comment le phénomène s'est-il construit en Italie? Quelles conditions ont fait que deux mouvements populistes antagonistes (Ligue et M5S) soient arrivés au pouvoir? Comment Berlusconi a-t-il préparé le terrain ?

Le populisme est un phénomène complexe et multiforme. Dans toute la production scientifique qui lui est désormais consacrée, quelle que soit la discipline – science politique, sociologie, histoire etc. –, deux principaux filons se dégagent. Pour certains, le populisme est avant tout une idéologie, pour d'autres un style. À dire vrai, il est une combinaison des deux. Le populisme repose sur quelques préceptes. Le clivage essentiel serait celui qui oppose le peuple, uni, vertueux, aux élites, homogènes, complotant en permanence contre le peuple. La négation de l'existence de problèmes compliqués et l'affirmation qu'il n'y a que des solutions simples. Une vision dichotomique du monde, de la société, de la politique, entre bons et méchants. La contestation de la démocratie libérale et représentative au profit de l'incarnation, laquelle passe par l'impératif d'avoir un chef. La substitution de l'ennemi à la place de l'adversaire. Toutefois, le populisme se décline en une grande variété de mouvements et de partis, de droite, d'extrême droite, de gauche, régionalistes, de chefs d'entreprise entrés en politique, ou encore refusant de se situer par rapport à la droite ou à la gauche. Ces populismes ont de nombreux points communs mais aussi des différences importantes dans leurs propositions –ils n'ont pas tous, par exemple, la même conception du peuple et de la nation-, dans la sociologie de leurs électorats ou encore dans leurs formes d'organisation. Or l'Italie est certainement, avec la France, l'une des terres de prédilection du populisme. Cela est dû à plusieurs facteurs. Historiques (une démocratie relativement récente), politiques (avec l'écroulement des principaux partis politiques qui avaient dominé l'Italie, de l'après-Seconde guerre mondiale au début des années 1990), sociologiques (avec un fossé qui sépare une large partie des catégories populaires des élites), économiques et sociales (ce pays est affecté par un réel déclin, aggravé par la crise de 2009 qui a provoqué un fort chômage, creusé les inégalités et engendré de la pauvreté), enfin culturelles (la population vieillissante a été confrontée à un véritable choc migratoire, plus de 5 millions d'immigrés régulièrement installés dans la péninsule, quatre fois plus qu'en 2001, sans parler de l'arrivée dans des conditions dramatiques des migrants). L'Italie connaît donc une triple crise. Politique avec une défiance généralisée envers les institutions et la classe politique[1], mais aussi envers l'Union européenne, ce qui signale un changement fondamental puisque l'Italie fut longtemps l'un des pays les plus europhiles. Sociale avec une exaspération d'une partie de la population, notamment dans le Sud et chez les jeunes. Culturelle, les Italiens s'interrogeant sur ce qu'ils sont, surtout du fait de la plus grande diversité de ses populations.

Vous avez raison de rappeler l'épisode Berlusconi. Celui-ci, de 1994, date de son entrée en politique, jusqu'à peu près 2011, lorsqu'il a dû démissionner de son poste de Président du Conseil, a littéralement obsédé l'Italie (et aussi l'Europe). Qu'il soit au pouvoir, ce qui fut le cas à trois reprises en 1994, de 2001 à 2006 et de 2008 à 2011, ou dans l'opposition. Il y a clairement un avant et un après-Berlusconi. Il a révolutionné la communication, la manière de faire de la politique, et la politique elle-même. Car, pour reprendre la subtile et profonde analyse de l'historien Giovanni Orsina, il se présentait comme l'incarnation de « l'anti-antifascisme » et l'expression d'une volonté populaire opposée à tout le travail réalisé jusqu'alors par les élites pour éduquer et former un peuple dont celles-ci se méfiaient depuis l'Unité italienne. Berlusconi a ouvert la voie aux populistes. Notamment à celui de la Ligue de Salvini qui, cela étant, a son originalité et ne représente nullement un Berlusconi-bis.

La personnalisation est un des éléments importants et paradoxaux de cette affirmation permanente du peuple. À quoi renvoie cet absolu besoin, ce goût ardent du chef ?

Partout, en Europe comme ailleurs, dans une période marquée par tant de motifs d'inquiétudes et de peurs, de défiance et de détestations, on voit monter la quête de référents clairs et d'hommes forts, d'autorité aussi ce qui ne signifie pas d'autoritarisme, du moins pour le moment. La politique est désormais marquée par un triple processus de médiatisation, de présidentialisation et de personnalisation qui a commencé depuis longtemps. Les médias et maintenant les réseaux sociaux amplifient ces dynamiques. Il y a sans doute une recherche d'homme providentiel qui atteste l'ampleur de la crise politique, sociale et culturelle de nos démocraties. Notons néanmoins que cette quête d'autorité se voit contrebalancée par une exigence de plus grande participation démocratique.

Tout cela annonce-t-il des processus semblables dans le reste de l'Europe où la conviction est désormais très ancrée et peut-être dominante – à l'instar de Jean-Jacques Rousseau évoquant le système anglais[2] – selon laquelle une fois le scrutin passé, le citoyen redevient un simple sujet qui ne décide plus, puisque c'est un autre qui décide pour lui ?

Cela n'annonce pas. C'est déjà le cas, c'est en train de se réaliser sous nos yeux. Les populistes sont présents partout et ils progressent. Cela ne signifie pas que leur ascension soit irrésistible et qu'ils l'emporteront. Mais qu'ils conquièrent le pouvoir ou pas, ce que je défends comme thèse avec mon collègue Ilvo Diamanti, c'est qu'ils sont en train de transformer nos démocraties. C'est pourquoi nous avons forgé ce néologisme « Peuplecratie ». Cela mérite explication. Permettez-moi une comparaison. Dans les années 1920-1930, un certain nombre d'intellectuels et de penseurs, face au bolchévisme, au fascisme et au nazisme se sont interrogés. Ils percevaient que ces régimes ne correspondaient pas aux critères classiques de ce que l'on avait coutume d'appeler des dictatures ou des tyrannies. Ils voyaient bien qu'en Russie, en Italie et en Allemagne quelque chose de nouveau existait. A alors été forgé l'adjectif de totalitaire qui deviendra un néologisme après 1945 : totalitarisme. Avec Ilvo Diamanti, nous n'avons nullement la prétention d'être Hannah Arendt. Mais nous pensons que quelque chose d'inédit se met en place. Pour le comprendre, il faut prendre un peu de recul historique. On peut dire que nos démocraties au XIXe siècle étaient fondamentalement des démocraties parlementaires, qui devinrent à la fin de ce même siècle aussi, au fur et à mesure du développement des sociétés où la politique touchait de larges masses, des démocraties de partis plus ou moins forts et structurés selon les pays. Au XXe siècle, surtout après 1945, les démocraties furent pleinement des démocraties parlementaires et de partis, la France de la Vème République constituant une exception en Europe avec son régime semi-présidentiel et sa relative faiblesse des partis en comparaison avec les pays voisins. Dès les années 1990, un changement s'est amorcé que le philosophe Bernard Manin, avec d'autres théoriciens, a pu appeler la démocratie du public. Celle-ci est caractérisée par le déclin des grandes idéologies politiques, des cultures politiques qui en découlaient, et de ce fait, ont émergé la personnalisation la politique, le rôle de la télévision ou encore des sondages. Avec Ilvo Diamanti, nous pensons qu'à l'intérieur de cette démocratie du public, une nouvelle mutation s'opère. Les populistes imposent leurs thématiques, leur style, leur mode de faire de la politique, leur langage, leur gestuelle, ou encore leur temporalité (celle de l'urgence permanente). Alors que, classiquement, la démocratie, c'est « le pouvoir du peuple, par le peuple, pour le peuple », mais avec une série de contre-pouvoirs liés à l'état de droit, ils affirment que la souveraineté du peuple est sans limite et qu'elle s'incarne dans leurs leaders. Ils mettent donc sous tension continue nos démocraties en imposant une forme de démocratie immédiate, au double sens du mot, de l'immédiateté, puisque tout est simple et peut être résolu en un clin d'œil, ou mieux, grâce à un tweet ou à un message sur Facebook, et en se passant de médiations puisque le leader incarne la volonté du peuple grâce à ses succès électoraux, ses bons sondages, ses followers et ses likers sur les réseaux sociaux. Ceux-ci ont totalement bouleversé le rapport des citoyens à la politique. Les populistes l'ont très vite et très bien compris et ils en jouent à fond. Les populistes tendent à bousculer les institutions, voire, dans certains cas, lorsqu'ils sont au pouvoir, comme en Pologne et en Hongrie, à les subvertir ou à les vider de leur sens originel. Davantage, ce style populiste contamine tout le débat public, par une polarisation incessante, une exacerbation à l'extrême des passions, et les acteurs politiques eux-mêmes, puisque ceux qui veulent combattre les populistes sont tentés de recourir à leurs armes. On prend deux exemples dans le livre. Matteo Renzi en Italie qui voulait « envoyer à la casse », pour reprendre son expression toute la classe politique, qui a tenté de parler directement au « peuple », et Emmanuel Macron à l'occasion de l'élection présidentielle de 2017 où il s'est présenté comme le candidat anti-système, lui un pur produit du « système » et a tiré sur toute la classe politique, les partis, les organisations d'intérêt. Attention toutefois. Je ne dis pas que la *peuplecratie* a gagné. Loin de là. Mais elle constitue une potentialité et une dynamique qui en vient à éroder les bases de la démocratie libérale et représentative.

De quelle « maladie infantile », le populisme est-il le symptôme?

Le populisme n'est pas une maladie. Il est le symptôme d'une maladie. Celle de nos démocraties et de nos sociétés, qui affecte selon des degrés divers tous les pays européens. Il y a en effet une forme d'essoufflement de nos démocraties libérales et représentatives qui, à la fois, déçoivent les citoyens par leur incapacité à régler les questions sociales, à reformuler un vivre-ensemble, à indiquer un projet d'avenir, à proposer une nouveau « roman national et européen ». Par ailleurs, nos sociétés souffrent du creusement des inégalités de toute nature, qu'elles soient réelles ou perçues ainsi, de la précarisation du marché du travail. En outre, elles sont affectées par le profond processus d'individualisation, marquées par des tensions, des inquiétudes, des peurs, des tentations de repli, entre autre, du fait de leurs diversités internes. Par exemple, à propos de l'immigration et de l'Islam. C'est sur cela que le populisme prospère en exacerbant toutes ses tensions au maximum, en jouant des émotions. J'ajoute un élément important. On dit souvent que le populisme est anti-politique au sens où, classiquement, comme par le passé, il rejette la politique et la classe politique accusée de tous les maux. C'est vrai. Mais il est anti-politique aussi au sens où il surfe sur l'aspiration à une autre politique, plus efficace, plus honnête, plus exemplaire, plus transparente. Actuellement, et sans doute paradoxalement, ce sont les populistes qui expriment cette exigence démocratique.

Après le populisme, après la peuplecratie, à quelle étape nouvelle devons-nous nous attendre ? En Italie ? Chez nous ?

L'alternative à mes yeux est simple. Ou nos démocraties sont capables de se rénover et de répondre à ce qui nourrit l'ascension des populistes, à savoir la profonde défiance politique, la souffrance sociale, l'interrogation culturelle et identitaire qui taraude une grande partie des populations, ou bien notre avenir sera hongrois, c'est-à-dire celui de « démocraties illibérales ». L'enjeu est donc considérable. En Italie. Mais aussi en France, où cela se jouera en 2022 avec l'élection présidentielle qui s'annonce cruciale puisqu'elle opposera quasi certainement au deuxième tour Emmanuel Macron, en difficulté, et Marine Le Pen, en progression.

Propos recueillis par Serge Airoldi

Notes

1. *Peuplecratie, les métamorphoses de la démocratie*, Gallimard, 2019.
2. « Le peuple anglais pense être libre, il se trompe fort, il ne l'est que durant l'élection des membres du Parlement; sitôt qu'ils sont élus, il est esclave, il n'est rien ». *Du contrat social.*

Jamil Mouawad

Enseignant-Chercheur au département des Sciences Politiques a l'Université Américaine de Beyrouth, Liban.

À l'heure du soulèvement libanais, retour sur les législatives libanaises de 2018[1]

En mai 2018, les Libanaises et les Libanais se sont rendus aux urnes pour élire un nouveau parlement, dans une élection basée sur une loi électorale hybride qui mêlait système proportionnel et système majoritaire. Au-delà du jeu des chiffres et du décompte des résultats, les élections législatives de 2018 inaugurent une nouvelle phase sur la scène politique libanaise – qui succède à la polarisation entre les camps du 8 et du 14 mars. Le paysage électoral semblait opposer les forces dirigeantes et les groupes protestataires, mais ce sont les premiers qui l'ont emporté. La victoire de la classe dirigeante est le résultat de l'épuisement du contenu de la vie politique et leur réussite à contrôler le discours public et les rouages du pouvoir.

In May 2008, Lebanese citizens voted for a new parliament based on a hybrid electoral law combining both majoritarian and proportional systems. Irrespective of the results and the winners and losers, these elections marked the inaugration of a new phase in the Lebanese system following a phase of polarization between the March 8 and March 14 camps. While the elections set the ruling class up against contestation groups, it led to the victory of the former. This victory not only reflects the hollowing-out of Lebanese political life but also the ability of the ruling class to control public discourse and power structures.

En Octobre 2019 les Libanais, toutes classes et communautés confondues, sont descendus dans les rues pour protester contre la déliquescence de l'État et les abus commis pas la classe politique. Cette vague de contestations inédite dans l'histoire du pays, a lieu presque un an et demi après les législatives de mai 2018. Comment explique-t-on alors que les Libanais aient tourné le dos à la même classe politique pour laquelle ils ont voté en 2018, tout l'accusant cette fois d'être corrompue ?

Le slogan unificateur des manifestants d'octobre 2019 – « vous tous, ça veut dire vous tous » (*kilkoun, ya'nikilkoun* » – en dit long de cette défiance générale envers un pouvoir que les manifestants rendent responsables des problèmes économiques, sociaux et environnementaux que connait le Liban. Une relecture des législatives permet ainsi de clarifier les soubassements de ce que les Libanais qualifient comme la « révolution d'octobre », le « *hirak* », ou même la révolte *« intifada ».*

En mai 2018, les Libanaises et les Libanais se sont rendus aux urnes pour élire un nouveau parlement, dans une élection basée sur une loi électorale hybride qui mêlait système proportionnel et système majoritaire. Au-delà du jeu des chiffres et du décompte des résultats, les élections législatives de 2018 inaugurent une nouvelle phase sur la scène politique libanaise – qui succède à la polarisation entre les camps du 8 et du 14 mars suite à l'assassinat de l'ancien Premier ministre Rafic Hariri en février 2005. Contrairement aux élections précédentes de l'après-guerre qui virent s'affronter anti-syriens et pro-syriens ou opposants et défenseurs des armes du Hezbollah, cette fois-ci, l'élection de 2018 s'est déroulée sans lien avec les grands thèmes politiques. Cette absence ne découle pas d'une conjoncture de l'instant mais résulte de l'épuisement de la vie politique et de la réussite des élites dirigeantes à contrôler le discours public et les rouages du pouvoir.

Les élections de 2018 ont eu lieu après plusieurs prorogations du mandat du Parlement (2013, 2014, 2017) et après les mobilisations civiles de l'été 2015 où, pour la première fois, des milliers de manifestants ont directement blâmé les élites politiques au pouvoir et leur ont imputé la situation de crise[2], sans en rejeter la responsabilité sur les interventions régionales. Dans toutes les circonscriptions, un grand nombre de forces protestataires se sont alors réunies sur des listes électorales se réclamant de la « société civile », convaincues que le changement était possible.

À première vue, le paysage électoral semblait ainsi opposer les forces dirigeantes au pouvoir et les groupes protestataires. Pourtant, les résultats des élections ont abouti à la reconstitution de la même classe dirigeante. Plus même, elles ont consolidé les bases du pouvoir en place depuis Taif, avec la cristallisation du système des « chefs » (*aqtab*) qui marginalise le rôle du député et le transforme graduellement en simple membre d'un groupe politique ou bloc parlementaire ; ou l'abolition des frontières entre loyalistes et opposants, ou encore l'absence totale de contrôle de l'action gouvernementale.

Politique et Discours au Liban : « pudeur des communautés » et « impudence des politiciens »

Une lecture globale du discours politique de ces dernières années suggère que les failles de l'État libanais et de ses institutions ne sont plus exclusivement une affaire de corruption et d'appropriation des biens publics. Plutôt, elles résultent d'une composante devenue désormais fondamentale de la culture politique, celle de « l'impudence politique » et du rejet systématique de la responsabilité des problèmes sur les autres. La répartition des ressources publiques en quotas confessionnels et la corruption, malgré leur ampleur, ne sont en fait que le résultat visible et tangible de ce phénomène. Dans une analyse de la formation du système politique libanais et des relations entre les groupes confessionnels et l'État, l'historien Ahmad Beydoun affirme que les confessions se sont toujours caractérisées par une sorte de « pudeur », au sens où elles acceptaient d'abandonner une partie de leur identité pour laisser une place à l'existence de l'État. Réduit à l'espace concédé par les groupes confessionnels, cet État n'en reste pas moins « gommé » par ces mêmes groupes et donc pour ainsi dire marginalisé[3]. Aujourd'hui, si on peut encore parler, dans une certaine mesure, de la « pudeur des communautés », l'impudence des dirigeants, fait désormais partie des mécanismes de gouvernance de l'État et de la gestion des affaires publiques. C'est ainsi que tous s'exonèrent de toute responsabilité à l'égard de ce qu'est devenue la situation libanaise, tant au niveau économique, social, environnemental que politique. En complément, ils ne manquent pas de blâmer « les autres » et de les rendre responsables de la paralysie générale. Cette façon de faire et de (se) défaire n'empêche personne pour autant de participer au gouvernement sur une base de consensus ou de compromis. Ainsi, les élites dirigeantes renforcent leurs positions de pouvoir : personne n'est responsable des crises, et chacun peut se dire réformiste.

Cela s'est reflété dans les élections, où l'impudence a atteint son apogée : tout le monde est entré dans la compétition, tout le monde a gagné et personne n'a perdu.

Le « régime » l'a emporté et « l'opposition » n'a pas perdu

La chose la moins surprenante à propos de cette élection est que tous les chefs politiques ont gagné. L'équation « ni vainqueur ni vaincu », qui a prévalu dans la pratique politique au Liban depuis l'indépendance[4], ne se retrouvait pas nécessairement dans les élections. Historiquement, surtout avant la guerre civile, les élections produisaient des résultats à partir desquels s'organisaient forces de pouvoir et forces d'opposition ; on recourait à l'équation « ni vainqueur ni vaincu » pour la résolution d'une crise. Mais après Taëf, cette équation est devenue une constante du pouvoir, de ses composantes et de ses mécanismes. De ce point de vue, les élections de 2018 ont clairement montré qu'elles n'étaient qu'un jeu pour répartir des rôles et des parts avec une faible probabilité de gain ou de perte d'un siège ici ou là.

En fait, ce phénomène ne reflète que la capacité des élites dirigeantes d'après-guerre à se mettre d'accord explicitement ou implicitement. Lors des élections de 2018, les listes de ces élites dirigeantes qui tirent leur autorité de leur capacité à contrôler trois éléments (la sécurité, le confessionnalisme et l'économie) n'ont connu aucune défaite.

Plusieurs facteurs ont contribué à aboutir à cette situation, notamment la suppression des éléments nécessaires à la formation d'une véritable opposition au Liban, conformément au principe de l'enracinement d'un « autoritarisme diffus », selon la formule du politologue Farid al-Khazen[5]. À cet égard, il faut se rappeler que les élections de l'année 2000 avaient vu la chute du Premier ministre en charge des élections (Salim al-Hoss[6]) confronté à une opposition confessionnelle (représentée par l'ancien président Rafic Hariri), mais aussi le succès de Pierre Gemayel (phalangiste), Nassib Lahoud et Albert Mokheiber, considérés comme des opposants politiques à la présence syrienne au Liban. De même, les élections de 2005, qui ont suivi l'assassinat de Rafic Hariri, ont entraîné la chute d'un des plus fidèles partisans du régime syrien, Sleiman Frangieh. Mais ces mêmes élections (2005), décrites comme celles de la « deuxième indépendance », ont aussi été marquées par une alliance quadripartite entre des courants politiques par ailleurs en conflit (Hezbollah et Amal d'une part, PSP joumblattiste et Courant du Futur haririen de l'autre). En d'autres termes, les élections ont progressivement entériné l'absence d'une vie politique pluraliste dans laquelle différentes forces sont censées entrer en compétition pour produire dans un deuxième temps le gouvernement et l'opposition. De ce fait, les élections parlementaires au Liban sont devenues un mécanisme qui tend à la victoire de tous en contrepartie d'une décomposition inquiétante des forces qui auraient pu constituer un potentiel d'opposition efficace au sein du parlement.

Ici il est important de souligner qu'il n'y a pas eu, lors des élections de 2018, d'opposition au sens politique du terme, à l'exception de quelques voix sporadiques contre les armes du Hezbollah ou l'ingérence iranienne dans les affaires libanaises, comme par exemple celle de Fares Souaid[7] à Jbail ou de Achraf Rifi[8] à Tripoli. Ces dernières sont d'une manière ou d'une autre une opposition aux pratiques politiques du régime et aux choix de ses élites dirigeantes, plutôt qu'une opposition politique au régime dans ses composantes communautaires ou économiques. Il en va de même des forces de protestation civiles qui n'ont pu se forger ni une identité électorale – comme l'ont montré les résultats officiels – ni une identité politique, vu leur incapacité à se transformer en une véritable force après l'échéance électorale. Il faut ici s'arrêter sur la victoire de la député Paulette Yacoubian, à laquelle plusieurs facteurs ont contribué : la nature de la loi électorale et le quotient électoral relativement réduit exigé dans sa circonscription. Paulette Yacoubian est entrée dans le jeu politique en raison de sa renommée, qu'elle ne doit ni à l'action « politique-civile », ni à l'action « civile d'opposition », mais au monde des médias, propriété des élites dirigeantes qui en définissent les conditions, les limites et les dimensions.

On peut s'interroger sur la capacité des élites dirigeantes de dominer non seulement les ressources de l'État ou de la société par le biais de mécanismes de redistribution rentière, mais surtout de contrôler par le biais du discours public les conditions, les limites ou l'inexistence d'une concurrence politique.

Élections 2018 : la trêve des combattants, « nous tous ça veut dire nous tous »

Il faut insister sur le fait que les élections de 2018 sont postérieures à la crise des déchets de l'été 2015. Cette dernière est la première du genre pour les gouvernements post-Taëf. Elle se distingue non seulement par l'ampleur des protestations collectives mais aussi par son enjeu politique : elle trouve en effet son origine dans le dérèglement du principe du partage des ressources et des postes dans l'administration et les services publics.[9]

La caractéristique la plus saillante de ce mouvement populaire était le slogan : « Tous, ça veut dire tous » (*koulloun yaani koulloun*), un slogan brandi pour impliquer tous les « chefs » du système politique libanais. Bien qu'il soit le plus important de la période post-Taëf, il est aussi le plus dangereux car il évoque simultanément la solution et l'impasse. La solution, parce que des forces protestataires ont surgi pour dire que les « chefs » du système au pouvoir sont solidaires pour faire fonctionner les mécanismes sécuritaires, confessionnels et économiques, et sont donc tous responsables de l'exacerbation de la crise. Cela nous renvoie au mouvement social et syndical des dernières années de la guerre qui en réclamait la fin. Mais ce slogan évoque aussi l'impasse, parce qu'il a contribué à affaiblir les forces protestataires, souvent incapables de s'entendre pour faire porter la responsabilité partagée de la crise à toutes les parties au pouvoir.

La conséquence involontaire et paradoxale de ce slogan a été la capacité des « chefs » du régime de le retourner à leur avantage et d'agir mus par la thèse « nous tous, ça veut dire nous tous » (*koullna yaani koullna*). Cela se traduisit par une coordination implicite dans le traitement de la crise des déchets qui révélait un partage des rôles pour assurer une sortie de l'impasse. De même, lors des élections, la thèse de « nous tous ça, veut dire nous tous » a de nouveau prévalu et s'est traduite par un accord général pour éviter des casus belli, traverser les élections avec le moins de pertes possible, et peut-être aussi se confronter aux « forces civiles » qui ont failli constituer un danger même relatif. Les élections se sont ainsi déroulées sans heurts, mais la concurrence « souple » s'est terminée avec les élections et il s'en est suivi un durcissement lors de la formation du gouvernement. Tout le monde est alors entré en concurrence et s'est battu pour l'octroi des maroquins ministériels. C'est une indication supplémentaire de l'importance de l'enjeu que constitue l'État pour le contrôle des ressources.

L'éclipse du rôle du député et le surgissement de celui des « chefs » (aqtab)

Historiquement, au Liban, le rôle du député est celui d'un intermédiaire entre l'État et ses institutions, d'une part, et ses «clients», de l'autre. Le député, dans la perception libanaise, en plus d'être un député élu sur un siège confessionnel, est également le député d'une région donnée. Les élites parlementaires d'avant la guerre civile étaient soit des élites centralisées, directement liées au capital, soit des élites des périphéries régionales qui représentaient généralement le pouvoir politique traditionnel et les propriétaires terriens. Après la guerre, avec l'entrée des chefs de guerre au pouvoir, et avec eux des nouveaux capitalistes, la vie politique au Liban, en particulier après 2005, a été marquée par un développement majeur du rôle des « pôles » (*aqtâb*) ou des « chefs » politiques, comprendre les leaders de premier rang (Michel Aoun, Nabih Berri, Saad Hariri, Samir Geagea, Walid Jumblatt et Hassan Nasrallah), ceux qui représentent les groupes confessionnels, ou qui prétendent les représenter.

Ce sont ces « chefs » qu'on représente dorénavant au gouvernement et au parlement par le biais de leaders dit de deuxième rang liés à eux par le sang (enfants ou gendre…) ou par la reconnaissance (membres du parti, amis, collègues…). Cette évolution, conjuguée à la monopolisation de la représentation des groupes confessionnels par les « chefs » politiques, reflète un développement sociétal qui a eu raison de la séparation ville/campagne, beaucoup moins pertinente aujourd'hui que dans les premières décennies de l'indépendance. Par ricochet, cette évolution affecte négativement le rôle du député élu qui semble maintenant faire partie d'un groupe plus vaste et dépend évidemment d'un certain « chef » politique. Par exemple, le député Emile Rahmé de Baalbek-Hermel a été inclus en 2009 dans le bloc de Sleiman Frangieh afin d'accorder à ce dernier un siège à la Table du Dialogue national. A contrario, suite aux élections de 2018, il a suffi que six députés sunnites – au départ étrangers les uns aux autres – se regroupent sous la houlette du camp pro-Hezbollah pour enlever au Premier ministre Saad Hariri le statut de représentant unique des sunnites du Liban et réclamer un siège au gouvernement.

Plusieurs exemples montrent le déclin du rôle du député : ainsi, par exemple, de la récente décision prise par le Hezbollah de geler non seulement l'appartenance de Nawaf al-Moussawi au Parti mais aussi son mandat parlementaire pendant une année complète, ce qui s'est traduit par son absence lors des dernières sessions parlementaires. Il y a là un exemple flagrant qui montre que le député dépend dorénavant plus de la décision des « chefs » politiques que de son mandat émanant des citoyens. Un autre exemple est celui de l'implication débordante de Walid Joumblatt dans les négociations pour la formation du nouveau gouvernement, qui a pour effet de marginaliser le rôle de son fils et député élu Taymour, dans les grandes orientations politiques du groupe parlementaire qu'il est pourtant censé présider.

Un dernier exemple flagrant réside dans le fait que certains ministres aient dû signer une démission « en blanc » avant d'être nommés par le bloc qu'ils devaient représenter. Comment après cela, les représentants élus peuvent-ils accorder leur confiance à un ministre, alors que celui-ci s'est déjà mis à la merci d'un « chef » politique avant même de participer au gouvernement ?

Ce système de « chefferie », parallèlement à l'érosion du rôle du député, marginalise les institutions et rend les réunions et les décisions des blocs parlementaires qui en dépendent plus efficaces et plus importantes que les débats à la Chambre des représentants. Cela entraine la marginalisation du parlement et sa réduction au statut de chambre d'enregistrement de décisions prises en dehors de lui. Les premiers pas de cette évolution du régime ont vu le jour durant la période dite de la « troïka » lors des années 90 et elle a atteint aujourd'hui sa forme élaborée avec le système des « chefferies ». Ainsi, la vie politique, dont fait partie la vie législative, dépend dans une large mesure de l'ampleur de l'accord des « chefs » sur un compromis entre eux, ou de leur accord sur un désaccord entre eux.

Opposition politique ou opposition de circonstance ?

Tout comme les élections législatives ont produit un parlement dans lequel tous les chefs politiques sont représentés, le gouvernement a été formé sur la base de la représentation de tous. Après moins d'un an de ce Parlement, il est à noter que les voix d'opposition peuvent être classées en trois types.

Une première opposition représente dans une certaine mesure le discours ou le public de ladite « société civile » comme celle portée par la députée Paulette Yacoubian, mais aussi par les trois députés Kataëb (Sami Gemayel, Elias Hankach, Nadim Gemayel), une génération de jeunes au sein du parti, qui ont refusé la confiance au gouvernement

– sans oublier le cas d'Oussama Saad. Pour l'instant, il ne s'agit pas tant d'une opposition au système politique qu'une protestation contre la corruption, les vols et les incinérateurs. C'est ainsi par exemple que nous ne savons pas ce qu'elle pense des politiques économiques de l'après-guerre, fondées sur une ingénierie néolibérale qui entérine le concept d'un État faible pour mieux favoriser la privatisation.

Une deuxième sorte d'opposition est celle de Jamil al-Sayyed[10] qui ne procède pas, elle, d'un bloc politique, mais d'une décision personnelle hostile jusqu'ici aux Hariri, apparemment en raison de différends liés au Tribunal international sur le Liban, créé pour enquêter et juger les assassins de Rafic Hariri.

Une opposition d'un troisième type n'est pas nouvelle dans le système politique libanais : elle semble avoir décidé de faire le procès du « haririsme politique » en s'en prenant à l'ancien président du Conseil Fouad Siniora. Cette opposition n'est pas du tout hostile au régime, ni au gouvernement. C'est une opposition sélective, menée par le Hezbollah, lequel participe au gouvernement présidé par Saad Hariri par le biais de ministres, et lui a accordé la confiance. Il n'est pas clair pour le moment où se dirigera cette campagne.

Mais au vu de ce qui a été mentionné antérieurement sur l'évolution du système, il semblerait que cette opposition a pour objectif de faire pression pour aboutir à certaines négociations qui produiraient de nouveaux compromis. Il s'agirait donc d'une opposition de circonstance plus que d'une opposition autour d'un projet politique bien identifié, et ce jusqu'à preuve du contraire.

Quant aux autres, les forces protestataires civiles qui ont perdu les élections, elles n'ont pu former un front politique capable de s'opposer au Gouvernement et de contribuer à la constitution d'une véritable opposition politique enracinée dans la société. Evidemment, cela nécessiterait la mise en place non pas d'une alliance électorale mais d'une alliance politique, qui n'a pas vu le jour jusqu'à présent.

En conclusion

Au Liban l'atmosphère générale se caractérise actuellement par un tournant politique semblant favoriser la lutte contre la corruption. Peut-être est-ce le résultat de la conférence « Cèdre », au cours de laquelle les donateurs internationaux ont conditionné l'aide fournie au gouvernement libanais à l'arrêt du « gaspillage ».

Mais ce tournant n'est pas inédit dans l'histoire libanaise. Dans l'après-Taëf, l'ancien député Najah Wakim a été le héraut d'un discours de combat et de dénonciation de la corruption qui l'avait conduit à publier un livre intitulé « Les mains noires ». Il en est de même pour la vague « anti-corruption » qui avait accompagné le gouvernement de Salim al-Hoss (1998-2000) lorsque celui-ci avait tenté de mettre en place des politiques d'austérité budgétaire et d'épuration administrative.

Les résultats des élections de 2018 et la composition du parlement qui en a résulté ne constituent donc pas nécessairement un terreau fertile suffisant pour lutter contre la corruption. La raison en est simple : il n'y a toujours pas d'opposition effective indépendante du système.

Pratiquement, les élites dirigeantes continuent de monopoliser le discours public et d'en maîtriser les thèmes, en l'occurrence le projet anti-corruption. En dépit de la présentation par quelques députés de nombre de projets d'apparence réformistes, comme par exemple la levée du secret bancaire et du secret des réunions des commissions parlementaires, ou le projet de loi sur l'indépendance et la transparence du pouvoir judiciaire, l'expérience libanaise, en matière d'élaboration de politiques publiques et de promulgation des lois, est riche d'enseignements sur la capacité du système à détourner le cours des lois et à les vider de leur sens et de leur contenu. Cela appelle un effort considérable de la part des forces de la société afin de ne pas laisser la Chambre des représentants sans observation ou surveillance.

Les forces de protestation ont certes perdu les élections législatives, elles ne doivent pas maintenant perdre leur vitalité dans le contrôle du parlement.

Notes

1. Une première version de cet article a été publiée en arabe le 6 mai 2019 sur le site du *Legal Agenda* (http://legal-agenda.com/article.php?id=5543). L'auteur aimerait remercier Elizabeth Picard, Elizabeth Longuenesse, et Paul Achcar pour avoir lu et commenté l'article, et en particulier Nizar Saghiyeh de la *Legal Agenda* qui a autorisé sa traduction et publication en Français.
2. Suite à la fermeture de la plus grande déchèterie du pays, le Liban a connu à l'été 2015 ce qu'on a appelé « la crise des ordures » pour dénoncer l'entassement des ordures aux abords des rues dans différentes villes et surtout la capitale Beyrouth. Cette crise venait s'ajoutait à diverses crises politiques majeures liées au blocage institutionnel et à la vacance du pouvoir présidentiel depuis mais 2014.
3. Ahmed Beydoun, *Le conflit sur l'histoire du Liban: l'identité et le temps dans les œuvres de nos historiens contemporains*, Publications de l'Université libanaise, Beyrouth 1989, p. 253.
4. Cette pratique révèle le besoin qu'ont les chefs politiques de trouver un compromis entre les différentes « communautés » qu'ils prétendent représenter.
5. Farid al-Khazen, "The Postwar Political Process: Authoritarianism by Diffusion", in

Theodor Hanf and Nawaf Salam (eds), *Lebanon in Limbo, Postwar Society and State in an Uncertain Regional Environment*. Baden- Baden: Nomos Verlagsgesellschaft, 2003, p. 53-74.

6. Salim al-Hoss est nommé premier ministre en 1998. Son gouvernement (1998-2000) a tenté de renverser les politiques économiques et financières des gouvernements successifs de Rafic Hariri (1992-1998).

7. Ancien député élu de Jbail-Kesrouan (2000-2005) qui, après mars 2005, fut nommé secrétaire général des forces de 14 mars. Il se porta candidat sans succès aux élections de Mai 2018.

8. Ancien directeur général des Forces de Sécurité Intérieure (2005-2013), nommé Ministre de la Justice sous le gouvernement de Tamam Salam en 2015. Il a présenté sa démission en février 2016, en dénonçant l'hégémonie de Hezbollah sur le Liban. Il se porta candidat sans succès aux élections de Mai 2018.

9. La « crise des déchets » résultait en partie de la fermeture de la décharge de Naameh, mais également de l'incapacité du gouvernement à trouver une alternative immédiate à ce problème.

10. Ancien chef de la Sûreté générale (1998-2005), il a été en 2005, détenu pendant quatre ans dans le cadre de l'enquête sur l'assassinat de l'ancien premier ministre Rafic Hariri avant d'être libéré sans conditions en 2009. En 2018, il devient député élu au parlement libanais.

Christophe Chiclet

Membre du Comité de rédaction de *Confluences Méditerranée*.

Élections grecques : chronique d'une défaite annoncée

Dans nos numéros de l'automne et de l'hiver 2014[1]*, nous avions annoncé la victoire de la gauche radicale grecque puis son impossibilité à appliquer son programme de libéralisation économique et sociale. Était-ce si prémonitoire ? En fait pas vraiment. Un petit pays, seul sur la voie du combat contre le néolibéralisme tout puissant, n'avait aucune chance. Après quatre ans de gouvernance, le parti Syriza et son Premier ministre Alexis Tsipras ont perdu les législatives du 7 juillet dernier. Pouvait-il en être autrement tellement cette expérience gênait tant de monde ? Il n'est désormais plus nécessaire de faire sortir les soldats des casernes pour étrangler les expériences populaires. Le poids des pressions économiques et financières suffit largement, sans la moindre effusion de sang.*

Fini le 21 avril 1967 des Colonels avec leurs tanks. Mais ces coups d'État silencieux ne sont pas moins mortifères. La dictature des colonels (avril 1967-juillet 1974) aurait fait environ 200 morts. La dictature de l'austérité imposée par la Troïka (BCE-FMI-Commission de Bruxelles), en vigueur depuis 2012, a déjà fait des dizaines de milliers de victimes. Avant la crise, la Grèce avait le taux de suicide le plus bas de l'UE. Désormais, elle rejoint la Finlande et, cas unique en Europe, il touche essentiellement les plus de 70 ans. Par ailleurs, les personnes âgées et les malades graves meurent deux à trois fois plus qu'auparavant faute d'avoir les moyens d'accès aux soins et aux médicaments. C'est la petite bourgeoisie paupérisée qui est la plus touchée.

Le grand cinéaste grec Costa Gavras déclarait sur *Arte* le 24 février 2015 : « La Troïka fera tout pour que Tsipras échoue ». Cette phrase prémonitoire, il l'a gardée en tête et l'a mûrie. Il vient d'en faire son dernier film *Adults in the room*, sorti en novembre dernier, qui est une adaptation du livre témoignage de Yianis Varoufakis[2], l'éphémère ministre des Finances du premier gouvernement Syriza.

À la veille des législatives du 7 juillet 2019, les sondages donnaient les conservateurs de la Nouvelle Démocratie comme les grands gagnants. Force est de constater que la défaite des forces de progrès ne fut pas une débâcle. Au contraire, après quatre ans de couleuvres à avaler, la Syriza a particulièrement bien résisté.

Rappelons les résultats. Nouvelle Démocratie : 39,85 %, 158 députés sur 300 (+12% par rapport aux élections de janvier 2015) ; Syriza : 31,53%, 86 députés (–4%), Kinal (ex socialiste du PASOK) : 8,10%, 22 députés (+2%) ; KKE (communiste) : 5,30, 15 députés (0%) ; Elleniki Lysi (« Solution grecque », extrême-droite) : 3,70%, 10 députés ; MeRa 25 (scission protéiforme de la Syriza créée par Yianis Varoufakis) : 3,44%, 9 députés. Abstention : 42%.

La différence de seulement 8,32% entre les deux premiers partis se traduit par 72 sièges d'écart. C'est avant tout la conséquence de la loi électorale à la proportionnelle qui donne une prime au premier parti.

La Syriza est restée en tête dans seulement dix départements sur plus d'une soixantaine. Elle garde l'ensemble de la Crète historiquement frondeuse : républicaine à l'époque du royaume de Grèce (1832-1968), bastion du PASOK à l'époque de sa gloire, passée ensuite à la Syriza. Cette dernière conserve aussi les bastions populaires des banlieues d'Athènes-Le Pirée (Attique occidentale, Pirée B, Athènes B2), de Patras (Achaïa, Péloponnèse), mais aussi d'Arta au sud de l'Épire et à Xanthi, à la frontière bulgare où vit la minorité pomak (bulgares musulmans). Dans le reste du pays, la Nouvelle Démocratie (ND) arrive en tête sans jamais obtenir la majorité absolue. Dans toutes les circonscriptions, si l'on totalise les résultats des quatre partis de gauche (Syriza, Kinal, KKE, MeRa 25), ils sont supérieurs à ceux de la ND. Une union des gauches aurait emporté la quasi totalité des circonscriptions. Mais nous sommes en Grèce, pays de divisions politiques, où la mémoire est envahie des souvenirs des guerres civiles.

Le retour de la question macédonienne

Comme souvent en Grèce, les questions géopolitiques ont joué dans l'élection. En particulier la question de Macédoine. En juin 2018, la République de Macédoine et la Grèce ont signé les accords de Prespa mettant fin à un contentieux anachronique remontant à 1992[3]. Lors de la campagne électorale du printemps dernier, la ND a promis la remise en cause cet accord pour flatter à des fins électoralistes les régions du nord. Encore une fois, comme en 1992, les surenchères politiques internes ont joué sur cette question, oubliant d'ailleurs le véritable danger de la Turquie Erdoğanienne dans la région.

Finalement cette agitation de la question macédonienne lui a en partie servi. Les circonscriptions du nord ont donné 10% de plus à la ND, voire plus, qu'en 2015. Kastoria a voté à 50% pour la ND, Serres à 48%. Les autres (Pellas, Kilkis, Drama, Grevenna, Pierias, Chalcidique) entre 42 et 47%. En revanche, le district de Florina n'a voté qu'à 39%. Il se trouve que dans cette circonscription la majorité de la population est slavo-macédonienne et se réjouissait enfin de mettre fin aux affres de la guerre civile (1946-1949)[4] et aux longs conflits politico-interethniques entre populations grecques et slaves. Pourtant cet accord est tout à fait gagnant-gagnant. Mais pour la Nouvelle Démocratie dirigée par Kyriakos Mitsotakis, le fils du grand Konstantin (1918-2017), Premier ministre de 1990 à 1993 et qui, ironie de l'histoire, avait perdu le pouvoir parce qu'il était à deux doigts de régler ce différend, la carte du nationalisme peut être rentable.

Cependant la défaite de la Syriza n'est pas due uniquement à la question macédonienne. La création du parti MeRa 25 par Yianis Varoufakis en mars 2018 lui a coûté un petit pourcentage. « Méra » en grec signifie « Jour », mais c'est aussi le sigle de « Front de désobéissance réaliste européen ». Son électorat est essentiellement composé de jeunes qui n'avaient jamais voté et de personnes tombées sous le charme, l'intelligence et le brio de Varoufakis, qui, même s'il s'est battu vigoureusement contre Bruxelles, n'a rien d'un révolutionnaire. On pourrait les qualifier, un peu rapidement certes, de « Bobos urbains ».

Mais c'est sur les mesures d'austérité que la Syriza est tombée. La Troïka lui a imposé des mesures d'austérité draconiennes : augmentation de la TVA et des taxes, baisse des salaires et des pensions, destruction totale du droit du travail, licenciement massif des fonctionnaires. Jusqu'à l'arrivée de Syriza au pouvoir en janvier 2015, c'est ce qu'avaient commencé à mettre en place les gouvernements conservateur (ND) puis de coalition (ND, PASOK, DIMAR, ce dernier parti étant constitué de communistes passés à la social-démocratie) de 2012 à 2014. Sans l'application de ces fameux « mémorandums », injonctions à suivre les directives de la Troïka, cette dernière coupait les vivres : fin des prêts financiers au remboursement de la dette, sortie forcée de la zone euro, voire de l'UE. Ce qui signifiait la banqueroute du pays, l'effondrement du système bancaire, la fermeture des banques, la disparition de l'argent papier, l'arrêt de tout échange économique et financier. Bref, une chute du PIB du pays de 20 à 30% en moins d'une semaine et la paupérisation extrême de la moitié des habitants en moins de six mois. Ainsi, pendant quatre ans, la Syriza n'a pas pu mettre en place son programme, mais simplement résister et sauver ce qu'elle pouvait.

« Antistasi » : Résistance

Comme en octobre 1940, quand les plus grandes divisions de l'armée mussolinienne ont fondu sur la petite Grèce sur le front d'Albanie, seule la faible VI° division de l'armée grecque d'Épire a résisté une semaine, attendant les renforts, bloquant ainsi les soldats fascistes, avant de lancer une vigoureuse et victorieuse contre-attaque, la Syriza a mis en place avec un certain succès cette politique de résistance. Mais les électeurs grecs, qui ont vu la Syriza et Alexis Tsipras[5] comme des magiciens, ont été déçus. C'est ainsi que 5% ont fait défaut aux dernières élections. L'Histoire se répète et Costa-Gavras avait raison. N'oublions pas que le Front Populaire de Léon Blum élu en mai 1936 a dû déclarer « la pause » dans les réformes dès l'automne 1937. L'Union de la gauche en France, élue en mai 1981, a dû dès l'automne 1983, après trois attaques contre le Franc, passer à l'austérité ! Pot de terre contre pot de fer. D'autant que l'exemple grec risquait de contaminer rapidement l'Espagne et le Portugal, voire l'Irlande et l'Italie.

La Syriza est issue du mouvement communiste grec non dogmatique, en rupture avec Moscou dès février 1968. Elle n'a pas trempé dans le clientélisme et la corruption dans lesquels les socialistes du Pasok se sont perdus après avoir dirigé le pays pendant plus de vingt ans. Le programme de la Syriza, articulé autour de seize grands points, était très ambitieux et surtout très dangereux pour les adeptes du néolibéralisme mondialisé : gel des réductions des dépenses publiques, nationalisation des banques qui ont fait l'objet d'une recapitalisation avec l'argent public, gel des privatisations et renationalisation de certaines entreprises publiques, rétablissement des conventions collectives qui venaient d'être supprimées, rétablissement du Smic à 751 euros, hausse de tous les minima sociaux, réduction de la TVA sur les produits de première nécessité et dans les activités touristiques, annulation des taxes sur les chômeurs et les retraités, nouvelles taxes sur les armateurs, moratoire sur le remboursement des dettes, audit de la dette, renégociation des prêts contractés, indexation des taux d'intérêt de la dette sur le taux de croissance, création d'un mécanisme de contrôle des dépenses publiques, lutte contre l'évasion fiscale et, enfin, lutte contre la corruption.

Mais le résultat n'a pas à la hauteur des attentes populaires, en grande partie à cause des pressions de la Troïka. Les dépenses sociales ont dû être réduites. Les banques n'ont pu être nationalisées (interdiction de Bruxelles), les privatisations ont continué (Pirée, aéroports…). Nombre de conventions collectives ont été réactivées, mais pas toutes et pas forcément au même niveau. La réduction de la TVA a été interdite par Bruxelles, mais dans le secteur du tourisme le gouvernement a réussi à ne pas trop l'augmenter comme le voulaient les mémorandums. L'annulation des taxes sur les chômeurs et les retraités n'a été qu'en partie réalisée. Les armateurs n'ont pas été taxés, restés à l'abri à Londres, derrière les Lloyd's. Le moratoire et l'audit sur la dette n'ont pu se faire. La renégociation des prêts a bien eu lieu, mais à minima. L'indexation des taux d'intérêts de la dette sur le taux de croissance a été refusée par la Troïka. Le mécanisme de contrôle des dépenses publiques n'a pas eu le temps d'être efficace. La lutte contre l'évasion fiscale et la corruption a marqué seulement quelques points, faute de moyens.

Malgré tout, la Syriza, sans moyens financiers, sans soutien international, a fait ce qu'elle a pu. Tsipras a dû comprendre la solitude de Léon Blum et de François Mitterrand. Son gouvernement a réussi à protéger les plus faibles et les familles. Ces derniers ont reçu des subventions pour pouvoir payer les factures d'énergie et garder leurs congés payés. Le Smic et les pensions ont été légèrement augmentés, l'augmentation de la TVA dans le secteur touristique, en particulier dans les îles, n'a pas été faite, les expulsions de locataires ont été stoppées, les licenciements de fonctionnaires gelés, les emprunts toxiques des particuliers auprès des banques mis sous tutelle, et certaines conventions collectives ont été rétablies. Par rapport au programme de départ, force est d'admettre que c'est très peu, mais cela a permis entre deux et trois millions de Grecs de ne pas finir « à la soupe populaire ». Cependant la classe moyenne (70% de la population) n'a pas apprécié d'être obligée pour la première fois de payer ses impôts, d'où son retour dans les urnes à la ND lui promettant la fin des contrôles. La Syriza a pu annoncer, le 22 juin 2018, la fin des mémorandums de la Troïka. La Grèce retrouvait après six ans sa souveraineté économique et sociale. Et, quelques mois avant les élections, le gouvernement a commencé à redistribuer les premiers bénéfices d'une toute petite croissance, en particulier en augmentant les pensions. Mais cela a été pris pour un retour au clientélisme du Pasok et de la ND, qui depuis 1975 avaient l'habitude de distribuer l'argent à la veille des élections. Cette mesure prise trop tard et surtout à la veille du scrutin, a été accueillie par nombre d'électeurs comme un retour aux pratiques anciennes et donc rejetée.

Alexis Krauss, historien, archiviste, ancien responsable des archives du syndicat des employés de la Banque Nationale de Grèce[6], explique les raisons de cette défaite annoncée: « *Le gouvernement a pris en charge le sale boulot et il l'a fait, mais sans prendre les mesures nécessaires pour sauver les travailleurs. Dans la Syriza n'oublions pas qu'il y avait le groupe des 53, des marxistes purs et durs qui ne voulaient pas faire de concessions politiques* ». En effet, en dehors du petit parti souverainiste ANEL (Grecs Indépendants), la Syriza, voulant préserver sa « pureté », n'a pas voulu s'ouvrir plus largement. Pour Alexis Krauss : « *Dès le départ, il fallait faire une ouverture avec le centre gauche, les anciens socialistes du Pasok. Il fallait être moins dogmatique et plus politicien. Autre grosse erreur, la Syriza n'a pas su ou pas voulu manier les grands symboles nationaux. Il fallait mettre en place une vraie gestion du patrimoine historique du pays, en particulier l'antique qui est tout de même une des bases de notre tourisme et notre renommée internationale. Mais pour la gauche grecque, le patrimoine antique est l'affaire des nationalistes. Ce qui est faux. L'année prochaine [1821] nous allons fêter le bicentenaire du début de la lutte de libération nationale contre le joug ottoman, élément fondateur de la Grèce moderne. Et bien la Syriza n'a rien fait, n'a lancé aucun programme. Dès son arrivée au pouvoir, Mitsotakis, lui, a sauté sur l'occasion. La Syriza s'est tapé le sale boulot et a laissé les bons filets à la droite qui en profite aujourd'hui. Quant au bon boulot de ce gouvernement il est passé en partie inaperçu aux yeux des Grecs* ». Triste oraison funèbre !

Avec le retour de la ND au pouvoir, la politique économique et sociale néolibérale est désormais à l'œuvre. Comme souvent, la Syriza a fait le « sale boulot » et c'est la ND qui va en tirer les bénéfices. Pas sûr que les Grecs, eux, en tirent les bénéfices.

Notes

1. Voir Christophe Chiclet, *Confluences Méditerranée*, n° 91, 2014 : « Quand la Grèce montre la voie à la gauche européenne », p. 181-193 ; Confluences Méditerranée, n° 92, 2015 : « Grèce : barre à gauche toute », p. 183-191.
2. Yianis Varoufakis est né le 24 mars 1961 et fut ministre des finances du 27 janvier au 6 juillet 2015. L'homme est très narcissique au point d'écrire son prénom avec un seul « N ». Il a fait des études d'économie-mathématique et de mathématique-statistique en Grande Bretagne. Il a été assistant d'économétrie à l'université East Anglia et professeur en Australie de 1989 à 2000, professeur à Athènes de 2000 à 2006. Il a été conseiller de Giorgos Papandréou, le dernier Premier ministre socialiste, de 2004 à 2006. Le 26 mars 2018, il fonde le parti MeRa 25.
3. Voir Christophe Chiclet: *Europe et Orient*, n° 28, janvier-juin 2019, « Le rapprochement gréco-macédonien ».
4. Voir Christophe Chiclet : « Les communistes grecs dans la guerre », Paris, L'Harmattan, 1987. Christophe Chiclet : « La République de Macédoine », Paris, L'Harmattan, 2° ed. 1999. Nikos Papadatos : « Les communistes grecs et l'Union soviétique », Paris, L'Harmattan, 2016.
5. Fabien Perrier : « Alexis Tsipras. Une histoire grecque », Paris, ed. François Bourin, 2019, 280 p.
6. La Banque Nationale de Grèce est une banque privée, une des plus anciennes. Ne pas confondre avec la Banque de Grèce d'État.

Billets d'humeur de Robert Bistolfi

Membre du comité de rédaction.

Nom de nom !

Pour Hapsatou, Mohamed et Sibeth

Les générations peuvent se succéder, les réussites être visibles, il reste toujours un peu de la poussière des routes de l'exil sur les nationaux issus de l'immigration. S'il n'a pas été francisé, le patronyme sonnera au fil du temps comme un rappel de l'origine : les noms de Gambetta, de Pisani ou de Moscovici n'acquerront jamais la douceur angevine, champenoise ou normande des patronymes « bien de chez nous ». Bien sûr, le temps fera comme toujours son œuvre et l'oreille s'habituera à des patronymes nouveaux, comme elle l'a jadis fait pour les noms à consonance occitane, bretonne, basque… Mais en attendant il suffira d'un événement traumatique, par exemple d'une tension avec le pays d'origine, pour qu'une nationalité accordée soit délégitimée et que de nouveaux gestes de soumission soient exigés. Un événement traumatisant, un moment d'ébranlement de la conscience nationale peut faire que l'origine étrangère du nom redevienne élément à charge: Zola pouvait être célèbre et reconnu, mais au moment de l'affaire Dreyfus les pamphlets et caricatures l'ont néanmoins renvoyé symboliquement en Italie. Par prudence, beaucoup choisirent donc de franciser leur nom. Ce fut le cas pour nombre de juifs d'Europe de l'Est dans l'entre-deux-guerres (*il est vrai* – comme le disait Aragon dans « Strophes pour se souvenir », hommage au Groupe Manouchian – *qu'à prononcer leurs noms étaient difficiles*). Voici qu'aujourd'hui cette question patronymique redevient brûlante. Longtemps, il avait semblé aller de soi de ne piocher que dans la liste des prénoms qu'offrait le calendrier des Postes. La libéralisation intervenue sur ce point dans les années 90 a vu fleurir toutes sortes de prénoms nouveaux, certains d'un goût douteux et aussi lourds à porter sans doute que les « Onésime » ou « Népomucène » d'autrefois. Cette nouvelle liberté est aujourd'hui mise en cause, mais ce n'est pas pour protéger les enfants de modes douteuses ou de décisions parentales inconséquentes. Ce que certains voudraient, c'est franciser autoritairement des patronymes et prénoms souvent doublement suspects en raison d'une consonance par trop exotique, ou encore – et surtout ! – en raison d'une connotation culturelle musulmane. On ne dira jamais assez combien peut être traumatisante pour une personne la pensée que la nationalité (qui souvent a été obtenue après un difficile parcours du combattant administratif) pourrait n'être jamais totalement légitime. S'attaquer à un nom c'est dénier à celui qui le porte une pleine appartenance au groupe, c'est lui retirer le droit de cité. Comme dans un procès kafkaïen, il lui faudra sans cesse justifier par des preuves additionnelles une acquisition qu'il pensait incontestable. Pensons au traumatisme provoqué chez beaucoup par les « lois Pasqua » et les modifications du code de la nationalité sous le gouvernement Chirac. Une récente passe d'armes à la télévision entre Eric Zemmour, maître-penseur des droites extrêmes, et la journaliste Hapsatou Sy, a illustré avec éclat la sensibilité du sujet de l'origine, et souligné le glissement de la Droite vers un traitement de plus en plus autoritaire de la question identitaire. Une Nadine Morano a emboîté le pas à Eric Zemmour à propos de Sibeth Ndiaye : elle l'a fait sous un autre angle d'attaque, mais manifestement « Sibeth » et « Ndiaye » ne lui paraissent pas tout à fait catholiques.

On pourrait penser que tout cela n'est qu'anecdotique, ne relevant que de l'agitation médiatique, mais il n'en est rien : cette querelle des noms et des prénoms est révélatrice d'un glissement proprement communautariste au sein d'une République que l'on prétend protéger des particularismes identitaires! On n'entrera pas ici dans l'interminable et toujours très actuel débat des historiens sur ce qu'est la nation, sinon pour rappeler que la longue agrégation qui, au fil des siècles, a vu enrichir la communauté nationale existante de nouveaux éléments, n'a pas suivi une voie irénique. La durée a été essentielle, et les conflits. Des changements substantiels (physiques, sociaux, culturels…) se sont conjugués au fil du temps en un remodelage incessant. Visage changeant et évolutif de la nation, tout comme l'a été sa langue dominante! Les facteurs de la cohésion du pays ont été multiples et, parmi eux, essentiels, le frottement des usages et la pleine participation des nouveaux arrivants et de leurs descendants aux luttes pour l'égalité politique, sociale et sociétale. Suivre la dérive actuelle des populistes dans leur gestion autoritaire de la différence minerait un peu plus une démocratie déjà anémiée, creuserait davantage des inégalités déjà béantes. Constater cela, c'est affirmer que dans la diversité de leurs rythmes – et il faut accepter ce rythme différencié – les métissages physiques et culturels dessinent la seule perspective réaliste.

Revenons aux noms et prénoms pour, d'abord, une constatation de bon sens : si l'islam est la seconde religion de France, si le nombre des pratiquants est encore significatif, donnera-t-on dans la persécution religieuse en interdisant des prénoms musulmans ? Au nom de quels principes républicains et laïques dévoyés ? Par ailleurs, regardons de plus près les faits : l'enquête « Trajectoires et Origines »[1] nous y aidera, ainsi qu'une analyse récente spécifiquement consacrée aux prénoms choisis par les descendants d'immigrés.[2] Au fil des générations, la palette des prénoms se diversifie chez ces derniers: la situation varie, et c'est normal, selon les régions et les cultures d'origine, mais l'on assiste partout à la même évolution, vers un rapprochement des choix avec ceux de la population dans son ensemble. À côté des prénoms « traditionnels » qui se maintiennent pour des raisons de croyance ou de simple fidélité filiale, l'on voit se développer des prénoms composites, d'autres dont l'ambiguïté se veut positive, tous traduisant un double souci : celui d'éviter une rupture brutale dans la chaîne des transmissions familiales et en même temps celui de ne pas s'exclure du terreau culturel dominant. Les prénoms innovants allient subtilement des sonorités, les unes qui renvoient à la tradition, les autres davantage adaptées à la sensibilité majoritaire. L'enquête la plus aboutie concerne les immigrés originaires du Maghreb : à l'arrivée en France, « la part des prénoms arabo-musulmans est supérieure à 90 %. Àla génération suivante, encore près des deux-tiers d'enfants d'immigrés reçoivent un prénom arabo-musulman, mais leur registre culturel est plus ambigu (Nadia, Myriam, Iannis, Yanis, Adam, etc.). Les prénoms que reçoivent les petits-enfants sont, en 2008, proches de ceux que la population majoritaire donne à ses enfants. »[3] Ce métissage-là nous dit aussi que la situation n'est pas bloquée, que la nation dont l'extrême-droite identitaire dénonce le délitement peut se transformer en souplesse et assoir progressivement un socle plus convivial. En bref : instaurer un ordre de la trique n'est pas la seule voie. Optimisme naïf ?

RB, 15.08.2019

Banania et Bécassine, même combat !

Des rejets touchant à l'origine ont récemment alimenté les médias : quand Eric Zemmour a agressé la journaliste Hapsatou Sy, cela a fait quelque bruit. Des noms ou des prénoms liés à l'immigration ont été incriminés, et cela renvoie à des stigmatisations analogues qui, dans l'histoire, ont joué à l'intérieur même de « notre » Hexagone. Des rejets leur ressemblant en effet comme des frères ont concerné le provincial des confins, l'étranger de l'intérieur. Les manifestations en furent multiples, et les Lettres en ont aussi été le vecteur : Monsieur de Pourceaugnac pouvait être tourné en ridicule et renvoyé en Limousin; c'eût été moins apprécié si un Montmorency ou un Montfort avait été pris pour tête de Turc. La discrimination s'est poursuivie sous les différents régimes politiques qui se sont succédé. Parfois le stigmatisé prêtait même la main, car il y a toujours des supplétifs qui s'offrent : pensons aux tartarinades et aux pagnolades par exemple. Même s'il reste des traces de tout cela sous forme de préjugés, la machine à franciser et à appauvrir a agi, légitimée en fin de parcours par une idéologie républicaine simplette: si la « nation politique et citoyenne » se devait d'être méfiante t à l'égard de tous les ethnismes potentiels, elle l'a été aussi, au-delà, à l'égard de tous les parlers très anciennement et pacifiquement ancrés dans le pays. Pour parachever cet édifice idéologique, sans s'avouer qu'on donnait ce faisant dans une autre forme d'ethnisme – on a décrété le français seule langue de la République : le ciment de la citoyenneté politique était-il donc à ce point fragile ? Les autres langues du pays étaient-elles, à ce point, intrinsèquement rétrogrades qu'elles ne pouvaient se hausser au niveau requis pour exprimer des valeurs républicaines désormais bien ancrées pourtant ? Fondée sur la méfiance, l'obligation de conformité requise par le Centre avait travaillé depuis longtemps à éradiquer les langues des terroirs. Ce faisant, l'on a bloqué les élaborations linguistiques qui étaient à l'œuvre en leur sein pour en hausser le niveau d'universalité. De ces ensembles politico-culturels périphériques d'une France se construisant dans la violence (violence symbolique, mais pas seulement...), n'ont plus été tolérées finalement que la farce patoisante et la danse folklorique, à la fois traces dégradées de cultures étouffées et justifications des éradications opérées. La morale de tout cela ? Alors que pour certains sauvetages linguistiques l'on œuvre dans le domaine de la simple survie, la tentation du repli identitaire ultra-droitier et du régionalisme cocardier est là. Cette voie apparaît cependant – on ne le dira jamais assez –

comme dangereuse et sans issue, car en complicité finalement avec les populismes désintégrateurs qui fleurissent partout. Il faut croire en une République plus confiante en son propre cadre civilisateur et donc moins frileuse face à ses diversités. En bref : l'on ne doit pas dissocier la défense de nos langues et identités régionales du combat émancipateur d'ensemble. Ce dernier doit porter, dans un même mouvement, le combat pour une vraie égalité sociale et un accueil plus confiant des dynamiques culturelles et linguistiques qui luttent dans les régions contre l'effacement. Un défi additionnel pour une gauche progressiste qui est à reconstruire…

RB, 19.08.2019

Notes

1. Réalisée en 2008-2009 par l'Ined et l'Insee, sur un échantillon de 22.000 personnes en France métropolitaine, cette enquête décrit et analyse les conditions de vie et les trajectoires sociales en fonction des origines sociales et des liens à la migration.
2. Cf. Baptiste Coulmont et Patrick Simon : *Quels prénoms les immigrés donnent-ils à leurs enfants en France ?* in : Population et Sociétés, N° 565, Avril 2019.
3. Cf. Baptiste Coulmont et Patrick Simon, op.cit. La convergence ne se fait pas autour de prénoms typiquement « français », en étant néanmoins facilitée par la progression dans l'ensemble de la population de prénoms internationaux. Dans ce cadre, des prénoms novateurs comme Yanis, Rayane ou Lina vont se multiplier, mais en étantencore connotés comme d'origine maghrébine. C'est dire que si « l'invisibilité culturelle des prénoms » est en marche, elle n'est pas achevée.

Notes de lecture

Fabien Perrier,
Alexis Tsipras. Une histoire grecque

Paris, ed. François Bourin, 2019, 280 p.

L'auteur est un journaliste français indépendant installé à Athènes. À travers son livre, il nous dresse un tableau de l'homme, mais aussi de l'histoire politique grecque des trente dernières années, et plus particulièrement des quatre ans où Alexis Tsipras fut le Premier ministre de la République hellénique.

Dans son épilogue « Réfléchir à l'avenir » Fabien Perrier résume parfaitement l'épopée de la Sy.riz.a (Coalition de la Gauche Radicale, en français) et de son leader : « Lorsqu'il a conquis la Grèce, il héritait d'un pays mis en pièces par deux grandes familles politiques et présentant toutes les caractéristiques du « tiers-Europe ». Il a dénoncé l'austérité et promis un changement des cadres de la société tout en affirmant que la Grèce n'était qu'un cobaye des politiques européennes : au sein de l'Union, rappelons-le, il s'agit d'un petit pays en termes de poids économique autant que démographique ». Presque tout est dit. Mais l'auteur, en fin d'ouvrage, pose la vraie question et même peut-être l'unique : « La gauche a-t-elle des marges de manœuvre dans un ensemble de 27 pays aux histoires et aux intérêts différents ? Est-il possible d'appliquer aujourd'hui une politique de gauche au sein de l'UE ? Et, surtout, la gauche peut-elle gouverner dans un seul de ces pays ? Bref, la gauche est-elle vouée à connaître en Grèce comme en Europe des lendemains qui déchantent ? ». Nous en revenons donc à l'équation de Léon Trotsky et de sa « révolution permanente ». Avec l'échec de l'aventure Syriza en Grèce, force est de constater que l'on peut raisonnablement répondre par la négative aux questions de l'auteur. Léon Blum en 1937 et François Mitterrand en 1983 en avaient fait l'amère expérience. Ce qui amène à une autre question, est-ce la peine de ne rien tenter ?

En tout cas, la Syriza et son jeune leader ont eux tenté l'expérience qui a eu au moins le mérite d'exister. De janvier 2015 à juillet 2019, ils ont montré au reste de l'UE qu'une autre voie était possible et même souhaitable pour sortir d'un néolibéralisme mortifère pour l'ensemble des travailleurs. Ils n'ont pu imposer leur programme de libération économique et sociale avec le pistolet de la Troïka (FMI, BCE, Commission de Bruxelles) sur la tempe. Les munitions de cette arme de destruction massive étant les fameux « mémorandums » qui annihilaient toute souveraineté économique du pays.

Parmi les intérêts de ce livre, on soulignera le soin qu'il prend de partir des prodromes de l'ascension du jeune Tsipras et de la Syriza dès 2010, pour arriver à la prise du pouvoir début 2015, racontant ensuite les quatre années d'exercice du pouvoir, remplies de chausse-trappes. D'ailleurs dès la victoire de 2015, Costa-Gavras avait prévenu que Bruxelles ne laisserait jamais l'expérience de la Syriza réussir. Fabien Perrier de conclure avec raison : « Alexis Tsipras et son équipe n'ont finalement été perçus, à Bruxelles et dans les autres capitales européennes, que comme des trouble-fêtes pouvant entraîner dans leur sillon - celui de la contestation de l'ordre établi - le Portugal, l'Espagne ou l'Italie ».

Si on regrettera des erreurs historiques dans le premier chapitre, l'ouvrage mérite attention.

Christophe Chiclet

Séda Mavian,
Chronique de la révolution arménienne. Avril-mai 2018

Paris, ed. Sigest, 2019, 248 p.

Diplômée de l'IEP-Paris et de l'EHESS, l'auteure a courageusement choisi de s'installer en Arménie comme correspondante de presse. Elle fait partie du bureau d'Érevan du mensuel *Nouvelles d'Arménie Magazine*, l'organe le plus important de la communauté arménienne en France.

La « Révolution arménienne » du printemps 2018 a peu fait parler d'elle et a été très peu couverte en France. Mis à part quelques brèves et quelques articles, l'événement est passé quasi inaperçu. Et pour cause, le pouvoir est tombé comme un fruit pourri en à peine deux mois sans un coup de feu, sans morts. En dehors des États baltes, la transition démocratique s'est plutôt mal passée dans l'ex-URSS : retour à l'autocratie en Russie, guerre russo-ukrainienne, guerres civiles au Tadjikistan, en Géorgie et en Tchétchénie, sécessions des minorités russes ou pro-Moscou (Moldavie, Ukraine, Géorgie), absence de transition démocratique en Asie centrale…Sans oublier le dévoiement de l'économie libéralisée par les oligarques et autres mafieux. Au début des années 90, l'Arménie était une sorte de havre de démocratie au milieu d'un Caucase en pleine ébullition meurtrière, sans doute grâce à l'aide et aux conseils de l'importante et imposante diaspora arménienne. Mais rapidement à Erevan, les héros d'hier se sont transformés en potentats locaux, avides, corrompus, pratiquant le népotisme et les trafics à grande échelle. Une première révolte démocratique en 2008 avait été matée dans un bain de sang.

Il ne s'agit pas vraiment d'un livre d'analyse, mais plutôt d'un document brut, source de première main pour les historiens à venir de ces événements. Mavian publie ainsi une chronique journalière des faits du 13 avril au 11 mai 2018 qu'elle a couverts et vécus au cœur de l'action. Ses annexes sont aussi des documents bruts, agrémentés d'un agréable portrait du nouvel homme fort du pays Nikol Pachinian.

Cette chronique complète ainsi parfaitement l'ouvrage de Vahé Ter Minassian « Arménie, chronique de la III° République », paru juste avant la « Révolution en douceur » chez l'Harmattan au printemps 2018. Là aussi il s'agit d'une chronique regroupant le travail journalistique de l'auteur de 2002 à 2017. Bref, avec Ter Minassian et Mavian, le lecteur français peut se faire une idée claire de l'histoire très récente d'une jeune République d'Arménie coincée aussi entre des voisins peu avenants pour ne pas dire hostiles.

Christophe Chiclet

Espagne 36.
Les affiches des combattant-e-s de la liberté

Saint Georges d'Oléron, Les éditions Libertaires, 3e ed. 2018, 208 p.

À l'occasion des tragiques commémorations des 80 ans de la « Grande retirada » (l'arrivée de 500.000 réfugiés républicains espagnols en France en mars-avril 1939), les Éditions Libertaires ont eu l'excellente idée de rééditer les affiches de la révolution espagnole. Cette troisième édition est issue de la compilation des meilleures pages des deux premières éditions (2006 et 2007 en deux tomes). On y retrouve 302 affiches, essentiellement des affiches libertaires, mais aussi quelques socialistes, communistes et trotskysantes. Les trois branches du mouvement anarchiste y sont représentées : CNT, FAI et FIJL. La Confédération Nationale du Travail, fondée en 1910, c'est le puissant syndicat de plus de deux millions d'adhérents en 1936, regroupant les anarcho-syndicalistes des villes et des champs. La Fédération Anarchiste Ibérique, créée en 1927, est le bras politique du mouvement anarchiste en Espagne et au Portugal. Mais la branche portugaise ne pourra se développer avec l'instauration de la dictature Salazar à Lisbonne. Quant à la FIJL, mise en place en 1932, il s'agit des jeunesses de la FAI.

Comme on peut le voir avec ces affiches, c'est l'ensemble du mouvement libertaire qui sera le fer de lance de la révolution espagnole de 1936-37 et de la mise en échec du coup d'État franquiste de juillet 1936, avec les syndicalistes socialistes de l'UGT, l'aile gauche du PSOE et les trotskysants du POUM. Mais cette expérience émancipatrice unique dans l'histoire du XXe siècle sera écrasée par la collusion des armées franquistes et de la politique de Staline et de sa 5° colonne, le PCE, fossoyeur de la révolution à l'arrière du front.

3.000 affiches ont été conçues pendant les 1.000 jours de la révolution, soit plus de 10 millions d'affiches collées sur les murs de la zone républicaine. Nous retrouvons là la typo classique des années 30, avec sa police de caractères très reconnaissable. A noter que ces affiches, même si elles le sont un peu, sont moins pompeuses que l'art officiel soviétique en vigueur et de rigueur de la fin des années 20 au début des années 80, art officiel frisant le ridicule dans sa version chinoise et albanaise.

Les artistes libertaires moins enclins à ce style stalinien vont puiser leur énergie dans les inspirations arts-déco, cubiste, surréaliste, naturaliste ou réaliste. On notera l'importance donnée à la couleur par ces peintres, graphistes, affichistes comme les frères Ballester, Manuel Monléon, Miralles Sanz, Toni Vidal, Maria Gallo, Jacint Bofarull, Badia Vilato, Muro, Sim et bien d'autres. Beaucoup venaient des écoles des Beaux-arts de Barcelone, Bilbao, Madrid et Valence. Cet ouvrage apporte une vision et des images incontournables de la révolution espagnole. Certaines de ces affiches ont fait le tour du monde pendant et après la guerre civile.

Christophe Chiclet

Ara Krikorian,
Journal d'un militant,
Préface Yves Ternon

Kirk Publishing ed.,
Maisons-Alfort, 2018,
386 p.

Il a fallu attendre 2019 pour que le gouvernement français déclare le 24 avril comme journée nationale de commémoration du génocide arménien de 1915. L'auteur rappelle dans son journal que les manifestations pacifiques de quelques centaines d'Arméniens étaient copieusement matraquées par la police, en particulier sous le président Giscard d'Estaing. Il s'agit donc du journal d'un militant arménien tenu entre 1971 et 1991. Krikorian annonce qu'il s'agit là du premier tome. En tout cas il couvre les années les plus importantes de « La question arménienne » : naissance du terrorisme arménien, reconnaissance internationale du génocide, début de la disparition des communautés arméniennes du Moyen orient et naissance de l'Arménie indépendante ex-soviétique. Militant, l'auteur l'est en effet. Il s'agit d'un cadre important de la section française de la Fédération révolutionnaire arménienne Dachnaktsoutioun, le plus important des partis historiques arméniens, fondé en 1890 à Tiflis (Tbilissi) dans l'empire des Tsars. C'est la FRA, membre de la II° Internationale, qui va diriger l'éphémère République arménienne indépendante (1918-1920), qui sera le parti dominant dans la diaspora, souffrant au fil des années d'un embourgeoisement et s'embourbant dans les conflits du Proche-Orient en général et du Liban en particulier. La FRA tentera sans succès de reprendre pied en Arménie ex-soviétique après la disparition de l'URSS, sans succès tellement elle a été éloignée des réalités d'Érevan.

Il s'agit donc d'un document brut, indispensable à tout historien se penchant sur l'histoire récente de « La question arménienne ». Mais on regrettera que l'auteur n'ait pas agrémenté ses souvenirs de nombre de notes explicatives, en particulier quand il relate les nombreuses querelles internes des Dachnaks. En effet, ces querelles byzantines (divergences idéologiques, stratégiques, tactiques, querelles de personnes, coteries, jacobinisme du Bureau Mondial installé à Beyrouth...), sans notes explicatives approfondies restent obscures, même pour un lecteur averti. Espérons que l'auteur y pensera pour son second tome.

L'intérêt de ce journal est aussi de voir de l'intérieur les effets de l'apparition du « terrorisme publicitaire » de deux grandes organisations clandestines opposées. Et quoi qu'on en dise, c'est ce terrorisme (assassinats de diplomates turcs dans 7 cas sur 10) qui va faire sortir de l'oubli la question arménienne et accélérer le processus de reconnaissance du génocide, toujours réfuté par la Turquie malgré la succession des régimes à Ankara. De façon prémonitoire Ara Krikorian écrivit dans son journal le 5 février 1973 en parlant de l'assassinat en Californie de deux diplomates turcs par un survivant du génocide, le vieux Kourken Yanekian : *« Il risque (l'attentat), par un effet fascinant de la contagion, de créer un climat, d'engendrer qui sait d'autres actes et de susciter une forme de terrorisme généralisé dont j'ai peine à imaginer les contours et les effets politiques à moyen et long terme »*. Écrits prémonitoires ! Si officiellement, l'auteur dénonce ces violences, personnellement, il ne peut que les approuver.

Christophe Chiclet

CONFLUENCES Méditerranée

Les numéros parus

- Automne 1991 1 Des immigrés dans la cité
- Hiver 1991-1992 2 La sécurité en Méditerranée
- Printemps 1992 3 Maghreb, la démocratie entre parenthèses ?
- Automne 1992 4 Face à l'État, la permanence des minorités
- Hiver 1992-1993 5 Les flux migratoires
- Printemps 1993 6 Les replis identitaires
- Été 1993 7 L'Europe et la Méditerranée
- Automne 1993 8 Balkans : l'implosion ?
- Hiver 1993-1994 9 Repenser le Proche-Orient
- Printemps 1994 10 Villes exemplaires, villes déchirées
- Été 1994 11 Comprendre l'Algérie
- Automne 1994 12 Mouvements islamistes en Méditerranée
- Hiver 1994-1995 13 Bosnie
- Printemps 1995 14 Les immigrés, entre exclusion et intégration
- Été-Automne 1995 15 Corruption et politique en Europe du Sud
- Hiver 1995-1996 16 Islam et Occident, la confrontation ?
- Printemps 1996 17 Femmes et guerres
- Été 1996 18 Palestiniens et Israéliens, la paix humiliée
- Automne 1996 19 Passions franco-algériennes
- Hiver 1996-1997 20 Terrorismes et violence politique
- Printemps 1997 21 Le Maghreb face à la mondialisation
- Été 1997 22 La France et le monde arabe
- Automne 1997 23 La Turquie interpelle l'Europe
- Hiver 1997-98 24 Les immigrés entre imaginaire et droit
- Printemps1998 25 La parole aux Algériens. Violence et politique en Algérie
- Été 1998 26 Israël, une nation à la recherche d'elle-même
- Automne 1998 27 Femmes et islamisme
- Hiver 1998-1999 28 Méditerranée, l'inévitable dialogue
- Printemps 1999 29 Armée et pouvoir
- Été 1999 30 Kosovo
- Automne 1999 31 Transition politique au Maroc
- Hiver 1999-2000 32 Islam et laïcité, parcours européens
- Printemps 2000 33 Politique et religion en pays d'islam
- Été 2000 34 Une nouvelle donne pour les Kurdes
- Automne 2000 35 Euro-Méditerranée, un projet à réinventer
- Hiver 2000-2001 36 Corse, les enjeux de l'après-Matignon
- Printemps 2001 37 Israël-Palestine : la violence ou le droit
- Été 2001 38 Balkans : démocratisation et replis identitaires
- Automne 2001 39 Maghrébins de France
- Hiver 2001-2002 40 La Méditerranée à l'épreuve du 11 septembre
- Printemps 2002 41 Sexualité et sociétés arabes
- Eté 2002 42 L'immigration bouscule l'Europe
- Automne 2002 43 Israël-Palestine après le 11 septembre
- Hiver 2002-2003 44 Un printemps syrien
- Printemps 2003 45 La face cachée de l'Algérie
- Été 2003 46 L'élargissement de l'Europe vu du Sud
- Automne 2003 47 Liban, État et société : la reconstruction difficile
- Hiver 2003-2004 48 Discriminations ethniques
- Printemps 2004 49 La nouvelle question d'Orient
- Été 2004 50 Sport et politique
- Automne 2004 51 Régimes politiques et droits humains au Maghreb
- Hiver 2004-2005 52 Turquie : la 28e étoile ?
- Printemps 2005 53 Nouveaux enjeux du Proche-Orient
- Été 2005 54 Israël, l'enfermement
- Automne 2005 55 Palestine ?
- Hiver 2005-2006 56 Où va le Liban ?
- Printemps 2006 57 Musulmans de France
- Été 2006 58 Eau et pouvoirs en Méditerranée
- Automne 2006 59 Femmes et islamisme 2006
- Hiver 2006-2007 60 Lignes de faille
- Printemps 2007 61 La montée des périls
- Été 2007 62 Mémoire et réconciliation
- Automne 2007 63 La France et la Méditerranée
- Hiver 2007-2008 64 Justice pénale et politique internationale
- Printemps 2008 65 L'Iran, une puissance virtuelle ?
- Été 2008 66 Chrétiens d'Orient
- Automne 2008 67 Un automne méditérranéen
- Hiver 2008-2009 68 Italie : le grand bond en arrière ?
- Printemps 2009 69 Médias : stratégies d'influences
- Été 2009 70 Liban, de problèmes en crises
- Automne 2009 71 Souveraineté économique et réformes en Algérie
- Hiver 2009-2010 72 La Palestine en débat : 1945-2010
- Printemps 2010 73 Nations et territoire : quelles institutions ?
- Été 2010 74 La Méditerranée sans l'Europe
- Automne 2010 75 Égypte : l'éclipse
- Hiver 2010-2011 76 Stratégies islamistes
- Printemps 2011 77 Révoltes arabes : premiers regards
- Été 2011 78 Le Maroc : changements et faux-semblants
- Automne 2011 79 Bouleversements stratégiques dans le monde arabe ?
- Hiver 2011-2012 80 L'Europe méditerranéenne en crise
- Printemps 2012 81 Algérie : 50 ans après
- Été 2012 82 Égypte, Tunisie : de la rue aux urnes
- Automne 2012 83 La Turquie d'aujourd'hui au miroir de l'Histoire
- Hiver 2012-2013 84 Qatar
- Printemps 2013 85 Mobilisations dans les villes arabes
- Été 2013 86 Palestine : 20 ans après
- Automne 2013 87 Méditerranée : mare nostrum pour les migrants ?
- Hiver 2013-2014 88 Iran : nouvelle donne ?
- Printemps 2014 89 Tragédie syrienne
- Été 2014 90 Afriqu'Orient
- Automne 2014 91 La question énergétique en Méditerranée
- Hiver 2014-2015 92 Le Liban
- Printemps 2015 93 Roms et Tsiganes en Europe méditerranéenne
- Été 2015 94 Crises sans frontières
- Automne 2015 95 L'islam de France : nouveaux acteurs, nouveaux enjeux
- Hiver 2015-2016 96 La politique française au Moyen-Orient
- Printemps- Été 2016 97 Iran/Arabie saoudite : une guerre froide
- Automne 2016 98 Partis et partisans dans le monde arabe post-2011
- Hiver 2016-2017 99 Syrie : entre fragmentation et résilience
- Printemps 2017 100 Printemps perdu de Méditerranée
- Été 2017 101 Des frontières dans tous leurs États
- Automne 2017 102 Terrorisme(s)
- Hiver 2017-2018 103 Genre et violences de guerre au Moyen-Orient
- Printemps 2018 104 Moyen-Orient : le pivot russe
- Été 2018 105 États, nations, communautés
- Automne 2018 106 République et islam : défis croisé
- Hiver 2018-2019 107 Turquie : retour de l'autoritarisme
- Printemps 2019 108 Agriculture et politique : des champs d'insécurité
- Été 2019 109 La Chine : nouvel acteur méditerranéen
- Automne 2019 110 Jordanie : une stabilité de façade
- Hiver 2019-2020 111 Mondes du travail : mutations et résistances

Retrouvez l'intégralité des numéros sur le site www.confluences-mediterranee.com

Achevé d'imprimer par Corlet Numéric, Z.A. Charles Tellier, 14110 Condé-en-Normandie
N° d'Imprimeur : 163178 - Dépôt légal : décembre 2019 - *Imprimé en France*

www.ingramcontent.com/pod-product-compliance
Lightning Source LLC
LaVergne TN
LVHW010929061026
849535LV00007B/2312
* 9 7 8 2 3 4 3 1 9 2 3 5 2 *